Note de l'éditeur :
Ce livre a été rédigé entre 2019 et 2020 sur la base de nombreux entretiens menés entre Sayragul Sauytbay et Alexandra Cavelius. La traduction des échanges, qui a permis à l'auteure de retracer et relater le parcours de Sayragul Sauytbay, a été assurée par un interprète ayant mis tout son savoir et sa conscience dans la bonne réalisation de sa mission.
Alexandra Cavelius est auteure et journaliste indépendante. Elle publie dans des magazines de renom et est l'auteure de plusieurs livres politiques et notamment du best-seller, *Dragon fighter*, autobiographie de l'activiste politique ouïgoure Rebiya Kadeer, pressentie plusieurs fois pour le prix Nobel de la paix.

Europa Verlag et Hugo Publishing remercient Turarbek Kusainov, auteur de l'ouvrage *Gloom : Sunset on East Turkestan*, la société pour les peuples menacés, Wikimedia Commons/U.S. Department of State et Regina Recht pour la cession des droits photographiques.

Titre original : *Die Kronzeugin*
© 2020, Europa Verlag AG, Zürich

Pour la version française :
© 2021, Hugo Doc, département de Hugo Publishing
34-36, rue La Pérouse
75116 - Paris
www.hugoetcie.fr

Ouvrage dirigé par Bénita Rolland et Marie Decrême
Traduction de l'allemand : Sophie Lecoq
Photo de couverture : © Regina Recht
Conception graphique : Jef Cortes
Maquette : Christophe Petit

ISBN : 9782755688900
Dépôt légal : mai 2021
Imprimé en Espagne par Blackprint

Condamnée à l'exil

Témoignage d'une rescapée de l'enfer des camps chinois

Sayragul Sauytbay
Alexandra Cavelius

Condamnée à l'exil

Témoignage d'une rescapée de l'enfer des camps chinois

Traduit de l'allemand par Sophie Lecoq

Hugo✥Doc

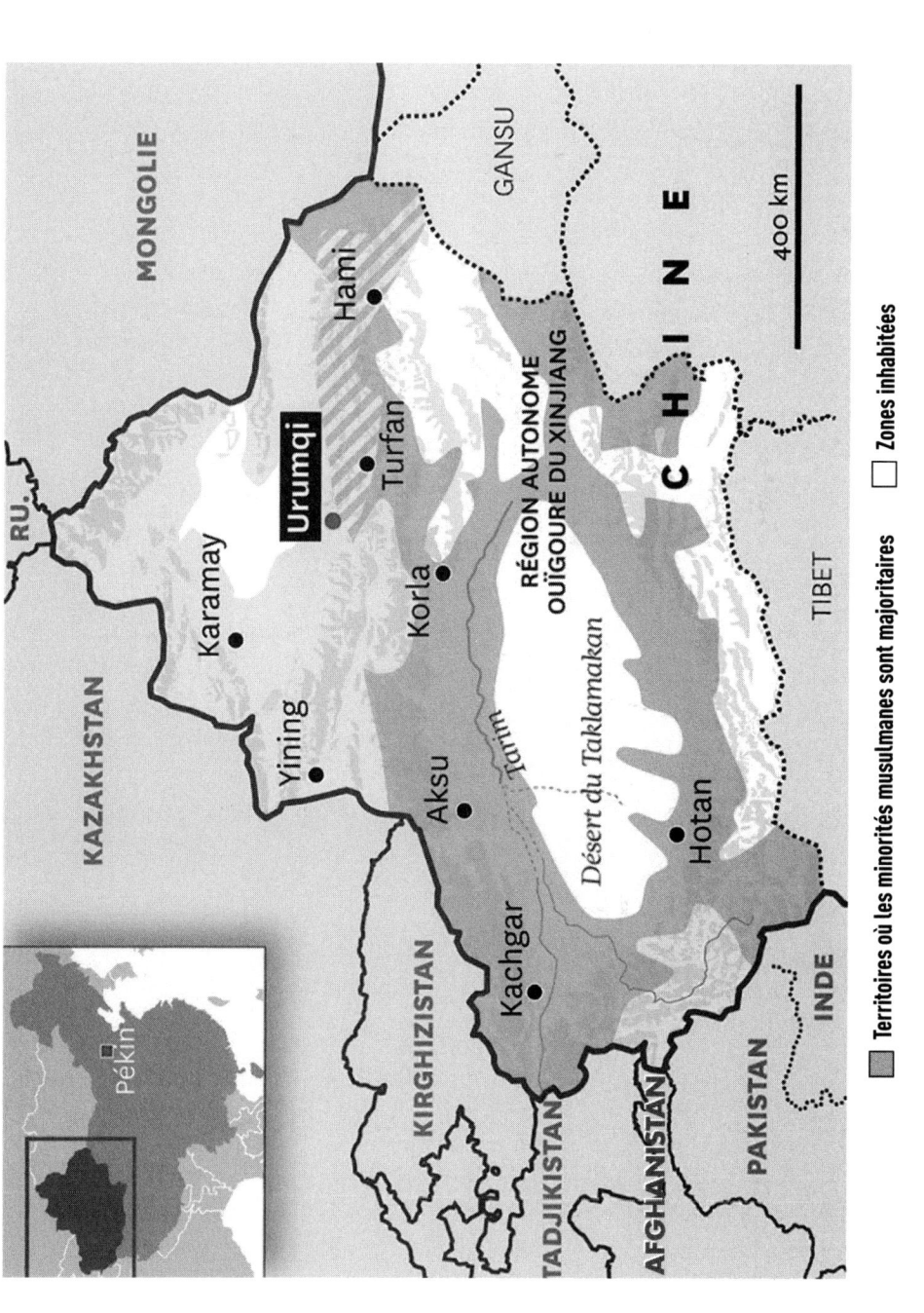

CHAPITRE 1

LES FANTÔMES DU PASSÉ

Supplications

Une fois la nuit tombée, les jeunes filles en larmes s'agglutinent au pied de mon lit, tête voilée, yeux implorants. « Sauve-nous, on t'en supplie ! » Quand règne la tyrannie, nous les femmes sommes toujours les plus durement touchées. Il est si facile d'instiller en nous des sentiments de honte, de culpabilité, de vulnérabilité. Pourtant, qui de nous ou des hommes nous ont infligé ces meurtrissures ? Je n'ai moi-même pas encore bien intégré la réponse, aussi évidente soit-elle.

Je tente de me redresser, mais je suis comme morte.

Depuis que j'ai été enfermée dans le camp, il m'arrive de ne pas pouvoir me lever. Je dois aux interminables nuits sur un sol en béton froid de souffrir de rhumatismes. Douleurs dans les membres, dans les articulations. Avant, j'avais un corps en pleine santé. Aujourd'hui, à quarante-trois ans, je suis une femme affaiblie. Mes tentatives de repos sont souvent hantées par les mêmes cauchemars.

Ces femmes, hommes, enfants et vieillards écrasés par des murs de béton gris, menacés par des barbelés, n'ont commis d'autre crime que celui d'être nés kazakhs, ouïgours et de confession musulmane, dans cette région du nord-ouest chinois. Répondre au nom de Fatima ou de Hussein est un délit.

Le mien est Sayragul Sauytbay. J'ai un mari et deux enfants, que j'aime par-dessus tout. Avant mon internement, j'avais en charge la direction de cinq écoles maternelles. Nous vivions alors dans le Xinjiang, une province plus vaste que l'Allemagne, la France et l'Espagne réunies. À vol d'oiseau, Pékin est à trois mille kilomètres, au-delà des montagnes dont certaines culminent à sept mille mètres. Notre territoire partage ses frontières avec la Mongolie, la Russie, le Kazakhstan, le Kirghizistan, le Tadjikistan, l'Afghanistan, l'Inde et le Pakistan. C'est ici que la Chine est la plus proche de la lointaine Europe.

Depuis l'Antiquité, ces contrées sont celles des Ouïgours, majoritaires dans la région, mais aussi de nombreuses autres ethnies. Les Mongols, Kirghizes, Tartares sont ici chez eux. Tout comme les Kazakhs, deuxième groupe majoritaire en nombre d'habitants, dont je fais partie. Notre pays, que les Occidentaux avaient baptisé « Turkestan chinois », fut annexé de force en 1949, sous l'impulsion d'un Mao Zedong intéressé par cette stratégique « porte sur l'ouest ». Pékin lui donna le nom de « Xinjiang », qui se traduit par « nouvelle frontière ». Pour nous, il reste le Turkestan oriental, territoire de nos ancêtres. Officiellement, le Xinjiang est une région autonome. Sur place, notre liberté est toute relative. Notre sort relève davantage de la colonisation.

En 2016, notre province est devenue le plus grand État policier au monde. Sur nos terres ont brutalement poussé plus de mille deux cents camps d'internement, d'après les estimations des observateurs internationaux. C'est compter sans ceux que le régime de Pékin a construits sous terre et dont l'existence n'est révélée que par bribes. Quelque trois millions de personnes y sont détenues, et ce sans aucune forme de procès. Comment pourrait-il en être autrement quand il n'y a pas de crime ? Il s'agit de la plus implacable stratégie d'internement systématique depuis la chute du national-socialisme.

Les cadres du Parti m'ont intimé de me taire sur ce que j'ai vécu dans cet enfer, moi, la fonctionnaire nommée directrice d'écoles par l'État. « Sinon ce sera fini pour toi », m'ont-ils prévenue. Il m'a fallu signer ma propre condamnation à mort. Contre toute attente et malgré les obstacles qui ont entravé mon chemin, j'ai pu fuir la plus grande prison à ciel ouvert du monde pour rejoindre la Suède.

À l'instant même où nous écrivons ce livre, de grosses entreprises occidentales mènent des activités très lucratives dans le nord-ouest de la Chine. Elles y ont des bureaux, à deux pas desquels enfants, femmes, hommes et vieillards sont enfermés, torturés, affamés.

Un habitant musulman sur dix est interné : c'est ce que disent les rapports sur le respect des droits de l'homme en Chine. Ma propre expérience m'a tristement permis de vérifier ces chiffres ahurissants. Dans le camp où j'étais retenue s'entassaient deux mille cinq cents détenus. Cette région du Xinjiang, que nous appelons Mongolkure (Zhaosu en chinois), compte cent quatre-vingt mille habitants, deux grandes prisons et quatre camps « de rééducation ». Ils occupent des bâtiments désaffectés et une ancienne école du Parti. On estime à vingt mille le nombre de personnes emprisonnées dans le petit territoire où j'ai grandi. Pas une famille de confession musulmane n'y échappe. Au Xinjiang, chaque habitant déplore la disparation de plusieurs membres de sa famille. Il n'y a aucune exception. Les preuves apportées par les images satellites et les témoignages documentés, soutenues par les révélations du lanceur d'alerte chinois ayant permis la publication des « China Cables[1] », ont poussé Pékin à reconnaître, après une longue campagne de déni, l'existence de ces camps. La classe politique chinoise n'hésite cependant pas à parler, tout sourire, de « centres de formation et d'acquisition de compétences ». Les films de propagande montrent des « étudiants » radieux, dansant joyeusement dans leurs plus belles tenues. Ils sont maquillés, tout comme les bâtiments, transformés pour l'occasion en autant de salles de classe flambant neuves. Dans cet environnement baigné de lumière, tous se disent ravis de pouvoir être ainsi formés et devenir « de meilleures personnes » grâce à la rééducation. Les médias étrangers y sont pointés du doigt : ce sont eux qui colportent d'odieux mensonges. Chacun vient ici de son plein gré. Le gouvernement insiste : tout le monde est libre. D'ailleurs, les « centres » sont presque vides à présent, on nous le jure.

Lorsque j'entends de tels propos, je me demande où sont passés mes amis, mes voisins, mes connaissances. Pourquoi demeurent-ils injoignables quand leur liberté est censée être totale ? Et s'il s'agit effectivement de « centres de formation », comme l'annonce fièrement Pékin, pourquoi enlève-t-on même les enfants, arrachés

---

1. « China Cables » est une enquête coordonnée par le Consortium international des journalistes d'investigation (ICIJ), associant 250 journalistes issus de 59 médias internationaux. Publiée à partir du 24 novembre 2019, elle révèle l'existence et le fonctionnement des camps d'internement de la population musulmane, dans la province du Xinjiang. (NdE, ainsi que pour les notes suivantes)

à leur école, à leur famille ? Pourquoi ces « internats » doivent-ils « prendre la place des parents », comme l'exige le Parti communiste chinois (PCC) ? Que vient alors y faire une vieille dame de quatre-vingt-quatre ans ? Et dans quel but y faire venir des professeurs, écrivains, commerçants et artistes accomplis ? Et pourquoi ces barbelés ?

Au Turkestan oriental, quiconque ose dire la vérité sur ces camps d'internement est aussitôt accusé d'être un espion à la solde d'une puissance étrangère, un menteur ou un terroriste. La censure chinoise se charge d'effacer tout contenu publié sur Internet. Celui qui relaie la moindre information disparaît du jour au lendemain sans laisser de trace. Lorsqu'on annonce l'arrivée d'une délégation occidentale au Xinjiang, comme ce fut le cas à l'automne 2019, les camarades donnent au camp un visage d'école tout à fait normale, en un temps record.

Les barbelés autour du bâtiment disparaissent, plus de gardes armés à la porte d'entrée. Les anciens professeurs, entre-temps envoyés à l'usine ou devenus balayeurs des rues, sont sommés de reprendre leur poste, le temps que dure la visite. On remplit de fausses classes en rassemblant des enfants d'origine kazakhe et ouïgoure dans le seul but d'offrir de belles images au monde.

L'un de mes amis, qui avait obtenu un laissez-passer pour enterrer sa mère, m'a raconté comment professeurs et élèves devaient apprendre par cœur des textes soumis par le Parti, afin de les réciter mot pour mot aux visiteurs occidentaux. Toute erreur était fatale et valait à son auteur, petit ou grand, d'être banni ou enfermé à double tour. Les instructions – les injonctions – des cadres du Parti étaient claires : « À tous : il est interdit de raconter ce qu'il s'est réellement produit ici ces dernières années. Dites à quel point le Parti est bon et votre vie joyeuse ! » Ces mascarades, orchestrées par le PCC, nous les connaissons depuis l'enfance. Je m'étrangle rien que d'y penser.

La nausée monte, il me faut évacuer ces parasites qui infestent mon corps. J'enroule mon foulard autour de ma tête, je serre fort de peur qu'elle n'explose sous le poids des souvenirs. Conséquence des séances de torture, peut-être aussi. S'il me coûte de témoigner, c'est à mes yeux un devoir de le faire, d'alerter le reste du monde. Mon intention n'est pas de blâmer le peuple chinois. Ces crimes sont le fait du gouvernement de Pékin et du PCC.

En tant que témoin clé, je me dois de partager ce que je sais de ce système sans pitié. Je ne le fais pas que pour moi : je parle au nom de tous les détenus, de ceux qui tremblent, ceux dont la vie est menacée. La liberté n'est pas un acquis. Ne pas veiller à la protéger, c'est déjà l'avoir un peu perdue. Elle peut nous être arrachée plus vite que nous le pensons. L'empire du Milieu déroule patiemment sa stratégie, décennie après décennie, et compte bien tirer profit de ce qu'offre la « société ouverte » pour mettre à mal, petit à petit, la démocratie. Vivre dans un État policier ultramoderne – un cas sans précédent dans l'histoire de l'humanité – et piloté depuis Pékin : je l'ai éprouvé dans ma chair. La privation de liberté. La course effrénée pour la vie. L'enfer des camps.

Départ pour l'Allemagne depuis la Suède

C'est une situation bien étrange pour moi que de quitter ma famille en Suède pour partir, accompagnée de notre fils de dix ans, Ulagat, en Allemagne. Je vais y rencontrer la journaliste Alexandra Cavelius. De nos entretiens doit naître un livre, témoignage de ce que j'ai vécu.

Le ferry ne part qu'à 22h55, mais nous avons quitté la maison avec quatre heures d'avance. L'embarcadère n'est pourtant qu'à quinze minutes de chez nous. Uali, mon mari, et Ukilay, notre fille de quatorze ans, sont avec nous. Après un moment, tous deux deviennent bien silencieux. Ils se tiennent en retrait.

Ulagat et moi attendons à l'arrêt de bus. Le trajet est direct jusqu'au port. Notre fils se tourne vers son père et sa sœur :

– Pourquoi vous ne nous parlez plus ?

Il tire sur mon manteau.

– Peut-être qu'ils sont fâchés parce qu'on s'en va ?

Il approche alors de Uali :

– Vous voulez qu'on reste ?

Son père secoue la tête et caresse la tête brune levée vers lui.

– Non, non. C'est une immense opportunité. Tu imagines ? À tout juste dix ans, tu seras bientôt allé dans quatre pays différents ! C'est le rêve de beaucoup d'enfants. Tu es un homme à présent, tu veilleras bien sur ta mère. Si elle a besoin d'un bon thé chaud, tu le lui prépareras. Si elle a besoin de médicaments, tu les lui donneras.

Mes enfants savent que mon séjour en camp d'internement m'a laissée mal en point. Personne ne revient en bonne santé d'un tel endroit. C'est aussi le lot de ceux qui se rongent les sangs chez eux, espérant jour après jour un signe de vie de leurs proches disparus. Cela dure des mois, des années. Mes enfants ont dû grandir bien trop vite.

Le bus arrive, s'arrête. Ma fille se retourne dans un sanglot. La situation n'a rien de triste, mais chaque aurevoir éveille en nous les pires souvenirs. Les enfants revoient sans cesse le départ pour le Kazakhstan avec leur père, dépossédés de leur mère pendant deux ans et demi, sans aucun contact possible. Depuis ce jour, une ombre plane, malgré elle, malgré nous, au-dessus de notre famille. Nous n'avons connu que la fuite. Dormir une nuit ici, le lendemain ailleurs. Ce soir-là, juste avant le ferry, nous savons que nous avons encore du chemin à parcourir pour pouvoir vivre sereinement, être une famille normale et libre. Dans un claquement sec, les portes du bus se referment sur mon fils et moi d'un côté, laissant mon mari et ma fille sur le bord de la route. Le véhicule n'a pas encore roulé dix mètres que mon téléphone sonne. C'est mon mari : « Comment vous allez ? Tout se passe bien ? Prenez soin de vous ! »

L'Allemagne

Aujourd'hui encore, quand je suis dans un bus ou un train et qu'arrive le contrôleur, je dois me raisonner : « Non, cette personne en uniforme n'est pas là pour t'emprisonner. » Et pour cause : je peux à présent me déplacer comme n'importe quelle citoyenne libre. L'une de mes premières destinations a été le ministère suédois des Affaires étrangères, à Stockholm, puis Bruxelles où siège le Parlement européen. Je devais y témoigner de la réalité des camps d'internement du Xinjiang.

C'est peut-être une bonne chose que ce livre soit d'abord publié en allemand. Ce pays a une douloureuse expérience des abominations humaines. Il a regardé la vérité en face, a étudié les causes, les racines du mal, et en a tiré des leçons. Ce n'est pas le cas en Chine où le passé s'écrit et se réécrit à loisir, pour ne surtout pas nuire au Parti ou au gouvernement. L'Allemagne est une puissance mondiale, capable, grâce notamment à ses choix politiques, de faire bouger les lignes. Je dois aux mains tendues depuis l'étranger, aux efforts de personnalités politiques et d'associations humanitaires, d'avoir trouvé l'asile dans un pays libre. D'être de nouveau chez moi quelque part.

Nous vivons tous sur la même planète. Le passage au XXIe siècle a eu lieu pour tout le monde, mais je viens d'un pays où les habitants sont nombreux à être privés de leurs droits les plus fondamentaux, arrachés à leur existence. Qui n'a connu que la démocratie et les droits de l'homme peine à se l'imaginer. Il s'agit pourtant du quotidien au Turkestan oriental.

Chez nous, tout le monde suit une série télévisée chinoise appelée *La pérégrination vers l'Ouest*, qui reflète remarquablement bien ce que nous vivons. Le Parti communiste utilise les rôles des protagonistes pour afficher sa supériorité. Car, bien sûr, l'intelligence et la force du Parti sont sans égales.

Sur demande du monarque, un sorcier est envoyé dans le plus de contrées occidentales possible afin d'en étudier les modes de vie, les pratiques et coutumes. L'Occidental y apparaît dans toute sa « splendeur » : il est arriéré, confus, faible. Là-bas, tout n'est que chaos et effusion de sang.

Le sorcier dessine de sa baguette magique un vaste cercle autour des populations, et les voici comme ensorcelées. Plus personne n'ose s'aventurer hors du cercle. Ces prisonniers n'ont plus aucune liberté de mouvement ni de pensée. Ils ont oublié qu'avant, ils étaient des humains protégés par des droits. Ils acceptent leur sort de victimes expiatoires. On peut tout leur faire subir : ils n'ont plus le choix. Ils tentent simplement de survivre.

Exactement comme les habitants du Xinjiang.

Je dois m'habituer à ne plus me sentir épiée, que ce soit dans la rue ou même chez moi. Pour la première fois de ma vie, j'apprends ce que signifie mener une existence digne. Au Turkestan oriental, la moindre information est passée au crible. La censure frappe la presse et la production littéraire, les réseaux sociaux comme Facebook ou WhatsApp y sont interdits. J'ai beau vivre en Suède depuis plusieurs mois, je ressens encore le joug de cette surveillance permanente. Cette peur constante pour mes proches, mon mari, mes enfants et moi-même. Je me retourne brusquement dans la rue et je me demande qui est ce type d'origine asiatique derrière moi. Est-il un agent des services secrets chinois ? Est-ce qu'il me suit ? Le PCC étend ses tentacules partout et peut toujours nuire à ses opposants, où qu'ils soient, même en Suède ou en Allemagne.

Au Turkestan oriental, nous vivons tels des fous. Ou du moins dans un monde devenu fou. Quand on passe ses journées à se surveiller pour ne pas commettre la moindre erreur afin d'éviter la sanction, on n'a plus le temps de remettre quoi que ce soit en cause. Dieu m'a offert ce cadeau de pouvoir aujourd'hui poser librement mes questions : pourquoi des centaines de milliers d'innocents sont-ils enfermés, torturés et assassinés ? Comment des êtres humains en arrivent-ils à commettre de tels actes sur leurs semblables ? Cela n'est possible que s'ils se sentent supérieurs : une idée que soutiennent et propagent le PCC et son secrétaire général, Xi Jinping, à grand renfort de nationalisme fervent. Les pays de la planète sont tous en relations étroites les uns avec les autres. Pourquoi laissent-ils de tels crimes contre l'humanité se produire ? Je rêve plus que tout d'un lendemain où une puissance mondiale tapera enfin du poing sur la table pour que cessent ces exactions.

La Chine évoque souvent, pour les étrangers, un pays à la culture ancestrale, au progrès technique foudroyant et au développement économique inarrêtable. Il n'y a rien d'étonnant à cela : la propagande chinoise est une machine bien huilée, soutenue par un effort financier massif et constant. Les organes de communication chinois et les médias sont passés maîtres dans l'art de taire ce qui fâche, de masquer ce qui pourrait ternir une image si savamment travaillée. Quelle boue nauséabonde se cache pourtant sous tous ces faux-semblants ! Les Chinois savent pertinemment qu'on leur ment. Mais qu'en est-il des Occidentaux ? Sont-ils dupes ou se contentent-ils de jouer le jeu, de fermer les yeux ou de détourner le regard ?

J'entretiens l'espoir de voir un jour la raison d'être et les desseins de ce régime révélés au grand jour. Que les peuples se protègent mutuellement, protègent aussi leur démocratie pour mieux la renforcer. Ma vision du monde a bien changé depuis que j'ai connu le camp d'internement. J'ai passé des années à me fondre dans la masse, à ne pas enfreindre la moindre règle. Surtout ne faire l'objet d'aucune condamnation.

Une conquête après l'autre, la Chine vise à établir une domination politique sur le monde entier. C'est pour cette raison que je conseille à tous les autres pays de ne pas détourner le regard. Car ce qui se passe au Xinjiang est ce qui attend leurs enfants ailleurs dans le monde si rien n'est fait pour la liberté. La plus grande puissance commerciale au monde n'entretient aucune relation amicale avec un autre pays, ne propose aucun échange ouvert. Rien n'est gratuit dans la politique opaque menée par le PCC.

Là où Pékin exerce son influence, poussent les mensonges à la manière de mauvaises herbes, étouffant un peu plus chaque jour la vérité.

Menaces et espoirs

Les premiers temps, ma famille s'est sentie bien seule dans son pays d'accueil, la Suède. Nous étions loin de nos amis, de nos proches. Ces dernières semaines, nous n'avons toutefois plus le temps pour de tels sentiments. Nous avons reçu des journalistes venus des quatre coins de la planète (plus de quarante pays au total!). Ils venaient écouter mon histoire, entendre le témoignage d'une rescapée des camps. Mais jamais je n'ai livré un récit aussi nourri et détaillé que celui-ci.

Les journalistes ont à peine refermé la porte de notre appartement derrière eux que notre téléphone sonne. Des menaces: «Cesse de parler, à la fin! Pense à tes enfants.» La plupart du temps, ces voix – masculines – s'adressent à moi en suédois, plus rarement en kazakh ou en chinois. À chaque fois, les officiers de police suédois se veulent rassurants: «N'ayez pas peur, nous ne sommes pas en Chine, ici!» Dans un sourire, ils nous invitent à vivre aussi normalement que possible, nous rappelant que nous avons les mêmes droits que tous les autres habitants. Ils nous expliquent que nous sommes protégés, «même si vous ne voyez pas de voiture de police garée devant chez vous.» Ils ne peuvent nous en dévoiler davantage au sujet du dispositif mis en place pour notre sécurité.

Avec le temps, je gagne en aplomb, et quand le téléphone sonne, je ne reste plus muette:

– Vous pouvez toujours nous importuner avec vos appels, vous ne pouvez plus rien contre nous!

Le harcèlement se poursuit tout de même. Je viens par ailleurs de découvrir le message reçu par une Ouïgoure sur Facebook, de la part d'un agent des services secrets: «Arrête tout de suite, sinon tes proches te retrouveront en morceaux dans la grande poubelle noire au pied de ton immeuble.»

Cette femme[2] est celle qui a dévoilé les « China Cables » après qu'un fonctionnaire lui a livré, dans le plus grand secret, des documents officiels et confidentiels. Grâce au courage de cette Ouïgoure, plus personne ne peut fermer les yeux devant la répression savamment orchestrée contre les minorités musulmanes dans les camps du Xinjiang. Le gouvernement lui-même n'a pu nier la véracité de ces documents. Les appels que nous recevons à la maison viennent de Chine. L'un des numéros qui s'affiche un jour est celui des services de sécurité à Pékin. Je prends les devants :
– Pourquoi m'appelles-tu ?
– Je voulais juste savoir comment tu vas.

C'est une voix masculine. Je ne réponds pas. L'homme poursuit.
– Je sais exactement où vous habitez. Vous êtes bien installés ? Et que font tes enfants, là ?

Je tente de garder mon calme.
– Tout va bien. Nous nous plaisons beaucoup ici.
– Si tout va aussi bien que tu le dis, pourquoi continuer à recevoir des journalistes, à leur parler comme tu le fais ? Sois contente d'être encore en vie, pareil pour ton mari et tes enfants. Et arrête donc de remuer le passé.
– Je ne compte pas me taire. Et comme tu travailles à Pékin, va donc voir ton chef et dis-lui bien d'arrêter d'emprisonner et de torturer les miens.

La voix de mon interlocuteur se fait alors froide et brutale.
– Cesse immédiatement de t'épancher dans la presse, tu entends ? Pense à tes enfants !

---

2. Deux semaines après la publication des « China Cables », une intellectuelle ouïgoure de 46 ans naturalisée néerlandaise, Asiye Abdulaheb, a révélé à un quotidien des Pays-Bas, *De Volkskrant*, avoir été la source du Consortium international des journalistes d'investigation (ICIJ), qui a partagé ces documents avec 17 médias internationaux, dont *Le Monde*.

Cette phrase conclut systématiquement leurs appels. Je vis chaque jour la peur au ventre pour ma fille et mon fils. Ils sont tout pour moi. Face à de telles menaces, je me sens souvent si impuissante. Je me demande quelles sont nos chances de victoire contre un tel adversaire. Un adversaire surpuissant. Mais je dois aux détenus de faire éclater la vérité. Je le dois aussi à tous mes soutiens au Kazakhstan. Ils sont si nombreux là-bas à désespérer, sans nouvelles de leurs enfants, parents et grands-parents disparus sans laisser de trace, enfermés dans les camps sordides du pays voisin.

Qu'importe la force qu'on nous oppose : nous n'avons pas le droit de baisser les bras, il nous faut condamner encore et encore ce système inhumain. Peut-être parviendrons-nous ainsi à lancer un vaste mouvement, à mettre un terme aux pratiques abjectes du gouvernement chinois ?

Quand me suis-je sentie libre pour la dernière fois ? J'ai grandi au milieu des Kazakhs. Nous avions notre école, nos traditions. Notre langue était le kazakh, car ce que les Chinois appellent « région autonome du Xinjiang » est en réalité la terre de mes ancêtres, au nord-est du Turkestan oriental. Nous n'aurions jamais cru qu'on puisse un jour nous la dérober.

CHAPITRE 2

MALGRÉ L'INVASION CHINOISE, RÊVER D'UN AVENIR DORÉ GRÂCE AU RENOUVEAU ÉCONOMIQUE

Enfant de la chance

– Le bébé a déjà pointé le bout de son nez ?

Étonné, mon père, trente-neuf ans et courte barbe brune, repousse l'auvent en feutre de notre yourte. Allongée sur un matelas en coton à même le sol, ma mère me tient dans ses bras. De longs cheveux noirs encadrent son visage rayonnant. Elle a vingt-sept ans et sourit béatement. On croirait à peine qu'elle vient d'accoucher de son quatrième enfant. Ma venue au monde a été si facile en ce 16 septembre 1976.

Accrochées à mon berceau, des plumes de hibou grand-duc pour éloigner le mauvais œil et invoquer la chance. J'ouvre mes yeux couleur noisette dans la chaleur de cette tente. La fumée du feu s'échappe par l'ouverture percée au-dessus de nos têtes. La nuit, les étoiles surveillent nos corps endormis sous l'épaisseur des peaux de bêtes.

Le Turkestan oriental s'étend au pied de sommets enneigés et abrite le deuxième plus vaste désert de sable au monde. Nous vivons pour notre part dans le grenier à grains de la province d'Ili. Je suis née dans la région de Mongolkure, enfant d'un peuple que tout le monde sait joyeux, enclin à danser, chanter et plaisanter. Nous possédons aussi une vraie culture. Nous avons des poètes et des anciens combattants, qui ont pris les armes contre l'occupant chinois durant la révolution.

« Cette enfant apporte la chance avec elle. » Mes parents en sont persuadés, pour notre famille comme pour le village.

La sécheresse a sévi de longs mois durant, la famine a rongé le ventre de nombreux enfants, et d'adultes aussi. Mao Zedong, l'un des pères du PCC, est mort une semaine avant ma naissance. Homme cruel, sans égard pour le bien-être humain, le « Grand Timonier » a poussé son pays dans l'abîme. Le jour de ma naissance, la pluie revient, et avec elle la débauche verdoyante de la nature environnante.

Les visiteurs se penchent sur mon berceau en secouant la tête. Voici une enfant bien surprenante. Elle ne pleure pas, ne réclame rien. Emmaillotée dans mes langes, je dors jusqu'à neuf heures d'affilée. Inquiets de mon silence absolu, mes parents me réveillent parfois afin de vérifier que je suis toujours en vie. À cinq mois, je tiens déjà assise et sais m'occuper seule dans l'enclos tandis que ma mère prend soin des bœufs, des chèvres et des moutons.

Plus tard, mon père me répétera souvent : « Comme le chat, tu possèdes neuf vies. » Avec le recul, je constate à quel point il avait vu juste. J'ai frôlé la mort plusieurs fois dans cette vaste prairie qui forme notre territoire et où nous avons pour voisins les loups de la forêt. Au pied des montagnes enneigées, des étendues de

Condamnée à l'exil

plantes sauvages aux mille couleurs, des vertes vallées à perte de vue et, ici et là, de drôles de taches de couleurs. Ce sont des gardiens de troupeaux, des cavaliers kazakhs dont les montures, pourtant courtes sur pattes, sont infatigables. De leurs sabots, elles soulèvent la poussière, galopant dans une direction puis une autre pour rassembler les moutons, les vaches et les yaks. L'immensité du ciel bleu azur a ses maîtres : les aigles, qui tournoient au-dessus de nos têtes.

Mon village natal est situé sur le contrefort de l'imposante Tian Shan. Du haut de ses sept mille mètres, cette chaîne de montagnes a longtemps été une frontière infranchissable entre les Kazakhs et l'empire du Milieu. À ses pieds, la fertile vallée d'Ili s'étend vers l'ouest. La ville kazakhe la plus proche, Almaty, est à quelque quatre cent cinquante kilomètres. Pour rejoindre, Urumqi, la capitale, il faut en faire trois cents de plus.

J'avais six mois lorsque la mort est venue me frôler pour la première fois.

Cache-cache avec la mort

À l'époque de ma naissance, mes parents mènent une vie semi-nomade, aux côtés d'autres familles kazakhes. Les saisons rythment leurs déplacements d'un pâturage à l'autre, avec des troupeaux tour à tour indolents ou bruyants. En été, nous suivons la trace de l'eau et des moyens de subsistance sur les pentes montagneuses. Avant l'arrivée des grands froids hivernaux, nous redescendons dans la plaine, où nous avons nos habitudes. Mon père est instituteur, il fait cours là où nous décidons de planter nos yourtes. Il est aussi éleveur, écrivain, chanteur et musicien. Il aime par-dessus tout composer de nouveaux airs sur son dombra[3] à deux cordes.

À côté de lui, ma mère paraîtrait presque chétive, elle qui affiche pourtant des rondeurs et une énergie folle. Mais son époux en impose, avec son mètre quatre-vingt-dix, sa force, sa peau mate. Il dépasse presque tout le monde. Ma mère a été promise à mon père dès le berceau. Une connaissance de ses parents avait été si charmée par ce bébé qu'elle s'était écriée : « Un jour, cette enfant sera ma belle-fille ! » Mon père avait alors douze ans. Les deux familles venaient d'établir un lien filial. Sans pourtant avoir eu d'autre choix, mes parents se sont aimés pour de bon.

Le jour où doit débuter la transhumance, le vent souffle fort entre les roches. Un voyage harassant nous attend pour rejoindre la vallée. Nous transportons tout ce que nous possédons et devons faire avancer le bétail. Nous, les Kazakhs, sillonnons ainsi le territoire depuis des millénaires. Les Ouïgours musulmans se sont, quant à eux, progressivement et durablement installés dans les villes et villages, sur les pistes caravanières des routes de la soie. Nous ne parlons pas les mêmes langues, mais pouvons nous comprendre car elles ont le turc pour origine.

Mes parents entassent nos biens sur nos chameaux, formant des pyramides vertigineuses de ballots et toiles de tente. On installe les plus petits entre les bosses des animaux. Les bébés sont dans des paniers

---

3. Instrument de musique à cordes pincées originaire du Kazakhstan, le dombra est le symbole de la culture des Kazakhs. Il existe même un Journée nationale du dombra au Kazakhstan, qui a lieu tous les premiers dimanches de juillet depuis 2018 ! Ce luth populaire est reconnaissable à son manche long et effilé, ses deux cordes et sa caisse de résonance oblongue.

que des cordes maintiennent en place. On équilibre les charges tant bien que mal. La caravane se met bientôt en mouvement. Il nous faut arpenter des sentiers étroits et rocailleux qui sinuent au-dessus du vide.

Hommes et bêtes transpirent à grosses gouttes, avançant pas à pas, quand le sabot de notre chameau glisse sur une pierre. L'animal tombe à genoux avant de basculer sur le côté dans un grand fracas. Les paquets qu'ils portaient volent pour partie dans le ravin. Retenant son souffle, la troupe impuissante regarde le panier dans lequel je suis allongée rebondir sur le sol et rouler sur lui-même avant de s'immobiliser. On attend des cris de bébé qui ne viennent pas. Il règne un silence de mort. Puis tous, dans un même élan : « Non ! » Le hurlement de ma mère a presque entièrement couvert les autres.

Mon père ne bouge pas, le visage livide.

– Elle est morte.

Les conditions de vie sont dures, les fratries généralement nombreuses. Quand le pire survient, on se dit que telle était la volonté de Dieu. Que faire d'autre ? Il faut s'occuper de ceux qui restent, laisser la vie reprendre ses droits. Un environnement si inhospitalier ne se prête ni aux larmes ni au deuil prolongé.

Tous descendent de cheval pour aider mes parents à rassembler leurs affaires tombées au sol et trouver un endroit où m'enterrer entre deux rochers. Mon père fait quelques pas prudents vers mon panier et se penche au-dessus de moi. Mes paupières sont closes. Il approche son visage du mien.

– C'est impossible !

Il se retourne et lance :

– Elle est vivante !

Dans un sanglot, ma mère tombe à genoux devant moi :

– Et toi, mon enfant, te voici à côtoyer la mort sans que cela ne perturbe ton sommeil!

Par chance, notre chameau n'est que très légèrement blessé à la patte. La caravane poursuit sa route.

Gare aux serpents

La deuxième fois que la mort est venue frapper à ma porte, j'avais deux ans. Le jour s'achève, ma mère vient de traire la dernière vache et mon père emmène les bêtes paître sur les hauteurs. En temps normal, il m'installe sur la selle, devant lui. Mais ce soir-là il a beaucoup à faire et m'annonce:

– Aujourd'hui, tu restes ici.

Il s'en va, entouré par le troupeau, et ne remarque pas que je le suis pendant un long moment. Son cheval est bien sûr beaucoup plus rapide que moi et je le perds bientôt de vue. Quand il rentre enfin à la maison, il fouille l'espace du regard, salue ses enfants l'un après l'autre.

– Et où est ma petite puce? Elle n'est pas là?

Ma mère était persuadée qu'il m'avait, comme toujours, emmenée avec lui. Avec mes frères et sœurs, elle sort de la maison en courant. Leurs cris résonnent dans la nuit:

– Sayragul, où es-tu?

Ils font le tour des yourtes: personne ne m'a vue. Amis, famille et connaissances partent eux aussi à ma recherche. Toutes les pierres sont bientôt retournées, chaque trou vérifié, chaque crevasse explorée. La terre semble m'avoir avalée. Soudainement, une hypothèse fait surface et glace le sang de tous: «Les serpents l'ont tuée!»

Nous sommes certes habitués à cohabiter avec les reptiles, mais préférons généralement nous tenir à bonne distance d'eux. Il arrive qu'on en retrouve confortablement assoupis sur nos couvertures. Ma mère les fait alors sortir en versant du lait au sol pour former une ligne droite vers la sortie. Et cela fonctionne, les serpents le boivent et au revoir. Les anciens nous ont fichu une sacrée trouille un jour en tendant l'index en direction d'une grosse crevasse pour nous prévenir : « N'allez pas là-bas, les enfants, c'est infesté de serpents venimeux ! »

Je reste introuvable dans ces ténèbres qu'éclaire un ciel étoilé. Tout le monde en est désormais certain : je suis tombée dans la crevasse. Mon père ne baisse pas les bras et, en selle, traverse un vaste pâturage pour se renseigner auprès d'un berger :

– As-tu vu une petite fille avec des plumes de grand-duc sur son chapeau ?

Le berger fait glisser son index sur le bord de son propre couvre-chef, en feutre clair, referme les pans de son grand manteau de cuir autour de lui et fixe un point invisible en contrebas, comme pour se concentrer.

– Là-bas, j'ai vu passer une ombre tout à l'heure. C'était peut-être ta fille ?

Un claquement de langue suivi d'un coup de talon dans les flancs du cheval et le voici qui galope dans la direction donnée par le berger. Mon père m'aperçoit alors, dans la pâle lueur nocturne. Ma tête repose sur mon chapeau, ma tresse noire est enroulée autour de mon cou, à la manière d'un foulard. Autour de moi, des serpents, en si grand nombre qu'il est impossible pour mon père d'approcher. N'osant pas descendre de cheval, il fait venir des amis qui, munis de longs bâtons, écartent prudemment un serpent après l'autre. Durant tout ce temps, ils m'observent, corps immobile au sol, et pensent : « La petite est morte, elle a été mordue. »

Entre-temps, les aînés ont rejoint l'attroupement.
– Écartez-vous! ordonne mon grand-père paternel.
Comme son fils, il est grand, la carrure athlétique. Malgré sa longue barbe blanche, personne n'oublie qu'il a été un lutteur de renom. Inquiet, il approche son visage du mien et rend son verdict:
– La petite respire encore.
À la maison, il fait appeler un chaman.
– Nous devons prier et le laisser examiner l'enfant.

Nos croyances sont un creuset de rites païens, de religion primitive et d'éléments empruntés à l'islam. Peu après, un homme grisonnant, coiffé d'une chapka en peau de renard et portant un long manteau brodé de motifs animaliers, entre dans notre yourte. Des os d'animaux sont suspendus à l'entrée pour en chasser les mauvais esprits. Le chaman m'observe de son regard perçant, passe une main sur la peau de mes joues devenue pâle. Il commence par rassurer l'assemblée:
– Les serpents ne l'ont pas touchée.

Pour éloigner tout risque, mes parents, frères et sœurs doivent faire brûler des fleurs de harmal, dont la fumée purifiera notre yourte.
– Voilà deux fois que nous la croyons morte alors qu'elle est simplement endormie, conclut mon père, osant à peine y croire.

Ma mère et lui en sont d'autant plus persuadés: la chance est avec moi. Chaque année qui s'est écoulée depuis ma naissance a vu les conditions de vie s'améliorer dans nos contrées agricoles. La campagne d'éradication mise en œuvre par Mao contre les « quatre vieilleries » – les idées, la culture, les coutumes et les habitudes – semble toucher à sa fin. La collectivisation forcée, la gabegie et les expropriations sont derrière nous.

Condamnée à l'exil

Chacun est autorisé à se choisir une profession, à cultiver ses terres. Les salaires ont été revus à la hausse, les libertés individuelles aussi. Il y a dans l'air comme un vent de renouveau.

J'ai trois ans quand, sous l'égide de Deng Xiaoping, le PCC initie la libéralisation de l'économie. La politique de réforme et d'ouverture est lancée, malgré l'opposition farouche d'un noyau dur d'autocrates. « Il faut ouvrir la porte, même si cela doit faire entrer quelques mouches », a rétorqué le secrétaire général à ses détracteurs.

La sédentarisation des nomades

En 1981, notre famille et cent cinquante autres s'installent au pied de la montagne Tian Shan. Notre village s'appellera Aheyazi. Il dépend du district de Mongolkure. Deux fleuves aux reflets vert émeraude coulent de part et d'autre de notre bourg naissant. En son cœur jaillit une source d'eau cristalline venue des montagnes. Nous allons y puiser de quoi boire et cuisiner. Les femmes lavent les vêtements dans les eaux du fleuve, sous le pont qui l'enjambe. Au-delà, les pâturages s'étendent à perte de vue. Les champs nous fournissent les céréales pour nos repas et le fourrage dont nous avons besoin pour le bétail.

À peine mon père vient-il de fixer la dernière poutre de notre yourte qu'il rassemble les villageois pour qu'ensemble ils bâtissent une école. Mon père est un homme profondément honnête, réfléchi, patient : des qualités que tous reconnaissent et apprécient. Il pense toujours au plus grand nombre. En tant que directeur de l'école, il sera par la suite régulièrement invité à s'exprimer sur les questions de formation et d'éducation dans les villages et villes alentour. Lorsqu'il doit ainsi s'absenter, il revient naturellement à ma mère de s'occuper du foyer, de l'étable, des bêtes et de tout ce qui compose notre quotidien. C'est une femme très organisée, qui n'a aucun mal à tout gérer de front, alors même que nous traînons, encore petits que nous sommes, dans ses jupons.

Notre maison s'organise en trois pièces, qui suffisent à peine pour notre famille nombreuse. Mon père et ma mère occupent une chambre. Je dors avec mes frères et sœurs. Nous occupons à nous tous trois couchages superposés. Les garçons ensemble, en haut, et les filles entre elles, trois par trois à chaque fois. Mon grand-père, veuf, dort dans la même pièce que nous. Au réveil, nous roulons nos matelas de laine et les posons près des coffres dans un coin de la pièce. Les plus petits héritent en toute logique des vêtements des plus grands. Ma mère semble passer son temps à raccommoder, faire un ourlet par-ci, agrandir une ceinture par-là.

Jusque tard le soir, nous parviennent de tout le village un murmure joyeux, des chants et des rires. Chez nous, les Kazakhs, il se passe toujours quelque chose. Qui entre dans une maison n'en ressort jamais les mains vides. Les tables sont toujours garnies, les portions généreuses. Nous ne manquons jamais d'occasions de faire la fête. Cette solidarité, cette cohésion semblent de plus en plus contrarier Pékin.

Nous voici un matin tout excités, mes frères, mes sœurs et moi : nous attendons des invités venus de la ville. Mon frère Sawulet, d'un an mon cadet, et moi sautons déjà de joie, dans nos pantalons de laine et nos chemises, à l'idée des petits cadeaux que nous n'allons pas manquer de recevoir. Grisés, nous avalons des boissons sucrées. Une fois les bouteilles en verre vidées, nous sortons de la yourte et dévalons, de toute l'énergie de nos quatre et cinq ans respectifs, la colline qui descend au fleuve.

Alors que je me penche pour remplir ma bouteille, elle m'échappe des mains.

Cherchant à la rattraper, je fais quelques pas dans l'eau avant que le courant ne me fasse vaciller. J'essaie tant bien que mal de rester debout et de rejoindre la rive, mais le fleuve est puissant, aimanté par une chute d'eau qui gronde un peu plus loin. « Si le courant m'emporte, je vais me noyer ! » Paniquée, je m'agrippe aux plantes aquatiques qui poussent sur la berge. Malheureusement, elles ne me sont d'aucun secours et s'arrachent les unes après les autres. Mon frère court dans tous les sens, affolé. Les mains devant la bouche, il supplie :

– Sors de l'eau, Sari May !

C'est le surnom affectueux que me donnent mes parents, mes frères et mes sœurs : *Sari May*, « beurre », car ma peau en a la couleur. À mesure que le fleuve m'arrache à lui, mon frère accompagne ses implorations des promesses les plus désespérées.

– Sari May, sors ! Je ne t'embêterai plus jamais !

Mais je n'y parviens pas. Mes vêtements, gorgés d'eau, me lestent d'un poids supplémentaire. Je bois la tasse, recrache, tousse.

– Sari May, allez, sors. Je partagerai tout avec toi !

Contrairement à mes cinq autres sœurs, mon frère est un petit coquin qui aime par-dessus tout se chamailler avec moi.

– Sari May, je te prêterai tous mes jouets !

Il comprend bientôt que ses promesses ne changent rien et court chercher de l'aide du plus vite qu'il peut. Entre-temps, j'ai réussi à saisir d'épaisses tiges de menthe sauvage, aux racines suffisamment résistantes pour me retenir. Essoufflée, je parviens tant bien que mal à me hisser sur la rive. C'est à ce moment-là que je vois ma famille et nos invités se précipiter vers moi, gesticulant vainement, bouche ouverte sur une panique muette. Mon père et ma mère ont pris de l'avance. Ma mère a, comme ses filles, des cheveux de jais qu'elle serre dans un foulard.

– Sayragul !

Ils ont retrouvé leur voix en même temps que leur fille. Je suis trempée.

De retour dans la yourte, ma mère me donne des vêtements secs et m'installe devant le feu de bois. Mes frères et sœurs me jettent des regards lourds de reproches tandis que mon père me sermonne :

– Combien de fois vous ai-je répété de ne pas vous approcher du fleuve ? Vous ne devez pas aller jouer là-bas ! Pourquoi avoir voulu rattraper la bouteille ? C'est insensé !

Même en colère, il ne perd jamais son sang-froid, ne hausse pas le ton. Une fois le calme revenu en lui, il pose une main chaude et rassurante sur mon épaule.

– Tu dois faire plus attention à toi, ma fille ! Tu n'as que cinq ans et tu as déjà frôlé la mort à trois reprises.

Je vois ma mère joindre les mains et lever la tête au ciel :

– Merci mon Dieu !

Nos parents sont sévères, mais aimants. Jamais, ils n'ont levé la main sur nous. Ce n'est d'ailleurs pas nécessaire, ils ont su imposer le respect autour d'eux. Lorsqu'ils parlent, nous nous taisons et écoutons. Un simple geste de ma mère et nous voici tous debout, prêts à la suivre.

Je n'ai jamais entendu d'éclats de voix entre mon père et ma mère. Lorsque mes frères en viennent aux mains, ma mère n'a qu'une phrase à dire pour que le silence se fasse et que les esprits s'apaisent : « Du calme, sinon je le raconte à votre père. » Lorsqu'il rentre, harassé de sa journée de travail, nous devons nous faire discrets, lui épargner le bruit et les cris.

Dans les familles kazakhes, l'autorité suprême est toutefois détenue par l'*aksakal*, la « barbe blanche ». Dès qu'ils doivent prendre une importante décision, mes parents en réfèrent à mon grand-père. Lors des fêtes de famille, il occupe la place d'honneur et il reçoit toujours le meilleur morceau de viande.

Ce n'est pas bien de mentir !

Chaque fois que mon grand-père revient d'une visite dans un village voisin, il a au fond de sa poche des morceaux de sucre enroulés dans un mouchoir. À peine le distinguons-nous au loin, monté sur son cheval, que nous courons à sa rencontre.

Mon grand-père est croyant et nous a élevés, mes frères, mes sœurs et moi, dans le respect des règles de l'islam qui ne sont pas sans rappeler les dix commandements formulés dans la Bible. « Tu ne dois pas voler ni tuer. Traite ton prochain comme toi-même... » Tandis que notre aînée lui sert le thé et que je lui apporte un morceau de pain plat pour l'accompagner, il sourit. Les années ont dessiné sur sa peau des sillons, autour de ses yeux des rides souriantes.

– Les enfants, comportez-vous toujours comme il faut. Un bon musulman ne fait jamais de mal à son prochain.

Chez les Kazakhs, hommes et femmes partagent les mêmes lieux de vie. Nous mangeons et faisons la fête ensemble, comme cela se fait en Occident. Nous croyons en un islam modéré. Depuis des siècles, les aïeules nouent autour de leur visage un foulard blanc, qu'elles maintiennent en place à l'aide de délicats ornements lorsque le travail manuel se fait intense. Personne chez nous ne porte de voile noir, encore moins de burqa, comme on peut les voir éclore ailleurs. Depuis 2020, sur décision de Xi Jinping, le « patriarche bienfaiteur », tel que le glorifie son Parti, le port de ce simple bout de tissu nous est interdit.

Si mon grand-père fait sa prière cinq fois par jour et se rend à la mosquée, il n'exige rien de tel pour nous. Je n'ai d'ailleurs jamais vu mes parents prier ainsi. Après chaque repas, nous posons les mains sur celles de nos voisins de table et souhaitons à tous, famille, convives, personnes présentes, d'être bénis et heureux. Un simple « Merci à Dieu » clôture parfois ce moment.

Depuis mon plus jeune âge, je tiens plus que tout à réaliser les vœux formulés par mes parents et mon grand-père. Je m'évertue ainsi à me comporter de façon juste avec les autres, à faire preuve de respect envers chacun. Mon père se montre très content de moi et, empli de fierté, observe :

– C'est bien ma fille, elle est exactement comme moi.

Je suis presque toujours accoutrée comme un garçon, avec un pantalon et des bottes de cuir. Ma tresse tombe dans mon dos et ne s'arrête que derrière mes genoux. Une robe m'empêcherait de courir et de monter à cheval comme je l'entends. Je propose sans cesse à mon père de lui prêter main-forte, pour aller chercher du bois ou rassembler les moutons. Un peu plus tard, je serai même autorisée à monter derrière le volant de notre tracteur flambant neuf.

Mes parents vantent mon attitude devant mes sœurs, qui sont pourtant travailleuses :

– Regardez comme Sayragul sait très bien faire toute seule.

Chaque compliment m'incite à être un peu plus exemplaire. Cela ne m'est, bien entendu, pas toujours possible. J'ai sept ans quand, à l'école, l'instituteur me

demande de gérer la classe pendant toute une journée. Je suis déléguée et lui est très pris par le mariage de son fils qui approche.
– Veille à ce que tes camarades ne fassent pas de bêtises et restent bien sages.
L'idée ne semble pas les séduire et bientôt s'installe un franc brouhaha. Une petite tête brune proteste :
– On ne va pas rester plantés là toute la journée !
Je me tourne vers elle :
– Et que voudrais-tu faire à la place ?
Les élèves se mettent d'accord sur le fait de fabriquer une petite balle de tissu, de la remplir de céréales et de jouer avec dans la salle de classe. La proposition me semble honnête – et je n'ai pas franchement mon mot à dire. J'accepte donc, et voici bientôt la balle qui vole de main en main avant d'atterrir devant moi sur la petite estrade. Je la saisis et prends position pour l'envoyer de toutes mes forces sur la fille qui se tient près de la fenêtre. Un grand fracas de verre se fait entendre. Je reste pétrifiée. On est en plein hiver, la température extérieure avoisine les -15°C. Le froid nous mord aussitôt les membres.
Me voyant alors me replier sur moi-même, écrasée par ma soudaine culpabilité, mes camarades tentent de me réconforter :
– C'est notre faute, c'était notre idée.
Pour m'éviter d'être punie, ils décident de tous se dénoncer. Après cela, nous tentons de combler la fenêtre à l'aide de bouts de tissu arrachés à nos vêtements.
En cas de petit ou de gros souci, les enfants se tournent habituellement vers leur mère. Je suis la seule de ma fratrie à courir voir mon père en premier. Les mains devant mon visage baigné de larmes, je me lance dans ma confession :

– J'ai fait quelque chose de mal aujourd'hui.

Il se passe une main sur la barbe, réfléchit avant de me répondre que seule la vérité pourra me sortir de ce mauvais pas.

Je passe une nuit très agitée. Le lendemain, lorsque l'instituteur interroge : « Qui a fait ça ? », les élèves secouent un à un la tête. Le trublion de la classe, coupable idéal, est bientôt désigné. Quand vient mon tour, j'avoue dans un sanglot être l'unique responsable. Mon remords est évident. La sentence tombe :

– Comme tu as été honnête, tu ne seras pas punie. Tous les autres ont menti et seront donc sanctionnés.

Mes camarades doivent, dès le lendemain, apporter quelques pièces afin que la vitre cassée puisse être remplacée. Après la classe, ils me suivent dehors avant de m'encercler : ils ne sont pas contents et se sentent trahis. À cause de moi, ils sont tous passés pour des menteurs.

– Pourquoi as-tu fait ça ? Nous voulions t'aider ! Espèce de traîtresse !

Mais comment aurais-je pu faire autrement ? Mes parents nous répètent sans cesse que mentir est un péché. Et Dieu sait tout.

La situation est particulièrement inconfortable pour moi. Quand j'arrive à la maison, mon père pose sur moi son regard bienveillant et satisfait.

– Tu as agi comme il le fallait. Tu verras, un jour tes amis le comprendront. Ne te fais plus de soucis.

J'ai pleuré toutes les larmes de mon corps avant de pouvoir me calmer.

Quand surviennent les difficultés

Si nous parvenons tous à survivre dans des conditions souvent difficiles, c'est uniquement grâce à la solidarité, à la cohésion. Jeunes et vieux cohabitent dans un espace restreint, se viennent en aide et ont chacun besoin des autres. Les anciens partagent leur savoir sur les saisons, les soins aux bêtes, les plantes. Mais chez nous, contrairement à ce qui se pratique dans les autres familles kazakhes, les garçons ne jouissent pas de privilèges particuliers. Chacun a la même valeur, la même importance. Je m'entends bien avec mes sœurs, notamment avec la plus grande, qui est un modèle pour moi. Elle est aussi sage et mesurée que mon père. Elle est bonne élève, très intelligente et, comme ma mère, elle ne se plaint jamais. Nous la regardons tous, admiratifs, tracer de son écriture impeccable les lettres arabes sur des feuilles de papier.

J'espère de tout cœur être un jour aussi appliquée et jolie qu'elle. C'est dans ce but que je passe presque tout mon temps à ses côtés et que je la suis dans toutes ses tâches quotidiennes. Il y a tant à faire. Préparer les repas, repriser les vêtements, s'occuper du ménage, nourrir le bétail, laver robes et pantalons à la rivière...

Quand nous recevons des proches ou connaissances à dîner, le même discours revient souvent :

– Laissez les garçons aller à l'école et gardez les filles à la maison. À quoi bon leur prodiguer un quelconque enseignement ? Elles vont se marier et auront un foyer à tenir.

Combien de fois mes parents se mordent-ils les lèvres par politesse ? Ils attendent le départ des invités pour nous rassurer :

– N'écoutez pas ce qu'ils disent. Nous ne voyons pas les choses comme eux.

Notre père regarde chacune de ses filles droit dans les yeux :

– Vous recevrez la même éducation que vos frères.

Mes cinq sœurs sont en effet allées à l'université, d'où elles sont sorties diplômées.

Festivités

Depuis que je suis toute petite, je prends un vrai plaisir à écrire, chanter et danser. Quand les prairies se parent de mauve et de rose, me voici toute contente : les crocus en fleurs annoncent la nouvelle année et la Fête du printemps. Deux jours durant, en mars, les festivités vont bon train. Et les préparatifs commencent bien avant dans le village.

Dans les bois et dans la plaine, les enfants ont pour mission de trouver des plumes – les plus belles qui soient – et des dents d'animaux, afin d'en orner les yourtes. Quiconque rentre bredouille s'en voit offrir par son voisin, ou alors court en acheter chez un marchand.

Les femmes décorent leurs maisons de fleurs et de couronnes. Elles briquent leur intérieur pour que tout brille, mitonnent des soupes pour l'occasion, composées de sept ingrédients, et souhaitent le meilleur à leurs convives en ce début de printemps. Jeunes et vieux, riches et pauvres, tout le monde se rassemble dans la prairie qui borde le village pour fêter cette nouvelle année. Il y a de la musique, des danses et un grand feu.

Hommes et femmes montrent leur habileté au tir à l'arc et à cheval. Mes trois frères et les autres garçons s'illustrent dans des épreuves de lutte. Nous, les filles, avons répété une chorégraphie à l'école. Par groupes, nous chantons et dansons. Nous avons remonté nos longues tresses pour les enrouler sur nos têtes.

Tous les villageois sont bien apprêtés, ils portent leurs plus beaux vêtements, aux couleurs vives. J'arbore moi-même une robe traditionnelle coûteuse, au motif floral, que ma mère a cousue et tissée à mon intention. Je tourne sur moi-même, prise dans un vertige de rire et de joie. J'ai planté dans mes cheveux de belles plumes de grand-duc. Avec la rupture du jeûne, à l'issue du mois de ramadan, et la « fête du sacrifice », cet événement marque l'un des temps forts de l'année musulmane.

Depuis 2017, le gouvernement chinois a interdit chacune de nos manifestations traditionnelles et religieuses. Nous sommes contraints de célébrer les grandes dates chinoises, comme celles du Nouvel An. Les Kazakhs doivent ainsi parer leurs maisons à la manière des Chinois. Les représentations du diable et autres faces hideuses à afficher sur nos murs composent pour nous une imagerie tout à fait déplaisante. Mais qui ose le dire est accusé d'extrémisme et est envoyé derrière les barreaux.

Révolution culturelle : le poids de l'ombre

Après leur journée de travail, les aînés se rassemblent bien volontiers sur le grand tapis de laine coloré appartenant à mon grand-père. Nous, les enfants, prenons place derrière eux, assis en tailleur, et tendons l'oreille. Lorsque la conversation glisse sur le sujet de la rébellion contre les décisions du gouvernement chinois, les adultes nous somment de quitter la pièce.

Comme les autres « barbes blanches », mon grand-père a déjà combattu auprès des insurgés. Dans les années 1930 et 1940, nos compatriotes ont tenté de mettre en déroute l'envahisseur chinois. Mon grand-père était présent lors de la formation d'un gouvernement indépendant pour le Turkestan oriental, cette région du nord-est dans laquelle vivent les Kazakhs depuis des siècles. Aujourd'hui, plus personne n'a le droit de prononcer le nom des insurgés, encore moins d'évoquer ces révoltes.

Pendant longtemps, les habitants de notre région ont tenté de se libérer du joug chinois et eu recours à la violence pour y parvenir. En réponse: la répression, la brutalité, les prisonniers alignés dos au mur, yeux ou cheveux arrachés sur-le-champ. Mes parents comme mes grands-parents ont assisté à ces scènes d'une insupportable cruauté. En 1955, afin d'apaiser la situation dans une Chine affaiblie et affamée, Mao n'avait pas eu d'autre choix que de nous accorder, à nous, les musulmans, l'autonomie.

Depuis des siècles, les hommes de ma famille sont des chefs de clans. Par chance, nous n'avons cependant jamais été fortunés. C'est ce qui a permis à mes grands-parents de traverser sans trop de heurts la révolution culturelle, qui a débuté ici bien avant 1966, quoi qu'en disent les manuels d'histoire, et pris fin en 1976 seulement. Les gardes rouges ont spolié les Kazakhs de leur bétail et de leurs chevaux. Le gouvernement promettait en échange de construire une vaste ferme pour tous. Après cette confiscation de masse, le PCC a « oublié » ses promesses et conservé nos possessions. Ma famille n'avait alors, au sens propre, plus rien à perdre – hormis la vie.

Depuis 1962, la famine avait ôté la leur à plus de quarante millions de Chinois. Mao fit de l'Union soviétique le coupable tout désigné: ce créancier mal intentionné était celui qui avait jeté le pays dans le précipice. La colère du peuple fut ainsi dirigée vers un fautif extérieur.

– Dans chaque foyer, un portrait de Mao devait être accroché aux murs, se souvient mon grand-père, le visage brutalement fermé.

Et gare à celui qui oubliait de s'y arrêter trois fois par jour pour rendre hommage à ce dieu personnifié, à la famille qui n'y prêtait pas une attention fascinée durant le temps passé à table. Mon père n'a pas oublié les grandes annonces des cadres du Parti à l'époque : « Nous allons éliminer le système capitaliste. » La mise au pas pouvait commencer. Plus aucune différence ne serait admise entre les individus, personne ne devait posséder plus que son voisin. Ces principes ne s'appliquaient bien sûr pas à un homme tel que Mao, assis sur ses millions.

Mon grand-père acquiesce. Il se balance doucement d'avant en arrière, sans même s'en rendre compte. Il se souvient :

– Ils ont commencé à monter les gens les uns contre les autres. Le but du jeu était de dénoncer le plus de voisins ou d'amis possible, pointer du doigt chaque capitaliste supposé.

Cette période sombre a aussi marqué mon père, qui se rappelle la précipitation de certains à « livrer » leurs semblables, avides d'en tirer quelque privilège. On les reconnaissait à la manchette rouge qu'ils portaient au bras, leur discours sur les espions « à la solde de l'Occident », à leur air triomphant lorsqu'ils traînaient le corps d'un « traître » dans les rues.

Cette période marqua les esprits au fer rouge, blessa l'âme des rescapés pour toujours. Ma famille choisit le silence comme arme de survie. Notre propre passé n'était que très rarement évoqué. Nous avions la chance de vivre une époque relativement libre depuis ma naissance. « Nous ne voulons pas être condamnés pour insubordination. » Désormais, la méfiance est le lot de tous.

Nous, les enfants, avons bien compris que les Chinois sont dangereux.

Ils vont bientôt se charger eux-mêmes de nous le rappeler. Dans notre village kazakh ne vivent qu'une poignée de Ouïgours, Kirghizes et musulmans venus du Dongan[4], qui, d'un point de vue linguistique, comptent parmi la population chinoise. Mais tous parlent couramment notre langue. Les préjugés ? Nous n'en avons pas, nous formons une communauté soudée. Jusque-là, je n'ai jamais rencontré aucun Chinois. On m'a toujours appris que ce territoire est celui de nos ancêtres : nos racines sont ici. Chaque Kazakh est capable de remonter son arbre généalogique sur sept générations, de citer les noms et lieux de naissance de ses aïeux. Sinon, c'est qu'il n'est pas un vrai Kazakh – ou alors, c'est un orphelin. Mes frères, mes sœurs et moi récitons fièrement les noms de nos grands-parents, arrière-grands-parents et ceux des quatre générations les ayant précédés.

Un fantôme surgi des ténèbres

Lorsque je me sers de notre machine à écrire, je contemple invariablement avec un certain malaise la vieille étiquette sur laquelle figure une citation du Grand Timonier. « Si le Parti communiste n'existait pas, il n'y aurait pas de Chine. »

Au sein des familles, les crimes perpétrés sous Mao Zedong sont évoqués à voix basse, tout comme ceux commis en Russie par Staline. Ces pays communistes voisins ont tous deux laissé une trace indélébile – couleur rouge sang – sur nos terres.

Notre village est hanté par une revenante tout droit sortie de cette obscure période. C'est du moins ainsi que je la perçois, avec sa chevelure hirsute, blanche comme neige. Elle a soixante-dix ans et elle a perdu la raison il y a bien longtemps, lors de la révolution culturelle.

---

4. District administratif de la province de Heilongjiang, au nord-est de la Chine.

Condamnée à l'exil

Elle appartenait autrefois à une famille aisée. Les gardes rouges lui ont confisqué tout ce qu'elle possédait avant d'enlever son mari et ses enfants, de les jeter en prison et de les torturer. Son mari a été retrouvé pendu dans sa cellule. Les hommes en uniforme lui ont offert une explication lapidaire : « Votre époux a admis sa culpabilité et préféré se donner la mort. »

Personne n'y a cru. Peu après, les pieds violacés de ses enfants se balançaient au bout d'une corde à bétail. Ces brigades de la mort tuèrent toute sa belle-famille. Elle seule a survécu. Depuis ce jour, elle erre sans but dans le village, entre dans les maisons et hurle : « À l'aide ! » Pour la calmer, on lui donne un petit quelque chose à manger. Être ainsi témoin de la détresse d'une mère me brise le cœur et l'âme, mais fait aussi monter en moi une colère sans nom contre ceux qui ont commis de tels actes de barbarie.

À cette époque, comme aujourd'hui, il est interdit d'évoquer les morts et les disparus, car « aucun sacrifice n'est trop grand pour Mao ». Pour lui, mes parents et grands-parents devaient être prêts à « réduire leur corps en poussière et se laisser briser les os en mille morceaux ». Je fis mes premiers pas sur cette terre tandis que la Chine entamait son irrésistible ascension, se hissant au rang de deuxième puissance économique mondiale. Pendant ce temps, le Turkestan oriental demeurait sous le joug impitoyable du Parti communiste : quotas de production, répartition des tâches, contrôle des prix...

« Les Chinois arrivent ! »

Les mots se dessinent sur les lèvres des villageois ; l'information passe, comme un cri d'alerte, de maison en maison. Nous sommes au milieu des années 1980 et un convoi militaire vient de traverser notre village pour s'arrêter devant le pont, face au fleuve. Ce ne sont pas les *Bingtuan*, les corps de production et de construction du Xinjiang, une organisation gouvernementale semi-militaire qui contrôle le développement administratif et économique de la région. Non, les troupes qui viennent d'arriver appartiennent vraisemblablement à d'autres unités spéciales.

En toute hâte, ces soldats font sortir de terre une caserne, que protègent de hauts murs et des barbelés, puis, un peu plus loin, installent une station radar. Les travaux sur les rives du fleuve sont à peine achevés qu'un millier de Chinois en uniforme débarquent dans leurs camions et s'engouffrent dans la forteresse de béton. Les portes se referment immédiatement derrière eux. Nous n'avons bien sûr pas le droit d'y entrer. Mais que viennent-ils faire ici ?

Les visages sont inquiets. L'accès au pont est primordial pour nous, c'est par là que nous conduisons le bétail aux pâturages. Dès le premier jour, ces étrangers nous font faire demi-tour :

– Trouvez-vous un autre endroit !

L'arrivée de ces militaires signe la fin de la paix et du calme dans notre village : les soldats volent nos bêtes sous nos yeux et les emportent à la caserne. Depuis les hauteurs, assis sur leurs chevaux, les bergers assistent à l'abattage de leurs moutons. Dès qu'ils les aperçoivent, des soldats nerveux sortent de la caserne en hurlant :

– Qu'est-ce que vous faites là ? Dégagez !

Quiconque ose protester ou simplement demander « Où sont nos bêtes ? » est menacé ou passé à tabac.

C'est la première fois que je côtoie des Chinois. Je suis en CE2 et la peur ne tarde pas à s'installer dans le village, à s'inviter dans les foyers. Dorénavant, lorsque mes sœurs et moi menons les bêtes au champ, nous observons aussi discrètement que possible les soldats qui stationnent avec leurs molosses tenus en laisse, prêts à attaquer. Nous n'osons pas lever les yeux dans leur direction et, lorsque nous passons devant eux, nous accélérons le pas.

Au cours du dîner, mon grand-père, très amer, résume la situation :

– Ces hommes nous frappent, ne nous adressent pas la parole et ne nous donnent aucune explication.

Ma mère hoche la tête.

– Ils ne se sentent coupables ni responsables de rien !

Mon père poursuit, parle de tyrannie, évoque notre impuissance.

« N'ayez pas peur des Chinois ! »

Après les soldats, les premiers civils chinois viennent un jour s'installer dans notre village. Ils y ouvrent une épicerie, un atelier de photos, puis un garage. S'ils sont désormais nos voisins, nous, les enfants, n'osons pas nous approcher de ces étrangers. Petit à petit, à la faveur du regroupement familial, leur nombre augmente.

Les commerçants ont bien vite identifié nos besoins et veillent à y pourvoir. Il nous est difficile de nous faire une opinion sur ces gens, de deviner leurs intentions réelles. Faut-il nous en méfier ou en faire des amis ? Ils ne parlent que le chinois et jouent de la naïveté des villageois, qui ne connaissent rien aux affaires. Ce que nous produisons, lait, fromage ou viande, est acheté à prix cassé, puis revendu à prix d'or à leurs congénères.

Viennent bientôt les pelles mécaniques pour creuser de gros trous autour de la caserne. Nos bêtes y tombent parfois et y meurent dans des conditions atroces. La terre sert de matériau de construction, et de nombreux pâturages nous sont confisqués. Sawulet, mon petit frère, se tourne un jour vers moi :

– Pourquoi y a-t-il de plus en plus de Chinois qui viennent vivre ici ?

Je n'en ai pas la moindre idée. Les commerçants s'enrichissent à vue d'œil, les villageois s'appauvrissent au même rythme. Ils ne possèdent plus de terres, presque plus de bétail, et leurs revenus ont drastiquement chuté. Les familles rencontrent leurs premières difficultés financières. Tous les matins, nos parents nous avertissent :

– Avec le bétail, faites un gros détour pour ne pas passer devant la caserne. C'est trop dangereux sinon.

Pékin s'est fendu d'une campagne de communication en faveur des siens : « N'ayez pas peur des Chinois ! Grâce à eux, le Xinjiang va connaître un miracle économique. Vous aurez du travail et connaîtrez la prospérité ! »

Devant notre téléviseur cathodique, nous nous demandons si tout cela est bien vrai. Car nous constatons précisément l'inverse : nous n'avons rien gagné, mais presque tout perdu.

À cette époque, se faire photographier est la grande mode. Chaque famille, petits et grands, tout le monde veut son portrait. Nous n'osons pourtant pas pousser la porte du magasin au village, car il est tenu par un Chinois.

Un matin, c'est lui qui débarque chez nous et entre sans prévenir. Voilà ce Chinois qui se tient au beau milieu de la pièce, allume toutes les lumières, nous éclaire, nous, les enfants, mais aussi nos coffres, nos casseroles, nos biens. Quelques jours plus tard, il glisse les photos dans la main de mère sans lui demander son avis et exige d'être payé. Elle baisse la tête en silence. Mon père, trop bien éduqué pour refuser, sort l'argent.

Dès leur arrivée, ces étrangers ont fait preuve d'une arrogance palpable, agissant comme s'ils étaient déjà chez eux.

Viennent ensuite des apiculteurs, qui s'approprient de nouveaux lopins de terre parmi ceux qui nous restent encore et dressent des clôtures où bon leur semble.
– De quel droit osent-ils ?
Mon grand-père est hors de lui. Nous n'avons aucune administration, aucune autorité vers laquelle nous tourner pour obtenir des réponses.

Illusions

Malgré le sentiment de supériorité évident des Chinois, nous continuons de chérir la vie et de croire à des jours meilleurs. Un régime à deux vitesses s'est installé dans le village, mais nos cœurs sont vaillants et nous ne comptons pas laisser s'éteindre la flamme en nous. Mon père évite de s'épandre en commentaires négatifs sur les nouveaux arrivants, préférant évoquer notre avenir :
– Vous devez bien travailler à l'école pour avoir un bon métier.
Il nous prépare déjà, sans vraiment nous le dire, à une vie dans laquelle nous aurons à subir des injustices autrement plus féroces. Il en a lui-même déjà fait les frais et se donne du mal pour nous en préserver du mieux possible. La confiance en soi, la fierté de ses origines et une bonne formation académique : voici selon lui les clés pour s'en tirer dans la vie.
Tout juste retraité, mon père rejoint ma mère aux travaux des champs. Il œuvre aussi à l'agrandissement de notre maison. Le vent semble nous être momentanément favorable.
À douze ans, j'entre doucement dans la puberté et affiche mes premières formes. Notre père a déjà aménagé deux, puis trois nouvelles chambres, à l'intention des aînés de la fratrie.

Cet été-là, un cinéma en plein air ouvre juste à côté de la discothèque. Pour quelques pièces, nous achetons une entrée auprès d'un Chinois musulman du Dongan. Bouche bée, nous assistons à la projection de films étrangers. Je me souviens par exemple de *Spartacus* et de *L'évadé d'Alcatraz*.

Nous vivons au village comme dans une bulle et ne voyons rien de ce qui se passe à l'extérieur.

Nous ne savons pas qu'au même moment, à Pékin, des étudiants protestent contre la corruption de la classe politique et du népotisme décomplexé de certains clans; qu'en cette nuit du 3 au 4 juillet 1989, des chars envahissent la place Tian'anmen et menacent les manifestants. Que les soldats y font usage de fusils et de baïonnettes.

Ce ne sera que bien plus tard, pendant mes études, que j'entendrai mes camarades en parler à voix basse.

– Vous avez entendu parler de ce Ouïgour, Urkesh ? Il s'est battu pour nos droits sur la place Tian'anmen.

À leurs yeux, cet homme est un héros. Il a pourtant dû fuir la Chine pour se réfugier à Taïwan. Aujourd'hui encore, personne ne peut estimer avec certitude le nombre d'étudiants assassinés cet été-là: des centaines, des milliers? Deng Xiaoping a étouffé, écrasé sans pitié ce mouvement pro-démocratie.

Nous n'avons pas non plus entendu parler de la répression sanglante orchestrée au cours des années 1990 dans d'autres régions du Turkestan oriental contre les Ouïgours qui manifestaient pour plus d'égalité et moins d'oppression. Dans les médias, nationalisés en 1949, il n'est question que des prouesses et coups d'éclat du gouvernement chinois. Étrangement, personne ne mentionne l'interdiction faite aux Ouïgours de se rassembler, pendant les tournois de football par exemple, ou de construire une nouvelle mosquée, pour cause de

« mise en danger de l'État ». Bientôt suivent des mesures draconiennes permettant « l'encerclement et la maîtrise des dangereux criminels ».

Il est en revanche impossible pour les médias nationaux de dissimuler l'éclatement de l'URSS.

Le 21 décembre 1991, la Communauté des États indépendants (CEI) est constituée à Almaty, au Kazakhstan. Les républiques d'Asie centrale seront désormais souveraines. Au village, c'est l'explosion de joie. De nombreux habitants saisissent sans attendre l'opportunité d'aller, enfin, rendre visite à leur famille de l'autre côté de la frontière. Certains décident même d'y déménager définitivement.

Pékin ne cesse de répéter que l'indépendance des pays voisins est une mauvaise décision. Le gouvernement espère ainsi tuer dans l'œuf toute velléité d'indépendance – et tout espoir – sur son territoire national.

Écrivains, intellectuels, artistes et chanteurs kazakhs viennent dans notre province présenter leur travail, donner des concerts. Devant les librairies, on fait la queue pour s'acheter des romans. C'est ainsi que nous faisons la découverte d'auteurs russes tels que Maxime Gorki ou Anton Tchekhov, et, plus largement, de la littérature étrangère.

Comme mon père, je me suis ruée sur les grands classiques. Rapidement, j'ai eu envie d'en savoir plus sur les pays occidentaux. Je m'imagine m'y rendre lorsque je serai devenue comédienne, journaliste pour la télévision ou présentatrice. L'étau politique est temporairement – et de façon toute relative – desserré, mais autour de nous, la télévision et la radio restent des références.

Et les médias sont les marionnettes du Parti.

Le gouvernement a délibérément entretenu notre ignorance, cultivé chez nous une illusion de liberté.

Pendant longtemps, nous, les Kazakhs de cette région du Turkestan oriental, nous sommes sentis indépendants. Nous étions un peuple à part entière. Nous avions les grands espaces, de l'air pour respirer. Nous n'avons pas remarqué que nous vivions déjà dans une prison – une prison à ciel ouvert, dont les murs poussaient toujours plus haut et la surface rétrécissait imperceptiblement. Inexorablement.

Vie étudiante (1993-1997)

Les soucis grandissent en même temps que les enfants, dit-on. Chaque début d'année marque le départ de l'un de nous à l'université, donc un déménagement. Mais où mes parents sont-ils censés trouver l'argent pour payer nos études ? Et qui veillera sur nous, les filles, dans ces villes où règne la loi de la jungle, où l'argent est roi et la convoitise omniprésente ?

Le pays s'est transformé à une telle allure ! Les valeurs auxquelles nous tenons depuis toujours n'y ont plus vraiment leur place. Cela fait déjà beaucoup pour les anciennes générations, qui n'en ont pourtant pas fini avec les mauvaises nouvelles.

– Ne quitte pas tes filles des yeux, dit mon père à ma mère – pour la forme, car c'est déjà ce qu'elle fait depuis toujours.

Nous n'avons jamais rien fait qui puisse entacher l'honneur de notre famille. Les garçons n'ont rien d'intéressant à mes yeux. Je ne pense qu'à ma carrière. Je veux donner à mes parents davantage de raisons d'être fiers de moi et pouvoir un jour les soutenir financièrement.

J'ai achevé mon cursus scolaire avec de très bonnes notes et je suis la seule de ma classe à partir à l'université.

Condamnée à l'exil

Ce sera à Ili[5]. Plutôt que la médecine occidentale, les autorités ont « recommandé » que je suive un enseignement en médecine traditionnelle chinoise. Quelques semaines plus tôt, mon père m'a accompagnée pour mon inscription. Il est encore relativement facile pour les musulmans d'obtenir une place sur les bancs de l'université. À la tête des établissements, se trouvent des gens de la région et la ville compte 90 % de Kazakhs.

Mais les Chinois ont fait de nous une minorité dans notre propre région.

J'ai dix-sept ans lorsque je quitte le foyer pour me rendre, seule, à six cents kilomètres de là. Comme je l'ai fait la première fois, j'observe depuis la fenêtre du bus le défilé des immeubles. À leurs pieds se cachent des maisons de thé traditionnelles, des femmes vendant des nouilles qu'elles ont confectionnées à la main et conservent dans de grandes marmites. Auparavant, on voyait, dans les rues comme dans les magasins, des affiches joliment décorées souhaitant la bienvenue à tous. Le texte était écrit en kazakh et, en tout petit au-dessous, en chinois. Aujourd'hui, n'y figurent plus que des caractères chinois. Ils ont effacé toute trace de kazakh.

Les premiers mois, j'ai du mal à m'habituer à la grande ville. Les rues bondées, le vacarme, toutes ces sensations nouvelles. Je suis une jeune fille de la campagne au milieu de six mille étudiants, dont près de deux mille sont chinois. Dans le corps enseignant, ils sont 70 %. Si loin de mon village, de mes parents, je partage une chambre avec huit autres filles, toutes chinoises.

---

5. La préfecture autonome kazakhe d'Ili est une subdivision administrative de la région autonome du Xinjiang en Chine.

Le mal du pays se manifeste souvent, me serre le ventre et le cœur. Je repense aux montagnes, au parfum du harmal qui pousse dans la steppe, à notre maison, aux chevaux, compagnons de toujours des Kazakhs. Notre langue compte pas moins de cinquante mots pour décrire leur robe !

Il y a souvent la queue devant le téléphone installé dans le bâtiment. Je prends place, j'en profite pour écrire une lettre, en veillant à ne pas mouiller l'encre de mes larmes. « Vous me manquez tellement... »

La résidence universitaire est un petit monde à elle seule, avec une boutique et un restaurant. Entre étudiants, la concurrence est rude. Ceux qui veulent réussir n'ont d'autre choix que d'apprendre le chinois. Certains de mes camarades se plaignent à demi-mot.

– Pourquoi devrais-je apprendre une langue étrangère ? C'est aux Chinois d'apprendre le kazakh !

À l'université, il est impossible d'éviter ces étrangers comme nous le faisions au village. Dès le début, la méfiance évidente entre nous forme un mur infranchissable. En présence des étudiants chinois, nous pesons chacun de nos mots, surveillons nos propos. En tout état de cause, ils ne cherchent pas à lier connaissance avec nous. Le débat et l'échange n'ont ici pas droit de cité. Tout est tabou. Qui ose soulever la moindre critique à l'égard de Pékin reçoit le plus souvent un haussement d'épaules dédaigneux en guise de réponse : « Vous êtes simplement jaloux de la réussite chinoise ! » Nous avons le sentiment d'être constamment espionnés et préférons donc nous retirer, rester « entre nous ».

Même aujourd'hui, en racontant tout cela, je sais que ces élèves n'étaient pas des monstres, mais des personnes comme les autres, avec leur propre lot d'inquiétudes : « Comment vais-je parvenir à joindre les deux bouts ?

Comment soutenir au mieux mes parents ? Comment récolter de bonnes notes ? »

Ceux qui obtiennent les meilleurs résultats bénéficient de points bonus qui, en nombre suffisant, permettent de recevoir une bourse de l'État. Il arrive aussi qu'on nous remette des coupons pour les repas. Grâce à mon travail, je n'ai jamais eu à souffrir de la faim. Bientôt, me voici non seulement la plus jeune mais aussi la meilleure élève du cursus.

Lorsque la solitude vient assombrir mes pensées, j'attends le week-end et je monte dans un bus rejoindre ma grande sœur, qui fréquente l'université de la ville voisine. Nous nous consolons mutuellement.

Arrive ensuite le tour de mon petit frère, Sawulet, qui s'est inscrit en génie mécanique. La première année, ma mère nous rend visite tous les deux mois. C'est moins cher que de nous faire rentrer tous les trois à la maison. À chaque fois, je guette son arrivée avec une impatience fébrile. Ma mère apporte avec elle tout son amour, mais aussi un peu d'argent et des douceurs qu'elle confectionne elle-même. La voyant préparer sa valise et la charger lourdement de bonnes choses à manger, mon père soupire tristement.

– La prochaine fois, c'est toi qui iras, lui dit-elle.

Je m'habitue doucement à ma nouvelle vie et suis heureuse d'avoir désormais une amie parmi les étudiantes kazakhes. Elle s'appelle Gulina[6]. Elle est tout l'inverse de moi : grande aux cheveux clairs. Mais nous avons le même caractère et sommes comme des sœurs. Nous avons toutes deux à cœur d'être irréprochables et sommes portées par la volonté de bien faire. Nous nous y efforçons au quotidien. En cela, nous

---

6. Le prénom a été modifié.

sommes des Chinoises typiques! Le bonheur semble pourtant toujours nous échapper.

Renaissance maoïste

Que ce soit au cinéma ou dans les lieux culturels, on chante partout les louanges de Mao. On y parle d'idéal communiste et d'abnégation du peuple, certainement pas de la terreur ni des crimes perpétrés en son nom. Je suis sceptique, mais ne connais de cette sombre période de l'histoire que les bribes racontées par nos anciens, au village.

À l'université, certains, les plus intelligents, s'inquiètent à voix basse: «Ce renouveau du culte de la personnalité n'est pas de bon augure»; «Avec ça, c'est portes ouvertes sur le passé»; «Le Parti réécrit l'histoire pour ne pas avoir à s'y confronter.» Les autres tapent du poing: «Si Mao n'avait pas été si grand et si bon, on ne ferait pas ainsi son portrait dans nos livres et à la télévision!» Pour ma part, je me tiens à l'écart de ces discussions et me contente d'écouter.

À force de voir le communisme et le Grand Timonier ainsi portés aux nues, on finit soi-même par douter. Où se situe la vérité exactement? Les maux du passé, ceux que nos parents et nos professeurs ne nous ont jamais réellement expliqués, finissent par virer au noir et blanc, devenir flous, sans consistance.

Quel que soit le livre que je consulte à la fac, les premières pages sont consacrées à Mao, Lénine et Marx. Chaque devoir ou exposé doit s'ouvrir sur eux, mentionner leurs idées. Sinon, pas de bonne note. Les mérites de Mao sont immenses: il a bouté hors du pays les ennemis de la nation. Ses erreurs sont négligeables, nous répètent les professeurs, suivant aveuglément les directives du Parti. Je ne manque pas, à mon tour, de le mentionner dans une nouvelle dissertation : « Il nous a appris à faire preuve de loyauté envers la communauté, le Parti et la patrie. »

Il me paraît évident qu'il faut faire passer les autres avant soi. Le groupe est plus important que l'individu. Mais pourquoi a-t-il fallu pour cela tuer autant de personnes ? Tous ces questionnements et ces efforts de compréhension ne m'apportent malheureusement pas de réponse et risquent de m'attirer des problèmes. Je ne tiens surtout pas à parler de politique. Je veux juste étudier en paix et suivre à la lettre la nouvelle devise du pays, qui nous invite à nous enrichir.

Mais que nous le voulions ou pas, les doutes surgissent. Et il n'y a personne pour y répondre. Un jour, face à la table de dissection, mon amie Gulina s'interroge :

– Où se procurent-ils autant d'organes sains ?

Je regarde autour de moi, horrifiée. Je n'en sais rien. Les autres font semblant de n'avoir rien entendu. Devant nous, voici pourtant des foies, des cœurs, des poumons. Un nombre d'organes effarant est mis à notre disposition. Sans dire un mot, nous prenons nos scalpels et nous concentrons sur notre travail.

Au Turkestan oriental, tout le monde parle de la disparition d'adeptes du Falun Gong[7] et d'autres individus diabolisés par Jiang Zemin, le chef du Parti. On sait aussi que la Chine transplante bien plus d'organes que les donneurs consentants et les victimes d'exécution n'en fournissent officiellement.

Les organes sont pour les deux tiers prélevés sur des prisonniers : c'est ce qu'officialisera bien plus tard,

---

7. Créé en 1992, le Falun Gong est un mouvement spirituel inspiré du qigong. D'abord soutenu par les autorités chinoises, il est par la suite réprimé, et ses adeptes arrêtés. On a parlé de prélèvements d'organes non consentis. Il continue à être pratiqué clandestinement en Chine.

en 2009, le ministre de la Santé chinois, Huang Jiefu. En Chine, le lucratif trafic d'organes n'est donc pas le fait de bandes organisées, mais du PCC lui-même.

Rêves de fortune

Gulina et moi sommes très proches. Le soir, il nous arrive de nous allonger côte à côte dans mon lit étroit et, les yeux pleins d'étoiles, de rêver d'argent et de reconnaissance. L'argent permet de tout acheter, pensons-nous alors, y compris la liberté. Je revois sans cesse mes parents s'épuiser à la tâche, éreintés après de longues journées de labeur. Toute leur vie, ils se sont privés pour leurs enfants. Après Sawulet et moi, ils sont encore quatre dont il faudra payer les études. Un soir, me vient une idée pour gagner un peu d'argent. J'en parle à Gulina en lui précisant que mes parents ne devront jamais rien en savoir.

Je mets rapidement mes projets à exécution et, le week-end suivant, prends le bus pour passer la frontière kazakhe. Chez l'un des nombreux grossistes, j'achète le plus grand nombre possible de classeurs, cahiers, stylos et autres articles de papeterie pour les revendre, le soir venu, à mes camarades. Tous me respectent, car j'ai d'excellentes notes, et mon petit commerce fleurit d'emblée. J'étends mon offre en proposant aussi des bijoux dorés – du toc – aux jeunes filles.

J'ai bientôt suffisamment d'argent pour en donner à mes frères et sœurs. Mon père s'étonne :

– D'où vient tout cet argent ?

Je lui explique sans rougir que je le dois à mes bonnes notes et à mon comportement exemplaire. Disons que c'est en partie la vérité.

Je ne veux surtout pas que mes parents me jugent. J'ai pris le bus seule, ai négocié des prix, me suis débrouillée parmi les hommes. Si cela s'apprend, je n'ose imaginer les conséquences, pour mes parents, sur ma réputation. Sans parler de leur honte de ne pouvoir subvenir eux-mêmes aux besoins de leurs enfants. Ils se sentiraient à coup sûr en partie responsables de mes actes.

Deux fois par an, en fin de semestre, nous rentrons tous à la maison. Nous constatons à chaque fois les nouveaux dégâts : notre environnement se dégrade petit à petit. Les pâturages sont envahis par les pelles mécaniques, la montagne est devenue une plaie béante infestée de mines. De nouvelles rues quadrillent le village, les voitures sont de plus en plus nombreuses. Et chaque nouveau chantier raréfie nos ressources en eau.

1997 : la source est tarie

Pékin envoie toujours plus de colons venus de l'est dans notre Turkestan oriental. Sa stratégie se dessine plus clairement : siniser autant que possible cette province riche en matières premières. Le paysage a drastiquement changé au fil des ans, le comportement des villageois aussi.

Le temps des discussions spontanées et joyeuses au beau milieu de la rue est révolu. Les visages sont fermés, les esprits tourmentés, comme le sol qui les a vus naître. Le silence s'est même imposé entre les quatre murs de notre maison : mes parents n'abordent plus les sujets qui les tracassent. Les aînés s'enfoncent dans une tristesse durable. « Là où passent les Chinois, l'herbe ne repousse pas. » Voici l'empreinte que ce peuple a laissée chez les Kazakhs. Mon grand-père prédit une catastrophe. Si seulement il pouvait avoir tort !

Lorsque je rentre au village, la source est tarie. Les habitants ne disposent plus d'eau potable. Le niveau d'eau du fleuve est au plus bas, c'est à présent un ruisseau à l'odeur nauséabonde. On n'y voit plus que des poissons flotter sur le dos.

L'hiver, les villageois tentent de récupérer dans la montagne l'eau dont ils ont besoin. Laborieusement, ils transportent la glace à dos d'âne. Mes parents s'inquiètent de ce qui les attend encore. Mon grand-père passe sa main ridée sur sa barbe blanche et secoue la tête :

– La montagne et l'eau sont des êtres sacrés. Il ne faut pas les souiller avec des ordures et des excréments, comme le font ces Chinois. L'eau doit rester pure, sinon gare à la colère des esprits.

Ma mère baisse la tête, abattue.

– C'est pour ça que l'eau s'est retirée.

À cette époque, le Turkestan oriental est secoué par des manifestations contre la restriction galopante des libertés religieuses et culturelles, contre cette implacable domination. Je ne saurais dire ce qu'il m'en reste aujourd'hui comme souvenirs et impressions.

Je n'ai pas su que, le 8 mars de cette année 1997, plusieurs explosions ont fait des morts dans des bus de Pékin, au moment où le congrès se félicitait de la situation au Turkestan oriental. Plus la pression exercée sur un peuple est forte, plus sa réaction se fait virulente. Le gouvernement joue l'escalade de la violence. La répression se fait plus dure.

Notre famille a connu son lot de peines. Nous courbons l'échine, le temps que l'orage passe. Puis chacun reprend rapidement le rythme des tâches quotidiennes. Dans l'étable, la traite des vaches reprend. Nous nous efforçons de rendre notre vie supportable, faisons en sorte de ne pas sombrer dans la pauvreté, que rien d'autre ne nous soit confisqué. Contrairement à mes frères et sœurs, je ne cherche pas à fonder une famille. Je veux, dès que possible, passer mes examens et me trouver un métier avec un vrai salaire.

L'hôpital : des soins à deux vitesses

Grâce à mes excellentes notes, je décroche sans tarder un poste de médecin dans un grand hôpital de la région de Mongolkure. Le salaire est bon. À la maison, nous discutons de mon avenir. « Tu ne peux pas vivre seule en ville », annonce ma mère. En effet, que penseraient les gens ?

Mon père suggère que j'aille vivre chez un parent lointain du côté de ma mère. Ils ont une chambre pour moi si je le souhaite. Son épouse et lui étaient des fonctionnaires haut placés, leur réputation les précède. Je suis d'accord, chacun devrait y trouver son compte. En échange d'aide aux devoirs auprès de leurs deux garçons et de ma participation aux tâches domestiques, je n'aurai rien à payer pour l'hébergement et les repas.

Je me rends à mon premier jour de travail, chahutée par des sentiments contradictoires. Près de 80 % de mes collègues sont des Chinois que le gouvernement a placés au Turkestan oriental. Vont-ils m'accepter parmi eux, me donner une vraie place ? Je suis kazakhe et, à ce titre, ai toujours été persuadée que je devais être meilleure que les autres. Sinon la sanction risquait de tomber : « Ces Kazakhs sont paresseux et n'ont rien dans le crâne. »

En rentrant à la maison ce soir-là, je respire enfin.

Tout sourire, j'annonce à la maîtresse de maison qui, alors que je la rejoins en cuisine, me pilote et me questionne en même temps :

– L'ambiance de travail est bonne à l'hôpital.

Je mets prestement la table et prépare le repas de la famille.
– Je m'en réjouis, me répond-elle.
Mais son visage trahit un tout autre sentiment. Sa réserve ne m'inquiète pas tout de suite, j'ai l'esprit trop occupé par mes débuts dans le monde professionnel.

À l'hôpital, lorsque nous rendons visite à un patient et discutons des soins à lui prodiguer, mes collègues chinois se comportent de façon très amicale à mon égard. Leurs préjugés n'ont que peu de poids face à moi, qui suis diplômée, maîtrise leur langue et connais leur culture. Leur comportement trahit toutefois un certain sentiment de supériorité. Ils se croient indiscutablement plus intelligents et réfléchis. Meilleurs en somme.

Nous ne sommes jamais complètement à la hauteur. Nous sommes trop ceci ou pas assez cela.

Ils ont été nourris par le discours politique tout droit venu de Pékin, faisant invariablement la différence entre «eux» et «nous». Le gouvernement se charge lui-même de planter dans les cerveaux les graines du rejet. Ce discours est transformé en vérité. La colère et les préjugés grandissent en même temps que les hommes.

Il arrive parfois que se présente à l'hôpital un Kazakh ou un Ouïgour, dont c'est le premier séjour en ville. Comment se retrouver dans le dédale hospitalier? Il se rend à l'accueil et, dans sa langue natale, demande où il doit se rendre. En guise de réponse, le personnel l'ignore. Il n'est pas chinois, il est donc invisible. Il tente de nouveau, explique ce qui l'amène:
– Je ne me sens pas bien, j'ai des abcès à l'estomac et...
Rien.
Pas un regard pour cet homme.
Il finit, comme d'autres avant lui, comme nous au village, par se résigner et se mettre en retrait. L'homme

attend. Il attend longtemps. Les blouses blanches défilent devant lui sans lui prêter la moindre attention. Ou alors pour gesticuler derrière lui comme pour dire : « Qui est ce vermisseau tout crotté ? » Il s'agit vraisemblablement d'un paysan. Mais est-ce une raison pour le dénigrer ? Tout ça parce qu'il n'est pas des leurs ?

Dès que je vois un patient laissé ainsi de côté, je me précipite vers lui afin de l'orienter au mieux. Ma première réaction face à cette discrimination est une franche colère. Les mains sur les hanches, je me tourne en fin de journée vers mes collègues chinois et les interpelle :

– Pourquoi afficher un tel dédain pour ces patients ? Nous sommes dans un hôpital. Notre métier est de soigner chaque malade, sans faire de différence.

Mon intervention en surprend plus d'un. Puis fusent les questions :

– Ah, mais c'était quelqu'un de ta famille ? C'est pour ça que tu réagis ainsi ?

Je secoue la tête et ne baisse pas les bras :

– Non, il s'agit d'êtres humains qui ne maîtrisent simplement pas la langue qu'on parle ici et ne savent pas se repérer dans ce grand bâtiment. Je veux juste les aider.

Nous sommes médecins et infirmiers. Nous sommes garants d'une éthique sous-tendue par l'idée que tous les hommes et femmes sont égaux. C'est même ce qui est censé nous lier. Si les effets de la propagande gouvernementale se font sentir jusqu'ici, dans un lieu où devraient prévaloir la charité et l'amour, que doit-il se passer dans la rue, dans la ville ?

Dans les magasins, au marché ou au restaurant, on nous sert une soupe tout aussi amère. Nous avons bien souvent droit aux regards en coin des Chinois.

– Qu'est-ce que vous venez faire ici ?

Ils nous tournent ensuite le dos ou s'en prennent ouvertement à nous :
– Tout le monde sait que vous, les musulmans, descendez de l'âne !

Le fossé qui nous sépare, mes collègues et moi, se fait aussi ressentir lorsque nous allons dîner les uns chez les autres. Curieusement, ils me posent systématiquement des questions sur le Kazakhstan, où vivent quelques membres de ma famille. Je comprends qu'il s'agit pour eux de confirmer leurs préjugés. Leur démarche n'a rien de sympathique.

– Là-bas, on ne trouve pas autant de choses dans les magasins qu'en Chine ! Les Kazakhs sont tous pauvres et malades. Ils vivent dans des taudis.

Je tente de rectifier leurs idées reçues le plus posément possible :

– Non, non, les Kazakhs vivent aussi dans des grandes villes, dans des appartements, comme ici.

Mes collègues tentent de sonder le lien que j'entretiens avec le pays voisin. Si j'ai été biberonnée au patriotisme kazakh, je ne suis rien d'autre qu'une traîtresse, un danger pour la patrie.

J'essaie de rester la plus concise et factuelle possible.

– Le Kazakhstan est un pont entre l'Europe et l'Asie. C'est le plus vaste des pays ne disposant pas d'accès à la mer, il offre beaucoup d'opportunités.

Ce genre de réponse ne manque pas de les faire rire. Pour eux, le Kazakhstan est un pays sous-développé, arriéré.

– Les Kazakhs seraient bien incapables de diriger et de faire fructifier la moindre entreprise. Ils ne savent ni se servir d'un ordinateur ni construire de machines !

Sans l'aide de la Chine, impossible que le pays connaisse le même miracle économique que le Turkestan oriental. Aujourd'hui, je me demande s'ils produisaient déjà des notes à mon sujet. En 2017, les cadres du PCC ont exploité des témoignages de Kazakhs et Ouïgours datant de cette époque pour en faire des « ennemis du système » et leur passer les menottes.

Quiconque se dit ami du Kazakhstan est nécessairement, aux yeux du gouvernement chinois, habité par des « velléités de trahison » et, à ce titre, tout indiqué pour un séjour en camp afin d'être « déradicalisé ».

Les Occidentaux peuvent-ils seulement se figurer ce que cela signifie ? Recevoir un invité, lui servir un café avec des petits gâteaux, lui poser des questions sur un sujet donné et s'appliquer à reproduire ses réponses mot pour mot afin que les autorités puissent, dix-huit ans plus tard, les sortir de leur chapeau et affirmer que « cette personne représente un vrai danger et doit être mise hors d'état de nuire » ?

Au Turkestan oriental, quand un Chinois pose à un convive des questions sur un pays étranger, il faut se méfier. Bientôt, les locaux veillent donc à éviter tout sujet potentiellement dangereux. Les informations de « première main » venant à manquer, la simple présence du tampon de la douane kazakhe sur un passeport suffit. « C'est une preuve : vous êtes un extrémiste ! »

La mort de mon grand-père

Je suis en train de prendre le pouls d'un patient quand une infirmière me fait signe. Il y a un appel pour moi. C'est ma mère.

– Viens vite, ton grand-père est au plus mal.

Notre « barbe blanche » a en effet demandé à ses petits-enfants et à ses proches de bien vouloir se rassembler autour de lui. Une fois que nous sommes tous là, il nous annonce :

– Je vais mourir dans quelques jours.

Nous nous opposons ouvertement à cette idée et lui promettons encore de longues années de vie. Il y a peu, il s'est même rendu à cheval dans un village voisin pour rendre visite à des amis. Jusqu'à ce jour, il n'est jamais allé chez le médecin, n'a jamais avalé le moindre médicament. Il affiche encore un sourire de jeune homme, des dents blanches et saines. Il est né en 1897, toutefois ses cent ans ne sont pas une excuse à nos yeux et sa mort nous prend tous par surprise. Mon grand-père a eu une longue vie, mais nous l'aurions bien gardé encore un peu auprès de nous.

Qu'importe si elle est pauvre, une famille kazakhe organise toujours une veillée en l'honneur du défunt. Tandis que les femmes perpétuent la tradition de la déploration et préparent le repas d'enterrement, le corps est lavé, la prière des morts récitée. Les plus âgés des hommes enveloppent mon grand-père dans un linceul blanc avant qu'il soit soulevé et déposé dans une grande caisse en bois, puis transporté au cimetière du village, près de la montagne. Sa tombe est magnifiquement ornée et notre « barbe blanche » y est descendue, la tête tournée vers La Mecque.

Je n'ai que peu de temps pour pleurer mon grand-père, le travail m'appelle. À l'hôpital, je peine à me concentrer sur les patients et prends conscience de l'importance qu'il avait pour moi. Il va beaucoup me manquer. Mon grand-père avait une pureté et une profondeur pareilles à celles de l'eau des montagnes. Penser aux morts est chez nous un acte sacré, notre vrai pays est celui où reposent nos ancêtres. Pourrais-je aujourd'hui, vingt ans plus tard, retrouver la tombe de mon grand-père, quand Pékin qualifie de terroriste tout ce qui est musulman ? En 2017, l'administration a exigé que toutes les tombes soient

« débarrassées » de leurs symboles musulmans, à l'image du croissant de lune.

Certains membres du PCC d'origine kazakhe se sont montrés particulièrement zélés à ce sujet. Ils n'ont pas hésité un seul instant à intervenir sur leurs propres caveaux familiaux, dans l'unique but de se faire bien voir de leurs homologues chinois. Cela ne s'est pas fait sans conflit au sein des familles, sans dislocation durable des liens entre proches.

De nombreux cimetières, où nos défunts reposaient jusque-là en paix, ont ensuite été rasés par les engins municipaux. Dans les grandes villes, les autorités ont évoqué le « manque de place » pour justifier leur action. Ailleurs, on a forcé les Kazakhs à déterrer leurs morts pour les enterrer dans des cimetières chinois. De nos ancêtres, il ne devait plus rester aucune trace. Le gouvernement nous a ainsi infligé une blessure meurtrière au cœur et à l'âme.

Les aînés ont vu avant nous le ciel s'assombrir et le danger poindre à l'horizon. Notre génération n'a appris à s'en méfier que trop tard.

Ma première carte bancaire

Je reçois avec une joie fébrile ma première carte bancaire. Mon salaire mensuel de cinq cents yuans a été versé sur mon compte. J'accepte bientôt le poste de nuit à l'hôpital : il me permet de gagner la moitié de cette somme en heures supplémentaires, que l'agent de caisse, à la banque, me remet en espèces. Je suis aux anges.

À moi seule, je n'ai pas besoin de tout cet argent. Je monte dans le premier bus pour me rendre chez mes parents. À mon arrivée, je dépose ma carte bancaire dans la main de mon père déconcerté :

– Voilà, je t'offre mon salaire de ce mois-ci. Tu peux t'acheter ce que tu veux.

Débordant d'une gratitude non feinte, il décide d'économiser cette somme pour financer le début des études supérieures de mes plus jeunes frères et sœurs.

Mon salaire me permet de m'offrir de beaux vêtements et quelques autres petits plaisirs futiles. Je suis souvent la mieux habillée et les femmes ne manquent pas de réagir : « Oh, tu as vraiment un style à toi ! » Et c'est vrai. Il ne s'agit pourtant pas d'étoffes coûteuses, mais de chutes de tissu que j'ai découvert dans la boutique d'une connaissance où sont vendus des articles turcs. Autour de moi, toutes veulent acheter les mêmes marques, porter les mêmes vêtements, ce qui explique qu'elles se ressemblent autant. Moi, je veux me démarquer, justement. Je porte des couleurs claires quand tout le monde s'habille en noir, des jupes longues quand la mode est au court. On me demande alors où je trouve mes vêtements, qui plaisent invariablement.

Lorsque je me regarde dans le reflet des vitrines ou que je participe à des rencontres médicales, je ne peux m'empêcher de repenser à mes vieux rêves de journalisme et de voyage autour du monde. Et si je suivais une nouvelle formation ? Mais je rêve trop grand, ce projet restera lettre morte. Je n'aurais de toute façon jamais eu le temps de m'y consacrer.

Après le travail, j'ai largement de quoi m'occuper chez le couple de parents éloignés qui m'hébergent. Ce sont des notables qui ont presque tous les soirs un dîner en ville, un mariage. Ils ne sont souvent pas là le week-end et se tournent bien entendu vers moi :

– Nous devons encore nous absenter, peux-tu t'occuper de nos deux fils et faire le ménage ?

Lorsque j'ai un moment de liberté, je dois d'abord m'assurer auprès de la maîtresse de maison qu'elle n'a

pas besoin de moi. Elle sait que j'aime par-dessus tout danser et n'a rien à redire sur mon comportement. Elle pourrait me laisser sortir, mais au lieu de cela, elle appelle mes parents pour solliciter leur avis :
– Sayragul veut retrouver son amie pour aller en boîte de nuit ce soir, à 20h, pour aller danser. Qu'en pensez-vous ? Je n'ai aucune envie que les gens jasent à son sujet et que nous soyons mêlés à tout ça.

Ce que nous sommes et notre sens de l'honneur passent en premier, jamais aucun de nous n'oserait faire quoi que ce soit qui puisse causer du tort à ses parents. Peu de temps après, mon téléphone portable sonne. J'explique à ma mère qui est cette amie avec qui j'ai rendez-vous, qui sont ses parents, quelle est cette boîte de nuit, à quelle heure nous pensons rentrer. Elle soupire bruyamment. Plusieurs fois.

– Bon, c'est d'accord. Mais veille à bien te tenir et ne t'éternise pas là-bas. Je veux que tu sois rentrée pour 22h.

J'ai quitté le foyer familial voilà plusieurs années, j'ai bientôt vingt-trois ans et mes parents sont toujours derrière mon dos, à veiller jalousement sur mon honneur. Si je fais le moindre faux pas, c'est sur eux que pèsera l'opprobre.

Mon amie Gulina et moi mettons du rouge sur nos lèvres, du noir sur nos yeux, enfilons une tenue chic, des talons hauts, et partons en boîte de nuit. Dans le brouillard des fumigènes, sous les lumières des stroboscopes, je danse sur mes chansons préférées de Modern Talking.

Je suis sur la piste de danse quand mon téléphone sonne. C'est ma mère.

– Tu surveilles l'heure, dis-moi ? Il ne faudrait pas que ta tante se fâche.

Je passe donc le reste de ma courte soirée à consulter ma montre. Encore dix minutes de guitare électrique et de synthétiseur : « *You're my heart, you're my soul...* » En cet instant, les noms de mes chanteurs préférés, Dieter Bohlen et Thomas Anders, sont tout ce que j'ai besoin de savoir sur la culture allemande. Aujourd'hui, ces chansons venues de l'Ouest sont de nouveau interdites en Chine. Liberté d'opinion et pluralisme font de l'Occident un ennemi, un continent de débauche et de perdition.

Apprentissages

À l'hôpital, je donne le meilleur de moi-même. Quand je quitte ma blouse de médecin, me voici femme de ménage, cuisinière et professeure particulière à la maison. Et jusque tard. Je mettrai du temps à comprendre qu'il ne me sera jamais possible de contenter une personne comme la maîtresse de maison.

Son insatisfaction permanente tient peut-être au fait qu'on lui a inculqué, dès le plus jeune âge, les valeurs cardinales de confiance aveugle dans le gouvernement, le Parti et la communauté. Ce sont eux qu'on doit servir avant soi-même. Avoir face à elle une jeune femme restée fidèle à ses principes et ses valeurs profondes lui est certainement insupportable.

Je demeure malgré tout fiable, disponible et de bonne composition. Je ravale tout le reste et continue de placer la barre haut, toujours. Plus je m'échine à bien faire, plus je serai aimée, comme quand j'étais enfant. Je veux absolument faire partie des meilleurs, mûrir et m'améliorer un peu plus chaque jour.

– Tu as le droit de sortir ce soir, m'annonce un jour généreusement la maîtresse de maison. Elle poursuit sur un ton étonnement badin : Ton père n'en saura rien. Mais sois rentrée pour minuit.

Alors que je profite de ma soirée, la sonnerie du téléphone tire ma mère du lit :
— Il est 22h et Sayragul n'est toujours pas rentrée.

Et notre accord secret ? Bien entendu, ma mère, dans un état d'agitation indescriptible, compose mon numéro encore et encore. Mais je suis prise par la danse, et le volume de la musique couvre la sonnerie de mon téléphone. Ce n'est que sur le chemin du retour, peu avant minuit, que je l'entends enfin. Les questions s'enchaînent :

— Où es-tu ? Je n'ai pas fermé l'œil. J'attendais que tu me rappelles. Pourquoi ne m'as-tu pas répondu ? Ta tante est hors d'elle. Que va-t-elle penser de nous à présent ?

Je suis quelque peu surprise que ma mère ait été mise au courant de ma petite escapade. J'ai très rapidement mauvaise conscience.

— Maman, calme-toi...

— Comment veux-tu que je me calme, Sayragul, alors que tu n'es pas chez toi ?

Très bien. On ne m'y prendra plus.

Jamais je n'ai voulu blesser mes parents en ayant un comportement inapproprié. La désobéissance n'est pas dans mon champ des possibles. La culpabilité me suit pendant plusieurs jours. Je suis rentrée tard, et ma famille en subit les conséquences.

Après ma garde de douze heures, je m'occupe de la lessive du foyer, vais faire des courses et cuisine jusqu'à ce que je puisse, exténuée, m'affaler sur mon lit. Devant des convives, la maîtresse de maison chante mes louanges et pose sa main lourdement baguée sur mon épaule :

— C'est un amour de jeune fille. Elle est toujours prête à aider. Nous sommes si heureux de l'avoir parmi nous.

Si j'ai été touchée par ses mots, je suis restée perplexe devant l'humeur ô combien changeante de cette femme.

« Il faut que tu te motives et que tu accompagnes davantage les garçons afin qu'ils obtiennent de meilleures notes ! » ; « Refais le ménage, l'appartement n'est pas propre ! » Je me démène pour aider ses fils et viens de briquer chaque pièce. Il m'est difficile de supporter une telle injustice. Ne serai-je donc jamais à la hauteur ? Je suis prise au piège de mes propres reproches. Mais comment m'en libérer ?

J'ai sans cesse ravalé ma colère, n'ai jamais ouvert la bouche. Sans cela, nous n'aurions pas tenu une journée de plus.

Pour cette famille, je ne suis ni plus ni moins qu'un outil de travail et de valorisation. Cette expérience me servira un jour. Ces obstacles et vexations ne sont pas les derniers que je vais rencontrer. Dans une société telle que celle-ci, il faut savoir rester forte et puiser en soi les ressources nécessaires pour faire face aux problèmes.

Depuis que je vis en Occident, je me demande si j'ai bien fait d'avaler autant de couleuvres. Tout ce que j'ai fait pour mes parents à l'époque, je l'ai fait par conviction. Pour nous, Kazakhs, la famille passe avant tout. Je ne me suis jamais sentie moins bien traitée que mes frères et sœurs, exploitée ou injustement traitée. Je me suis en revanche toujours demandé si j'avais fait suffisamment pour eux. Mais à l'aube de mes vingt-quatre ans, j'aurais dû plier bagage et quitter cet appartement pour profiter autrement de ma relative liberté. Le temps qui passe est perdu pour toujours.

Nouveau départ

Sans prévenir, mon père se présente un jour à l'appartement. Il est visiblement abattu, sa mine est grise.

– Ta mère est très malade. Peut-être pourrais-tu revenir à la maison et t'occuper d'elle ?

Les aînés de la fratrie sont presque tous mariés ou partis loin. Les plus jeunes sont encore à l'université et ont besoin de nous. Je suis face à un dilemme.

Je montre mon emploi du temps à mon père :
— Regarde, mes gardes sont fixées un mois à l'avance. Je ne pourrai jamais faire l'aller-retour tous les jours. Le village se trouve à une cinquantaine de kilomètres de l'hôpital. Je ne vois qu'une solution :
— Je vais démissionner, papa.

Mon père secoue tristement la tête.
— Ça, mon trésor, c'est à toi seule de le décider. Jamais je ne te forcerai à le faire.

Ma décision est vite prise. Trouver un autre emploi et gagner un bon salaire ne sera pas un problème, y compris au village où habitent encore mes parents. S'il arrive quelque chose à ma mère sans que j'aie fait le nécessaire pour l'aider, je ne me le pardonnerai jamais.

Après presque deux ans de service à l'hôpital, je tire ma révérence. J'étais pourtant bien payée et considérée, et j'aimais mon travail. Mais la règle est tacite entre Kazakhs : les enfants n'abandonnent jamais leurs parents. Normalement, il incombe au plus jeune fils ou à l'une des filles restées au foyer de prendre soin des parents dans leur grand âge.

Par chance, je n'ai ni la révolte ni le regret dans les gènes.

Retour à la maison

Ma mère est au plus mal. Elle souffre de douleurs aiguës à l'estomac et peine à avaler sa soupe. La voir ainsi faible et amaigrie m'effraie. Je lui remets ses coussins en place et veille sur son sommeil agité. Au matin, je vais voir mon père :

– Il va me falloir du temps pour pouvoir m'occuper d'elle correctement.

Il va aussi me falloir trouver un poste avec des horaires flexibles. Personne ne cherche de médecin dans le village, je me tourne donc vers l'enseignement. Ce n'est pas difficile : on cherche partout des locaux maîtrisant le chinois. J'enseignerai désormais la langue à des élèves de six à treize ans au sein de l'école Ahyaz.

Entre-temps, j'ai organisé des consultations pour ma mère auprès de différents médecins des hôpitaux alentour. Tous s'avèrent impuissants à la soulager. Je me mets alors en quête d'un guérisseur traditionnel.

– La maladie est d'origine bactérienne, affirme-t-il en lui prescrivant différentes plantes et tisanes.

Une semaine plus tard, elle est de nouveau sur pied.

Jusque-là, nous avions encore le droit d'adhérer ou non au PCC. Les jeunes fonctionnaires y sont désormais contraints. Le 1er juillet 2001, je deviens ainsi, et contre mon gré, officiellement membre du Parti.

Cela pourra paraître étrange aux yeux des Occidentaux, mais nous n'avons eu vent des attaques du 11 septembre 2001 contre les tours du World Trade Center à New York et le Pentagone à Arlington que par lointaines bribes. Avec le recul, je devine comment Pékin s'est saisi de l'occasion pour s'autoriser sa propre « guerre contre le terrorisme » : le fait qu'il s'agisse d'islamistes était une aubaine. Il est même facile pour le gouvernement de pointer du doigt les Ouïgours du Turkestan oriental et d'en faire des terroristes islamistes : on trouve de fait parmi cette population des groupes de fervents religieux. Les responsables politiques se sont servis de cet argument pour ouvrir la voie à la répression que subissent aujourd'hui les minorités musulmanes.

Condamnée à l'exil

Comment peut-on détruire sa propre maison ?

Si les Chinois convoitent à ce point notre territoire, ce n'est pas uniquement en raison de son emplacement stratégique, mais aussi parce que son sol renferme de précieux trésors : pétrole, or, uranium, minerai de fer et les plus importants gisements de houille au monde. Le Turkestan oriental est la place forte de l'industrie minière, de l'armement et du coton.

L'armée a déserté notre village il y a bien longtemps. Mais depuis le début des années 2000, des ouvriers chinois sont envoyés dans les montagnes à la recherche de matières premières. On les voit ainsi entasser et investiguer des roches sombres dans la caserne désaffectée.

– Qui parmi vous cherche un travail bien payé ?

C'est la question que viennent un jour poser des agents d'une entreprise de BTP nouvellement arrivée. Sa seule formulation devrait alerter les villageois : quand de telles opportunités se présentent, les Chinois s'en saisissent en premier. Mais les jeunes hommes du village sont sensibles à l'appât du gain ; jour et nuit, ils se succèdent, font à eux tous les trois-huit.

Nos solides gaillards ressemblent bientôt à des vieillards invalides. L'air est saturé de particules toxiques et ils toussent à n'en plus finir. Leurs corps défaits semblent avoir vécu plusieurs vies, le blanc de leurs yeux a viré au jaune, car leur foie ne parvient plus à remplir sa fonction. Ils sont nombreux parmi ces jeunes hommes à n'être plus capables de rien. Leur bonne santé est désormais un lointain souvenir.

Les entreprises chinoises détruisent notre village à petit feu, s'en prennent aussi à la montagne. Leurs ouvriers, dynamite au poing, l'attaquent sans relâche. De jour comme de nuit, des grondements assourdissants font trembler nos verres et nos cœurs. Les camions de déblaiement se succèdent, traversent en une file ininterrompue ce qui fut notre paisible cadre de vie.

Pour fouiller la roche et se servir dans ses trésors, les Chinois recourent sans scrupule aux produits chimiques. L'odeur atteint bientôt les habitations et, d'un foyer à l'autre, plus personne ne doute : « Ces effluves sont toxiques ! » L'un des deux fleuves est tari, son lit irrévocablement asséché est un nouveau coup dur pour les habitants.

À perte de vue, la terre est meurtrie, souillée à jamais. Nos aînés se désolent :

– On nous a tout arraché. Nos pâturages, nos champs et nos bêtes. Nous avons perdu notre montagne sacrée. La paix aussi.

Les lieux sont presque devenus invivables. Combien de villageois sont partis, un beau matin, n'emportant sur leur dos que le strict minimum ?

Ma famille est restée. Cette montagne, ce paysage, ces terres nous sont trop précieux. Je repense à mon grand-père, à son chagrin qui le dépassait : « C'est notre pays natal ! Comment peut-on ainsi détruire sa propre maison ? » Nos larmes sont silencieuses, nos plaintes étouffées dans nos cœurs. Nous repensons à nos ancêtres qui ont chéri, des siècles durant, cette terre nourricière et protectrice.

Je regarde par la fenêtre, perdue dans mes pensées. Où sont passées les prairies de mon enfance, celles où tulipes, coquelicots et herbes aromatiques poussaient à perte de vue ? Les forêts de feuillus et de conifères abritaient tant d'oiseaux, d'animaux sauvages. Où sont-ils tous passés à présent ? En été, les paysans récoltaient fruits et céréales, préparaient la paille et le foin pour le bétail.

En 2020, les quelques champs qui restent sont pour la plupart en jachère, envahis par les mauvaises herbes. Il n'y a presque plus personne pour les cultiver, le Parti communiste a enfermé tellement de gens dans les camps. Le gouvernement a massivement subventionné l'invasion de notre territoire, avant d'orchestrer à sa destruction.

Cette même année 2020, des amis me font connaître l'ouvrage d'un historien kazakh, Kajihkumar Shabdan, que les étudiants se repassent en cachette. Mon amie Gulina me conseille de le lire à mon tour :

– Il éclaire beaucoup de choses. Tu comprendras qu'il existe en réalité deux versions de notre histoire.

Celle de la Chine et la nôtre, celle du Xinjiang et celle du Turkestan oriental. L'empire du Milieu est formel : ces terres, les nôtres, lui ont toujours appartenu. Quand j'étais petite, cette histoire revisitée était déjà servie aux élèves dans les écoles, et je m'étais persuadée qu'elle recelait une part de vérité.

Ce livre m'apprend comment les Chinois instaurèrent la terreur parmi nos peuples en tranchant par exemple la tête d'un héros kazakh pour l'exposer ensuite à la vue de tous. Je découvre aussi la tentative avortée d'une république kazakhe en 1933, à l'époque où la Grande-Bretagne, la Russie et la Chine considéraient le monde comme un vaste échiquier de pouvoirs et le Turkestan oriental comme un pion stratégique. Dix ans plus tard, en juillet 1944, les Ouïgours, Kazakhs et autres peuples de confession musulmane appelèrent encore une fois de leurs vœux la création d'une république indépendante, mais le candidat en lice pour sa présidence se « volatilisa » mystérieusement.

De notre vraie histoire, on ne nous a livré que des bribes. L'auteur de ce livre passera quarante ans derrière les barreaux. Sa liberté sera ensuite de courte durée : d'autres écrits lui vaudront un nouvel emprisonnement. Il est mort en 2011 dans sa cellule, à Tarbagatay.

Connaître notre passé, comprendre notre histoire ? Cela nous est interdit. On nous refuse même le droit au chagrin.

Une rencontre

En ces temps tourmentés, il ne me reste que l'optimisme pour ne pas sombrer doucement, pour au contraire continuer à me lever chaque matin, malgré les obstacles quotidiens pour moi comme pour les autres Kazakhs. Ma raison me dit de continuer à croire en des jours meilleurs, mais un doute sourd s'installe en moi. Je décide de ne pas l'écouter, je préfère m'obstiner à voir la vie du bon côté. Je mesure déjà ma chance : mon travail auprès des écoliers m'apporte beaucoup de joie et de satisfaction.

Et si je n'avais pas troqué ma blouse de médecin contre celle d'institutrice, je n'aurais jamais rencontré mon mari, Uali.

En juillet 2002, je dois suivre une formation de quatre semaines à Ghulja. La ville est située dans le centre de la province d'Ili, et je vais y croiser des enseignants venus de ses onze circonscriptions. Des années plus tard, mon mari se plaît toujours à évoquer, devant nos deux enfants, notre première rencontre :

– Je discutais avec des collègues devant le bâtiment où se tenait la formation. J'ai vu votre mère descendre de voiture et mon cœur s'est emballé. J'ai tout de suite été fasciné, me demandant qui était cette femme.

Il se souvient même de la tenue que je portais.

– Elle était vêtue d'une longue robe légère, très colorée, comme c'était la mode alors. Elle avait des talons hauts. Ses longs cheveux de jais lui tombaient jusqu'aux genoux. Elle était mince, presque frêle. Sur son beau visage maquillé brillaient deux yeux en amande.

Pour ma part, je ne prête aucune attention aux hommes postés à l'entrée de mon bâtiment. Je suis persuadée de mourir vieille fille, je ne m'imagine pas un instant fonder ma propre famille : mes parents, mes frères et mes sœurs monopolisent déjà toutes mes forces.

Je ne tarde pourtant pas à remarquer Uali parmi la trentaine de personnes présentes. Il a quelque chose de différent. Il est de ceux qui inspirent immédiatement confiance. Lorsque j'ose, discrètement, poser le regard sur lui, je lui trouve plus de charme qu'à tous les autres. Il est assez grand, les cheveux très foncés, un visage rond et amical. Il porte une veste et des chaussures noires, une chemise rouge et un jean. Comme tous les hommes « à la mode » en ce début de millénaire, il porte une petite mallette sous le bras.

Au bout d'un mois, c'est la fin de la formation pour nous tous. Dans le bus, Uali prend place à côté de moi. Nos chemins doivent se séparer deux heures plus tard, à Aksu. Mais non, Uali reste assis là quatre heures de plus, comme moi, avant de me suivre au moment où je sors du bus et récupère mes bagages.

Je m'en étonne intérieurement, mais je me dis qu'il a certainement des choses à faire dans la région. Je le croise le lendemain et apprends qu'il a dormi chez des amis. Ce sont les vacances après tout, peut-être a-t-il décidé d'en profiter un peu ? Il m'appelle plusieurs fois chez mes parents :

– Tu es disponible ? Ça te dirait qu'on se voie ?

Je suis à chaque fois étonnée de le savoir encore là. Je ne comprends pas tout de suite son intérêt pour moi, ne saisis rien de sa motivation à prolonger son séjour au village. Lorsque vient l'heure du départ, je reste dans une posture de collègue et me contente de lui souhaiter un bon retour chez lui.

Il continue malgré cela à me rendre visite au village chaque semaine. Le temps passe et les habitants ne manquent pas de relever ses allers-retours. Quand il vient à la maison, nous parlons travail, école, pédagogie. Nous avons beaucoup en commun, lui et moi. C'est un homme droit, honnête, toujours prêt à rendre service, et qui n'hésite pas à dire ce qu'il pense. Cependant mes sentiments à son égard ne relèvent que de l'amitié, rien de plus.

Et mes journées sont déjà bien chargées : avec mon petit frère Sawulet, nous avons économisé de quoi achever les travaux dans la maison de mes parents. Au village, les habitants regardent toujours avec une certaine curiosité ceux qui rénovent leur logement... avant de les imiter. De toutes parts, on entend le bruit des scies et des marteaux.

Quand la maison est prête, nous aménageons les pièces avec de nouveaux meubles, de l'électroménager, une connexion Internet et un grand téléviseur à écran plat. Tout cela nous demande beaucoup de temps.

Au mois de décembre, Uali m'annonce qu'il a des sentiments pour moi. Aujourd'hui, je souris en nous revoyant les joues en feu, osant à peine nous regarder en face, ne sachant plus quoi faire.

Uali et moi nourrissons un sentiment de confiance mutuelle et nous commençons à bien nous connaître. Lorsqu'il me parle de mariage et me signale que nous sommes tous les deux en âge de former un couple, je suis toutefois décontenancée. Me marier ? Je reste immobile en me mordillant la lèvre inférieure, incapable de me prononcer. Peut-être a-t-il raison après tout ? Mes amies sont nombreuses à avoir sauté le pas, elles sont mères à présent. Et je sais que Uali est quelqu'un de bien. Le premier choc passé, je lui réponds que j'ai besoin de temps pour y réfléchir. Mais je ne tiens pas à ce que la rumeur enfle davantage au village et la réponse est peut-être évidente, finalement ? Peu après, nous commençons à nous montrer ensemble. Je suis heureuse. Dans ma chambre, je lance Modern Talking à plein volume et danse au rythme de leurs tubes. Je suis toutefois la seule à ignorer que deux autres femmes courent après Uali. Elles ourdissent chacune des intrigues contre moi et répètent à qui veut l'entendre que je devrais me méfier.

La concurrence ne dort jamais

Un baiser avant le mariage ? Impensable dans notre culture ! Les couples kazakhs ne se permettent aucun témoignage d'affection ni une trop grande promiscuité avant d'avoir convolé en justes noces. Le faire en cachette est d'une indécence difficilement soutenable et donne lieu à un sentiment de culpabilité dont il est ensuite difficile de s'extirper. Uali et moi osons tout au plus nous tenir timidement la main lorsque nous évoquons notre avenir ensemble.

L'une de mes rivales occupe le poste de maire adjointe. Elle doit avoir cinq ans de plus que moi, elle est jolie et vient d'une famille hautement respectée. Elle a tout de suite remarqué Uali lorsqu'il est entré en fonction à Aksu en tant qu'instituteur et qu'il s'est lancé dans la construction de sa maison. Durant cette période, elle lui a préparé ses repas et lavé son linge. Elle est à présent persuadée qu'il va lui passer la bague au doigt et ne se lasse pas d'écrire des poèmes, des chansons et de mettre en avant ses autres talents artistiques. Comment pourrait-il lui résister ? Un jour, je reçois de sa part un petit mot m'intimant de laisser Uali tranquille, car elle compte bien l'épouser. Je décide de ne pas réagir. Peu après, elle participe à un congrès professionnel auquel je suis également conviée. Nous finissons par nous y croiser et elle m'informe que Uali lui a déjà fait sa demande. Le monde s'écroule autour de moi. Je retiens mes larmes :

– Dans ce cas, je ne me mettrai pas en travers de votre chemin. Je ne suis pas de celles qui s'interposent entre des amoureux.

Mes parents non plus ne l'approuveraient pas. J'ai été élevée, comme mes sœurs, dans des valeurs de respect et de modestie. « Réfléchis toujours avant d'agir et pèse chacun de tes mots », m'ont-ils toujours répété. Hors de question de montrer une mauvaise image de soi ou de trahir celle de sa famille.

Nous nous saluons avant de reprendre le cours de nos journées respectives. Lorsque je retrouve enfin Uali, ma colère éclate. De ma bouche ne sortent que des reproches :

– Si tu tiens tant à cette femme et que tu lui as déjà demandé sa main, restons-en là toi et moi.

Il me jure qu'il n'a rien fait de tel, même s'il admet en bafouillant l'avoir laissée venir chez lui pour l'aider – mais uniquement comme une sœur ou une cousine, rien de plus.

– Je ne désire que toi, ajoute-t-il.

Le menton relevé, je conclus la conversation par un « Très bien ! » qui se veut sec, mais dont émane une joie profonde.

Peu de temps après, je me rends en ville pour le compte de l'école. Après mon rendez-vous, je décide de déjeuner sur place et trouve rapidement un petit restaurant. À peine suis-je installée devant mon bol de nouilles que fonce droit sur moi ma deuxième concurrente, dont je ne connaissais, jusqu'alors, pas l'existence.

Elle est, je l'apprendrai plus tard, étudiante à Ghulja. Un rictus rageur lui tord les lèvres :

– À quoi tu joues, toi ? Uali, c'est mon fiancé, t'as compris ? Je vais l'épouser et je t'interdis de poser la main sur lui.

Cette jeune fille élancée est indéniablement plus belle que moi.

– Il m'appartient, c'est clair ? Alors écoute-moi bien : tu lui fiches la paix, sinon les garçons se chargeront de t'en faire passer l'envie.

Du menton, elle désigne une bande de loubards en jean et chemise postés à l'entrée du restaurant. Gênée, je regarde autour de moi : les clients n'ont rien raté de son intervention fracassante et ont à présent les yeux rivés sur moi. Je m'efforce de conserver un air indifférent face aux vociférations de la jeune femme.

Mon cœur tambourine dans ma poitrine, mon sang ne sait plus dans quel sens tourner, mais je continue de manger comme si de rien n'était. Je porte la cuillère à ma bouche, mâche lentement et tente d'avaler mes nouilles, ce qui m'est des plus difficiles. Les menaces reprennent :

– Casse-toi ! Sinon mes amis vont te refaire le portrait.

Elle accompagne son avertissement d'un geste déterminé, une main sur la hanche, l'autre désignant la sortie. Mais je ne suis pas femme à me laisser impressionner. J'ai même plus de courage que je ne le crois. Mon père m'a appris à garder mon calme en toutes circonstances. Ce qui, vraisemblablement, fait monter d'un cran la furie de la demoiselle.

– Tu m'écoutes quand je te parle ?

Cuillère, bouche, mâcher, avaler et recommencer. Elle saisit mon bol, m'arrache ma cuillère des mains et les jette à terre, sous le regard médusé des autres clients qui n'en perdent pas une miette. Je ne sais plus où me mettre, moi qui déteste me faire remarquer. Je sens le rouge me monter aux joues, quel tapage pour une histoire de cœur ! Dépitée et mortifiée, je prends ma veste et sors du restaurant d'un pas pressé.

De retour chez moi, je bouillonne tellement de rage en rédigeant ma lettre à Uali que je manque déchirer le papier avec la pointe de mon stylo. Je lui demande des explications sur tout ce cirque et exige qu'il vienne sur-le-champ régler cette situation. En attendant, je préfère rompre. Cela me déchire le cœur, mais je veux qu'il se sente aussi mal que moi. Par sa faute, j'ai subi une humiliation en public.

Je me plais à l'imaginer pantois, réclamant ma pitié, les larmes aux yeux. Mais il ne me donne aucun signe de vie. Les jours se succèdent et je ne peux m'arrêter de penser à lui. Son beau visage m'apparaît encore et encore. Je ne sais plus quoi faire.

Pourquoi ne me donne-t-il aucune nouvelle ? Je comprends bientôt que ce sera lui et aucun autre. Je me surprends à être horriblement jalouse, les battements de mon cœur affolé m'empêchent de trouver le moindre repos. Je n'avais jusqu'alors jamais vécu un tel bouleversement intérieur. Uali est le premier homme à déclencher une telle tempête sentimentale en moi, le premier avec lequel j'envisage un avenir. Et tout cela devrait s'arrêter brutalement ? Je me languis de le voir, de parler avec lui, mais ma fierté a raison de mes élans. Je déplie et replie sans cesse le petit bout de papier sur lequel figure son numéro de téléphone, je soulève le combiné avant de le raccrocher aussi vivement que s'il me brûlait les doigts.

Cela fait maintenant un mois que j'ai coupé les ponts, qu'il est loin de moi. Puis un jour, un garçonnet déboule dans ma chambre.

Le messager

– S'il te plaît, ma sœur, veux-tu bien sortir ? Quelqu'un t'attend dehors pour parler avec toi. Suis-moi, tu veux bien ?

Son regard est insistant, sa mine grave. Je me dis qu'il s'agit d'une visite sans importance, d'un voisin venu traîner son ennui chez nous. Je refuse, prétextant des urgences à traiter. Je vois les larmes monter aux yeux du garçon, qui reprend alors :

– Je t'en prie, ma sœur, viens avec moi. Il m'a dit que si je ne revenais pas avec toi, il ne me rendrait pas mes bonbons.

J'ai pitié de lui et, dans un soupir, j'accepte de le suivre. À peine ai-je posé le pied dehors que Uali surgit de derrière la maison, tout sourire. Je ne suis pas encore arrivée à sa hauteur qu'il me lance :

– Je suis venu te présenter mes excuses. J'ai tout réglé, comme tu me l'as demandé !

La joie éclate en moi, mais je n'en laisse rien paraître. Je lève les yeux au ciel et secoue la tête. Il poursuit :

– Oui, je connais cette fille. Je l'ai vue à plusieurs reprises, mais n'ai jamais eu aucune intention sérieuse à son égard.

Plus mon air se fait méfiant, plus son débit de parole se fait pressé.

– Il n'y avait rien entre nous, je le lui ai redit. Pardonne-moi, je t'en supplie !

L'homme qui se tient devant moi, désolé, s'échinant à trouver les bons mots pour se faire pardonner, représente tout ce que je désire. Il a un bon métier, il est honnête, a bon caractère. Il a tout pour plaire, pour *me* plaire. Il est courtisé par des femmes plus belles que moi. Pourquoi devrais-je renoncer à lui ? Lentement, ma tension intérieure se dissipe, les traits de mon visage se

relâchent. Je pose sur lui un regard débordant de joie et je déclare :
— Très bien, dans ce cas, marions-nous !
Nous avons suffisamment perdu de temps. Notre mariage a lieu en juin 2004, deux ans après notre rencontre.
Est-il possible que les femmes cherchent en leur futur mari le reflet de leur propre père ? Uali et le mien ont le même caractère, calme et réfléchi. Je trouve, auprès de l'un comme de l'autre, des conseils avisés et le soutien dont j'ai besoin. Tant qu'il est vivant, mon père demeure cependant mon premier confident, celui qui m'aide invariablement à dépasser mes difficultés.

La tradition du mariage

Comme beaucoup, mes parents ont compris bien avant moi que Uali me tournait autour. Mais combien de temps allait-il attendre avant de demander ma main ? Connaissant ma nature parfois imprévisible, mes parents ne savaient pas quel accueil j'allais lui réserver. Ils se sont donc armés de patience et ont laissé les événements se dérouler à leur rythme.

Chez nous, Kazakhs, un mariage est une cérémonie minutieusement chorégraphiée, longue et complexe, jalonnée de moments de fête en très grand comité. La future mariée n'annonce jamais elle-même la nouvelle à ses parents. J'envoie donc ma belle-sœur leur parler. Uali l'annonce ensuite à sa propre famille, qui se déplace pour s'entretenir avec mon père et ma mère. L'un de mes frères se réjouit plus particulièrement de cette union car, heureuse coïncidence, il connaît déjà Uali.
— C'est un gars vraiment fiable et gentil. Il va rendre notre sœur heureuse, ça ne fait pas le moindre doute.

Bientôt, tous valident notre souhait, conviennent d'une dot, fixent la date du mariage et trinquent.

L'argent n'est pas un sujet : qui en manque pour régler les frais du mariage emprunte la somme dont il a besoin. Nos familles paieront chacune leur part. Elles se partagent dès à présent les missions pour les préparatifs.

Deux ou trois semaines plus tard, la famille de Uali au grand complet vient de nouveau nous rendre visite. Mes parents reçoivent en cadeau un adorable poney à la robe cuivrée, paré de fières plumes de grand-duc. Je remarque ses oreilles à la forme curieuse. Nos fiançailles sont ainsi officialisées et nous célébrons la bonne nouvelle autour de bons plats, de musique et de danses festives. Quelques semaines après, c'est au tour des parents de Uali d'organiser une célébration dans leur village. Je n'ai pas le droit d'y participer, seuls ma famille et mes amis peuvent y prendre part. La famille et les amis de Uali lui offrent tous types de cadeaux, téléviseur, appareils électroménagers, argent, censés garantir au futur marié une union paisible et réussie.

Les coûteux préparatifs de ma cérémonie de départ – c'est toujours la mariée qui emménage chez son époux, l'inverse ferait passer l'homme pour trop faible – sont organisés chez mes parents qui, pour l'occasion, doivent inviter une centaine de personnes, amis, membres de la famille élargie ou simples connaissances. Voici venir le triste moment des aurevoirs, que nous prolongeons tant que nous le pouvons.

Les adieux

Je quitte officiellement le foyer familial le 19 juin 2004, à l'issue d'une cérémonie organisée dans le jardin de mes parents et dont l'importance, symbolique comme réelle, égale presque celle du mariage. Quatre cents convives, peut-être cinq cents, sont venus pour l'occasion. Ma belle-famille, ma nouvelle famille, est là. On sacrifie des agneaux et des chevaux, les tables installées pour l'occasion ploient sous le poids des mets délicieux proposés à nos invités. Ces derniers chantent, disent des poèmes, des textes. Pour la soirée, nous avons loué une grande salle, dans laquelle les jeunes surtout ont plaisir à se retrouver pour manger et danser. Mes parents, emplis de fierté, ainsi que mes beaux-parents, trouvent leur place parmi nous.

Officieusement, je peux encore rester chez mes parents quelques jours. Le matin, la table est mise pour ceux de nos amis, parents et connaissances qui continuent à nous rendre visite pour me souhaiter le meilleur dans ma nouvelle vie.

La veille de mon départ définitif, en fin d'après-midi, tout le monde est pensif à la maison. Mes parents comme moi étions convaincus que je resterais pour toujours à leurs côtés. Pourtant, demain, je ne serai plus là. L'ambiance est morose, nous sommes tous abattus – mes parents se consolent en se souvenant que mon petit frère Sawulet va bientôt emménager chez eux.

Lors des tout derniers aurevoirs, pour lesquels nous avons aussi une cérémonie, les larmes coulent encore.

Au son d'une musique et de chants de circonstance, je reçois de nos convives des cadeaux pour mon futur ménage. Ma voix est étranglée, les mots se bousculent dans ma bouche et je ne parviens pas à étouffer mes sanglots. Mon amie Gulina, mariée depuis longtemps déjà, me tient la main. Ma mère pousse régulièrement la porte de ma chambre pour vérifier que je suis bien là, que je ne suis pas partie, encore. Elle se réjouit de pouvoir poser les yeux sur moi quelques instants de plus. Elle a le cœur lourd de me voir ainsi quitter le foyer, et je n'en mène pas large non plus.

Le lendemain matin, il est encore tôt lorsque Uali et des membres de sa famille viennent me chercher pour me conduire chez mes beaux-parents, à Aksu. Dans notre sillage suit un long convoi motorisé. Respectant la tradition, mon père n'est pas venu avec nous et l'une de mes jeunes sœurs est restée pour lui tenir compagnie. Ma mère, mes frères et mes sœurs font partie du voyage. Un camion ferme cet impressionnant cortège, il transporte ma dot. « Bientôt, nous serons unis, nous formerons un vrai couple » : j'appréhende ce moment autant que je le désire. Mais avant cela, des épreuves nous attendent.

Vive les mariés !

Au cours de nos quatre heures de route en ce 26 juin 2004, je vois les montagnes, les arbres et la nature disparaître derrière nous pour laisser place à un paysage toujours plus plat et aride. À Aksu, les étés sont plus chauds que chez nous. Je connais déjà la région pour y être venue plusieurs fois rendre visite à de la famille du côté de ma mère.

Nous nous arrêtons devant la maison des parents de Uali, où l'assemblée est déjà nombreuse devant les tables extérieures, magnifiquement dressées. Pour mon arrivée, ma belle-mère a réchauffé de la graisse animale au-dessus du feu : elle s'en badigeonne les mains avant de les poser sur mon visage en signe de bienvenue. Je souris de me savoir ainsi accueillie dans cette nouvelle famille.

Vient ensuite le jour du mariage en tant que tel. Une longue robe rouge de mariée moule mes hanches étroites, un chapeau pointu de la même couleur, ourlé de fourrure de castor, me donne des airs de magicienne. Sa hauteur symbolise la pureté de la mariée. Un voile couvre mes yeux maquillés de noir et mes lèvres rehaussées de rouge. Uali porte un costume bleu sur lequel ont été brodés des animaux. Nous sommes très amoureux et chacun apparaît à l'autre comme tout droit sorti d'un conte de fées.

Un musicien achève le dernier couplet de sa chanson et repose son dombra. Mon cœur bat fort tandis que je m'agenouille devant Uali pour me recueillir et penser aux ancêtres de mon mari. Ma famille s'incline tout autour de nous. À l'aide d'un long bâton, le même musicien relève délicatement mon voile. La danse des mariés ouvre les festivités : spectacles, danse, courses, jeux s'ensuivent. 2h viennent de sonner quand les voix entonnent le chant des mariés pendant que la famille conduit le jeune couple à l'intérieur. C'est du moins ce que voudrait la tradition, mais ce soir-là mes sœurs et certains membres de ma famille dorment chez les parents de Uali. Je m'installe donc dans la même pièce qu'eux. Notre nuit de noces attendra. Cela n'est pas totalement pour me déplaire : je suis épuisée et m'endors instantanément.

Aujourd'hui, je peine à croire que ce jour a existé quand je regarde la photo encadrée où l'on nous voit en bordure du village de mes parents. Nous sommes si jeunes, si heureux, face à face, les mains jointes, les yeux dans les yeux. Nous posons sous la protection de la montagne Tian Shan et des verts pâturages.

Nous n'imaginons pas que, bientôt, ces fêtes traditionnelles seront interdites.

Complications

En tant que jeune mariée, je dois me lever la première, préparer le petit déjeuner pour l'ensemble des convives

et leur servir le thé. Ma belle-mère m'appelle depuis la cuisine :
– Sayragul, vite ! Un appel important !
J'entends l'urgence dans sa voix et sens mes genoux se dérober. Je saisis le téléphone et tends l'oreille pour comprendre ce que me dit ma sœur entre deux sanglots. Mon père est en état de choc, son corps parcouru de spasmes. En pleine nuit, ils ont trouvé notre meilleure vache laitière gisant sur le sol, morte. Le poney offert par ma belle-famille et notre chien ont, quant à eux, disparu. Le coup a été si violent que mon père a fait une attaque. Son visage a perdu toute sensibilité et il semble paralysé d'un côté.

Cet appel provoque une vague de panique parmi mes proches. Affolés, ils repartent sans même avoir avalé une tasse de thé. Je voudrais accompagner ma mère, mais notre culture me l'interdit. Uali et moi ne pourrons nous rendre chez mes parents que lorsqu'ils nous auront formellement invités et que nous aurons sacrifié un agneau pour l'occasion. Ne pas nous soumettre à la tradition risquerait de nous porter malheur à tous.

De telles règles nous permettent en temps normal de mieux vivre la situation et de nous faire à notre nouvelle vie, mais en cet instant, Uali et moi sommes comme deux bêtes en cage, impuissantes et angoissées. Mon beau-père se montre compatissant :
– C'est une situation très difficile pour toi, Sayragul.
Il nous laisse partir chez Uali, qui habite près de chez ses parents, à Aksu.
– Au moins, vous serez ensemble, tranquilles, et tu pourras plus facilement échanger avec tes proches, me souffle ma belle-mère.
Même chez Uali, il n'est pas question de nuit de noces ni de baiser romantique. Le lendemain matin, mon frère

Sawulet s'arrête en chemin à l'hôpital afin que je puisse brièvement voir mon père. Son visage à demi paralysé se crispe dans un effort d'articulation. Il cherche à me dire quelque chose, mais parvient tout juste à émettre une série de sons indistincts. Il pleure.

Profondément secouée, je le prends dans mes bras, des larmes chaudes coulent sur mes joues. Sawulet nous interrompt :

– Ça suffit. Tu dois rester dans ta nouvelle maison. Je vous tiens au courant s'il y a du nouveau.

Le lendemain, je reçois des nouvelles de la part d'un autre de mes frères :

– Ils ne trouvent pas l'origine de l'AVC.

Mon sentiment d'impuissance enfle un peu plus encore. Le téléphone sonne de nouveau. Je m'attends à en savoir davantage sur l'état de mon père, mais au lieu de cela j'apprends que ma mère est à son tour très malade. Effarée, je me tourne vers mon mari :

– Et je fais quoi, moi, dans tout ça ? Je ne peux pas rester plantée comme ça, à attendre les bras croisés.

En famille, nous décidons que ma mère ira dans une clinique des *Bingtuan* de la vingt-septième division, accompagnée par l'une de mes sœurs aînées. Les médecins y ont la réputation d'être des pointures. Dans la voiture, ma mère arrive au moins à me parler, ce qui est déjà une bonne chose. Mais elle n'a plus la force de tenir debout.

– La vie semble avoir quitté mon corps, se désole-t-elle dans un souffle.

Le personnel de la clinique est exclusivement chinois, mais grâce à une relation de ma sœur, une femme médecin avec laquelle elle a fait ses études, nous sommes traitées avec un minimum d'égards. Ma sœur reste deux semaines au chevet de notre mère. Quand elle est à nouveau en mesure de marcher seule, je rentre quelques jours chez moi.

Notre cérémonie de mariage n'ayant pas été clôturée comme il se doit, Uali et moi ne sommes pas encore considérés comme un vrai couple et n'avons pas le droit d'échanger le moindre baiser. Mes proches me soufflent la solution :

– Repartez vite à Aksu et mariez-vous une seconde fois !

Aussitôt suggéré, aussitôt fait. Nous lançons de nouvelles invitations et nous mettons aux fourneaux pour nourrir cette assemblée.

Entre-temps, mon frère a fait venir un vétérinaire chez mes parents afin qu'il pratique une autopsie sur notre vache laitière. Il avait envisagé toutes les possibilités :

– Peut-être que quelqu'un l'a empoisonnée pendant que nous faisions la fête ?

Contre toute attente, nous apprenons que l'animal, qui était pourtant encore jeune et en bonne santé, est mort d'un arrêt cardiaque. Sawulet l'enterre derrière la maison. Le poney et notre chien restent introuvables, un mystère que nous ne résoudrons jamais. Quelqu'un a vraisemblablement profité des festivités chez mes parents pour voler le premier, et le deuxième a dû s'échapper. La mort de cette vache, l'accident vasculaire cérébral de mon père, l'étrange maladie de ma mère : voilà beaucoup d'étranges coïncidences. Je ne trouve aucune explication à tout cela.

À l'hôpital, mon père est victime d'un deuxième AVC. Quand il rentre enfin chez lui, il est diminué et n'a plus rien du chef de famille qu'il était. Nous prions un guérisseur traditionnel de bien vouloir lui rendre visite. Il l'aide, ainsi que ma mère, à reprendre un peu de forces.

Agitation incessante

Officiellement, je n'ai toujours pas le droit d'aller chez mes parents. Mon père décide de résoudre le problème une bonne fois pour toutes.

– Nous allons sacrifier un agneau et vous convier chez nous, comme l'exigent nos traditions.

À l'issue de cette cérémonie, je suis invitée à revenir aussi souvent que je le souhaite, libérée de toute formalité.

Alors que tout est, temporairement au moins, sur la bonne voie, Uali et moi nous rapprochons timidement et nous allons enfin pouvoir sceller notre union quand nous sommes interrompus par un appel. Dehors, il fait déjà nuit. La voix de ma mère résonne dans le combiné :

– Reviens vite, ta sœur a eu un grave accident !

Uali me fixe, hébété. Malgré ces terribles enchaînements, il reste convaincu que je suis la femme qu'il attendait.

Ma sœur de seize ans, qui a interrompu ses études pour revenir à la maison célébrer notre mariage, est dans son lit, assommée par les antidouleurs. Elle roulait, un peu trop vite, à mobylette lorsqu'un automobiliste est passé près d'elle. Il ne l'a pas vue : elle a eu la moitié du talon arrachée. Des témoins l'ont ramenée chez nous. Mon mari, ma mère et moi la conduisons immédiatement à l'hôpital. Elle souffre atrocement. Les médecins secouent tristement la tête :

– Nous allons devoir amputer une partie du pied, il lui faudra vivre avec ce handicap.

Prise d'angoisse et souffrant le martyre, ma sœur crie que sa vie est finie. Nous tentons de la rassurer comme nous le pouvons et décidons de demander de nouveaux diagnostics.

En fouillant sur Internet, je trouve un chirurgien chinois à Nanjing qui propose un autre type d'intervention.

Condamnée à l'exil

Il tient à examiner ma sœur avant de se prononcer et propose de se déplacer. Son trajet ne nous sera pas facturé, mais s'il a une solution, il nous faudra débourser la somme de vingt mille yuans pour l'opération. Toute la fratrie se cotisera alors. Le chirurgien prend l'avion pour Ghulja dès le lendemain. Le rendez-vous est fixé à l'hôpital.

– Avec beaucoup de chance, elle pourra de nouveau marcher, annonce-t-il après l'avoir examinée.

Il ne peut cependant rien garantir. Je décide de rester quelques jours aux côtés de ma sœur.

Pendant ce temps, mon mari s'acquitte des dernières formalités qui me permettront d'enseigner dans la même école que lui, à Aksu. Après tous ces coups durs et les temps forts du mariage, il ne me reste que cinq jours pour me reposer avant de prendre mes nouvelles fonctions. Par chance, l'établissement n'est qu'à dix minutes à pied de chez nous. Uali est le directeur de l'école, j'officierai trois rangs au-dessous du sien.

Deux semaines après notre mariage, nous sommes enfin seuls, au calme. En ce 10 juillet, nous prenons le temps de savourer notre repas et de parler longuement. Nous avons tellement attendu ce moment : pouvoir nous enlacer et nous autoriser un premier baiser. Pour la première fois, nous ressemblons à un couple de jeunes mariés heureux. Depuis le début, Uali est incroyablement doux et aimant. Nous sommes prêts à nous offrir inconditionnellement l'un à l'autre.

Un mois plus tard, ma mère m'appelle pour me demander un service :

– Tu veux bien conduire ta sœur à l'hôpital pour son examen de contrôle ?

J'accepte, sans savoir que cet aller-retour marquera ma vie à jamais.

L'inconnu du taxi

Pour ce trajet, je commande un grand taxi afin que ma sœur puisse s'allonger sur la banquette arrière. Il lui est encore impossible de se tenir assise. Elle qui était d'une nature si joyeuse et volubile s'est, à présent, murée dans le silence. Quand elle ouvre la bouche, c'est pour inlassablement poser la même question : « Qu'est-ce que je vais devenir ? Je vais rester handicapée, je ne trouverai jamais de travail et je vais être un poids pour toute la famille. » Ma sœur a toujours été menue, mais à présent elle est si frêle que le moindre coup de vent pourrait l'emporter. J'observe son visage triste, aux traits tirés, avant de prendre place à l'avant. En chemin, le taxi s'arrête pour faire monter un Kazakh d'une quarantaine d'années. Je suis frappée par le noir intense de ses cheveux et de ses yeux et par la sagesse qui émane de son visage. En silence, j'observe le paysage qui défile, mais je sens bientôt le regard de cet homme sur moi, comme s'il avait posé sa main sur épaule. Je me retourne vers lui :

– On se connaît ?

Il me scrute un instant de plus avant de répondre :

– De ce que je perçois, tu viens de te marier et le foyer de tes parents est durement frappé en ce moment. En partant, tu as emporté avec toi toute l'énergie et la force qui régnaient dans la maison.

Je déglutis péniblement. L'inconnu poursuit :

– Tu étais au centre du foyer. Ton départ a créé un déséquilibre à l'origine de toutes vos difficultés.

J'ouvre de grands yeux :

– Comment savez-vous tout ça ? Êtes-vous un chaman ou un diseur de bonne aventure ?

Je ne crois pas à la magie, mais je dois admettre que cet homme a un vrai don. Sans réfléchir, je lui parle de l'accident de ma sœur, de sa visite de contrôle mensuelle à l'hôpital. Je lui demande ensuite si elle se remettra un jour de son accident.

Le mystérieux passager ferme les yeux, se recule contre le dossier de son siège. Il émet bientôt une faible plainte, comme s'il voyait de terribles images défiler sous ses paupières closes.

– Ta sœur va guérir et fondera une famille. Elle sera heureuse.

Bouleversée, je me permets de lui demander conseil :

– Que puis-je faire pour restaurer l'équilibre au sein du foyer de mes parents ?

Il ferme à nouveau les yeux :

– La prochaine fois que tu te rends chez eux, entre et repars avec le sourire.

Il marque une pause, le temps que ses mots fassent leur chemin jusqu'à mon esprit.

– Et écoute-moi. Si quelqu'un te fait du mal, ne lui montre pas ta douleur et ne laisse pas la haine empoisonner ton cœur. Tu resteras ainsi plus forte et seras à même de surmonter toutes les difficultés qui se présenteront sur ton chemin.

Un court silence s'installe puis l'étranger conclut :

– Tu dois t'économiser et ne pas accompagner ta sœur à chaque fois. Tu portes la vie à présent.

Je suis abasourdie. D'un signe de la tête, il me fait comprendre qu'il en a suffisamment dit. À l'arrêt suivant, il descend. Quatre jours plus tard, j'apprends, à vingt-huit ans, que je suis enceinte. Uali et moi sommes aux anges, rien ne pouvait nous rendre plus heureux !

Les prophéties de l'inconnu se réaliseront les unes après les autres. Ma sœur se remet lentement de son accident et retrouve l'usage de sa jambe deux ans plus tard. Elle décroche un bon travail et fait la connaissance d'un homme bon. Ensemble, ils ont deux enfants.

Après cette rencontre pour le moins déconcertante, je m'entraîne à lâcher prise. J'apprends à ne plus perdre patience quand un fonctionnaire chinois me demande de repasser le lendemain parce que je ne suis pas prioritaire. J'évite de me laisser emporter par la douleur lorsque l'un de mes proches souffre.

Je m'efforce de sourire, même à ceux qui me malmènent. Quand je dis au revoir à ma mère, je ne lui montre pas ma peine, mais me réjouis au contraire :

– Je reviens bientôt !

Ces nouveaux réflexes me font beaucoup de bien.

Cela peut paraître curieux, mais sans les précieux conseils de cet inconnu, je n'aurais jamais pu supporter la suite des événements.

Imaginer sa vie en rose

Notre petite maison de briques est située dans le centre-ville, tout près d'un bazar. L'été, la chaleur est écrasante sous notre toit de tôle rouge. L'hiver, la morsure du froid ne nous atteint pas, même lorsque le thermomètre indique – 24 °C dehors. Nous nous offrons parfois le luxe d'allumer plusieurs poêles à charbon pour chauffer nos trois pièces. Nous avons une grande cour devant la maison, derrière, un beau jardin avec des pommiers, un potager et, au fond, un ruisseau. À mesure que mon ventre s'arrondit, Uali et moi échafaudons des projets d'avenir : « Nos enfants auront une meilleure vie que nous. Nous pourrons la leur offrir. » Depuis 1992, la loi chinoise interdit aux couples issus de minorités musulmanes d'avoir plus de deux enfants. Les Chinois subissent, quant à eux, la politique de l'enfant unique et cette différence fait bien des jaloux. Dans notre ville, les Chinois représentent, malgré l'effort de colonisation largement financé par le gouvernement, environ 20% de la population. En 2020, ce pourcentage est presque quatre fois plus élevé. « Oui, travaillons avec sérieux, ouvrons une boutique et l'argent pleuvra. » Je me frotte les mains et souris. Avec ses cinq cent mille habitants, Aksu est une ville idéale pour ouvrir un magasin. Contrairement à d'autres agglomérations plus importantes, elle jouit d'infrastructures plutôt correctes. La municipalité fait bien son travail.

Le 19 avril 2005, je ressens les premières contractions. Ma mère m'accompagne en salle de travail tandis que mes frères et sœurs restent aux côtés de Uali, qui fait les cent pas dans le couloir. C'est un accouchement difficile, le travail dure près de trente heures. Je suis épuisée et trempée de sueur. Ma mère me laisse quelques instants pour donner des nouvelles à toute la famille. Plus tard, elle sort de nouveau et, frappant dans ses mains, invite tous ceux qui patientent à rentrer chez eux :

– Ça va encore durer un petit moment.

Mais la tradition kazakhe se rappelle bien vite à elle : « Quiconque repart chez lui pendant l'accouchement et ne revient qu'après la naissance doit laisser sur place un objet personnel, sinon ça porte malheur ! » Elle court après tout le monde afin de réparer son erreur, mais l'un de mes frères a déjà pris la route.

– Où est-il ? Il faut le faire revenir !

Il a éteint son portable, ma sœur ne parvient à le joindre que deux heures plus tard, au moment où il accroche sa veste au portemanteau de son entrée.

– Reviens vite !

Perplexe, mon frère se gratte la tête :

– Mais pourquoi ? Je viens tout juste de rentrer chez moi !

Ma sœur insiste, sans lui donner davantage d'explications. Il pense alors qu'il m'est arrivé quelque chose de grave et rebrousse chemin aussi vite qu'il le peut. Il me croit déjà mourante et tient impérativement à me voir avant mon dernier souffle.

Affolé, il court dans les couloirs de l'établissement et rejoint bientôt le petit attroupement devant ma chambre. Les autres le rassurent :

– On a juste besoin que tu laisses un objet personnel ici. Après, tu peux repartir.

Mon frère est persuadé qu'on lui ment, qu'il m'est arrivé quelque chose, et refuse de partir avant de m'avoir vue. Tout le monde lui jure que je vais bien, ma sœur lui explique la tradition. Soulagé, il éclate de rire, remet sa montre à ma mère et reprend le volant.

Les médecins veulent me faire accoucher par césarienne. La perspective n'enchante guère ma mère, qui me donne du courage :

– N'abandonne pas, il faut que cette naissance se fasse normalement.

Deux heures plus tard, alors que mon jeune frère glisse sa clé dans la serrure de son appartement, ma petite fille vient au monde, sans intervention chirurgicale. Et mon frère remet les gaz, direction la maternité ! Toute la famille célèbre dans la joie et l'euphorie la naissance de Ukilay. Fille ou garçon, nous n'avions aucune préférence. Tout ce qui nous importe est que le bébé soit en bonne santé. Le 20 avril est aussi le jour de naissance de ma mère, qui vient de fêter ses cinquante-six ans. Le même jour, Gulina donne aussi naissance à une petite fille ! Mon amie, ma jumelle de cœur et d'esprit, s'était pourtant mariée deux ans avant moi – cette gémellité renforcera notre amitié. Aujourd'hui, j'évite cependant tout contact avec elle afin de ne pas la mettre en danger.

CHAPITRE 3

UN BÂILLON SUR LA BOUCHE

L'étau se resserre

Les travaux ont commencé sur la partie ouest de notre terrain. Nous allons lancer une petite exploitation agricole dont nous espérons tirer des revenus, notamment grâce à l'élevage de bétail. Plus tard, nous rachèterons une parcelle du terrain voisin afin de nous agrandir. Lorsqu'arrive le deuxième anniversaire de Ukilay, nous possédons quatre chevaux, quatre bœufs et trente agneaux. Nos produits maison rencontrent un franc succès sur les marchés. Un peu partout, les commerçants chinois et autochtones mettent leurs proches en garde contre les produits issus des manufactures chinoises. Nous ne comprenons pas. On nous informe alors que les produits alimentaires, les vêtements, les chaussures et autres articles fabriqués dans le pays contiennent des composants chimiques et plastiques toxiques qui, à moyen terme, endommagent le foie, provoquent diverses maladies et peuvent rendre stérile. On nous le répète de tous les côtés. Les Chinois les plus riches se fournissent donc, pour eux et leurs enfants, auprès de marques turques et européennes.

Notre activité prospère et nous décidons d'ouvrir une boutique de vêtements pour enfants dans le village voisin. Un vendeur s'occupe de la gérer en notre nom. À Aksu, les magasins de ce genre sont déjà nombreux, la concurrence aurait été trop rude. Là où nous venons de l'installer, notre boutique fait la joie des jeunes parents.

Au printemps, j'anime avec grand plaisir les célébrations organisées à l'occasion de la fête nationale kazakhe. Mon père compose des chansons et mon frère a apporté sa propre collection de CD, très appréciée. Ma famille est heureuse, mais les tensions entre Ouïgours et Chinois sont montées d'un cran. Autour de nous, les Kazakhs s'efforcent de s'adapter à la situation. Il n'y a pas de révolutionnaires ici, personne que Pékin ne puisse accuser d'être un dangereux terroriste islamiste, traître à la nation. La pression exercée contre les habitants de confession musulmane est néanmoins de plus en plus sensible. En 2006, le gouvernement proclame une loi sur la communauté de langue, annonciatrice de souffrances pour nous. Jusqu'ici, les autochtones parlaient leur langue, le chinois demeurait anecdotique. Cette nouvelle loi prévoit que 80% des personnes accédant à des fonctions d'enseignement devront être des Chinois. Sur vingt postes ouverts par l'administration, dix-huit seront ainsi occupés par des Chinois, et seulement deux par des fonctionnaires qui, comme moi, sont issus de communautés musulmanes. En réalité, ce sont bientôt 100% des effectifs qui sont sinisés dans les établissements scolaires, comme dans toutes les autres administrations.

Dans notre école, un bâtiment distribué sur plusieurs étages et donnant sur une grande cour, près de mille élèves sont affectés par ces changements inopinés. Il faut dire que 97% sont kazakhs, les autres ouïgours ou musulmans du Dongan. Aucun élève chinois n'est scolarisé chez nous.

Les enseignants en fin de carrière sont nombreux à se trouver brutalement mis à la porte. Il y a parmi eux des érudits, des écrivains, qui doivent à présent accepter le premier petit boulot venu pour gagner de quoi vivre. Aux plus jeunes, l'État propose une reconversion professionnelle. Encore faut-il maîtriser le chinois, ce qui coûte cher et prend beaucoup de temps. Les autochtones qui le parlent n'ont plus le droit de faire cours dans une autre langue. Uali et moi échangeons chaque jour avec nos collègues qui, comme nous, se désolent face au désastre à venir. « Où cela va-t-il nous conduire ? » Cette loi ne concerne pas uniquement notre avenir à nous, mais avant tout celui des enfants, les miens et les autres, à qui leurs parents ont toujours parlé dans leur langue maternelle. Certaines mères de famille osent exprimer tout haut les inquiétudes de la population : « Nos enfants sont-ils voués à oublier tout de leur culture et de leur identité ? Vont-ils en faire des bons petits Chinois ? »

Pendant ce temps, les cadres du Parti répètent à qui veut l'entendre que nous formons une seule et unique nation. Uali a gardé en mémoire les recensements officiels qui figuraient sur un tableau posté dans le couloir d'une administration où il s'est un jour rendu, à Urumqi : dix-sept millions de Ouïgours, trois millions de Kazakhs. Aujourd'hui, Pékin avance le chiffre de onze millions de Ouïgours et un million deux cent mille Kazakhs. Comment expliquer un tel écart ? Dans un pays où l'assimilation forcée va bon train, le gouvernement n'a que faire des disparus. D'une nation multicolore, ils ont fait un État unitaire.

Les larmes des enfants

Je pense beaucoup à mon grand-père, à l'époque sombre du maoïsme, dont il nous parlait parfois à demi-mot. Je sens mon sang se glacer: nous risquons de vivre la même chose, en pire. Le Parti s'échine à nous convaincre que toutes ces mesures sont prises pour notre bien: « Personne ne doit être laissé pour compte, tout le monde doit avoir un toit au-dessus de sa tête et de quoi se nourrir. » Nous sommes désormais tenus d'enseigner aux enfants l'amour du Parti. Les cartables des élèves se chargent de livres chinois. Dans des circonscriptions comme la nôtre, où il reste encore des professeurs kazakhs, nous faisons cours dans notre langue au moins une heure par semaine. Nous devrons bientôt y renoncer totalement. Cela nous permettait pourtant d'aider les élèves, à qui le Parti impose une somme de devoirs tellement importante qu'il leur faut parfois travailler jusque très tard. Comment nos enfants peuvent-ils s'en sortir? Ils ne comprennent pas un mot de chinois, dont les caractères remplissent pourtant désormais leurs livres et leurs exercices. La situation est extrêmement difficile pour ceux dont les parents ne parlent pas du tout la langue. La pression est si grande dans les écoles que les enfants sont de plus en plus perturbés.

En cours, j'ai devant moi des élèves de six à douze ans totalement exténués, à bout, secoués en permanence par des sanglots. Chaque jour, apprendre de nouveaux caractères, des mots, de la grammaire. Le rythme ne cesse de s'accélérer. Les enfants vont devenir fous. Imaginez une classe de trente-six à quarante élèves en larmes, écrasés par le poids de ce qu'on exige d'eux. En tant qu'institutrice, je suis aussi confrontée à mes propres limites et je ne sais plus vraiment comment leur venir en aide.

Chaque jour, je tente de les consoler en leur assurant que des jours meilleurs les attendent. Je les encourage, les rassure : ils sont capables d'apprendre tout ce qu'on leur demande. Et les mêmes difficultés entravent le quotidien des adultes. Notre société entière est soumise à un stress énorme.

« Et si nous partions vivre au Kazakhstan ? » Uali et moi y pensons souvent. En 2006, il n'est plus si facile pour les minorités de partir à l'étranger. Jusque-là, les enfants étaient rattachés aux passeports de leurs parents. On leur demande à présent d'avoir leur propre pièce d'identité et les employés de l'administration ne se privent pas pour faire traîner la procédure en longueur. Obtenir un passeport pour son enfant est devenu une vraie gageure.

Une deuxième reconversion

Nous devinons bientôt qu'il ne s'agit pas seulement pour le gouvernement d'imposer la maîtrise du chinois à tous mais bien de remplacer les enseignants de la région par ses propres pions. Je me retrouve directement concernée. Le nouveau directeur me convoque.

– Je sais que vous êtes déjà passée par une reconversion pour travailler ici, mais vous ne pouvez malheureusement pas exercer ce métier, car vous êtes médecin, pas institutrice. Si vous tenez à rester au sein de notre école, il vous faudra suivre une nouvelle formation.

J'apprends en effet que la loi m'impose de suivre un cursus de deux ans dans un institut pédagogique à Urumqi, la capitale de la province... qui se trouve à près de mille kilomètres de chez nous. Ma tête est sur le point d'exploser. Partir ? Me séparer de ma petite fille ? Jamais ! Je détourne le regard afin que mon interlocuteur ne devine pas mon désarroi.

Quelle mère abandonnerait de plein gré son enfant de deux ans ? Toute seule dans un monde froid, sans cœur. ou Ukilay a besoin de la protection, des soins et de l'affection d'une mère aimante et présente. Je tremble rien qu'à l'idée de m'éloigner d'elle. Et comment Uali pourrait-il s'en sortir seul avec notre petite exploitation et la boutique à gérer ?

Par chance, mon mari est diplômé en enseignement et les nouvelles mesures ne le contraignent pas à suivre une nouvelle formation. Je continue pour l'heure de percevoir un salaire car je suis en poste depuis plusieurs années, mais je demeure inconsolable. « Comment pourrais-je vivre sans ma Ukilay ? »

Uali est désolé de me voir dans cet état :

– Ne t'inquiète pas, je prendrai la petite avec moi, mes collègues veilleront sur elle.

Il travaille au département des archives, dans un bâtiment isolé. Les éventuels pleurs de Ukilay n'y dérangeront personne.

En proie au doute, le cœur déchiré, je décide de partir voir mes parents.

– Papa, je peux te parler seul à seul ?

Après avoir pris son bâton de marche, mon père passe son bras autour de ma taille et me conduit au jardin, à l'écart du bruit de la maisonnée. Il est le seul à qui je peux parler ouvertement de cette politique chinoise si cruelle.

D'une main tremblante, il sèche mes larmes et prononce les plus gentilles paroles qui soient à mon égard :

– Tu es la plus intelligente de mes enfants et mon petit trésor adoré. Ne te laisse pas dompter par ces gens. Montre-leur que tu es ambitieuse et qu'ils ne t'arrêteront pas.

Je relève lentement la tête.

Je me suis toujours démenée pour compter parmi les meilleurs, j'ai mis de l'ardeur au travail. Ils n'auront pas raison de ma détermination. Mais comment envisager mon départ alors que ma fille a commencé à me manquer dès le moment où je l'ai embrassée quelques heures plus tôt, juste avant de prendre la route ?

Je serre les dents et j'accepte l'épreuve qui m'attend. Du moins, j'essaie. Dans mon malheur, j'ai déjà la chance d'avoir des amis et de la famille à Urumqi, à qui je peux rendre visite aussi souvent que je le souhaite. Mais ma souffrance est grande, je m'enfonce chaque jour un peu plus dans une profonde tristesse. Je sors de ma poche la photo de ma fille que je garde précieusement sur moi et la regarde, encore et encore. Mes larmes sont intarissables.

Lorsque mon mari m'appelle pour me dire que notre fille a été conduite à l'hôpital suite à une infection pulmonaire, je réserve dans la seconde mon vol de retour. Ma fille me serre dans ses bras de toutes ses forces, comme pour ne plus jamais me laisser repartir. Le visage blême et la mine sombre, Uali observe la scène. Je veux rester. Ukilay est prise d'une nouvelle quinte de toux, mais je n'ai pas d'autre choix que de me libérer de son étreinte pour retourner à Urumqi.

Il m'arrive de ne pas dormir la nuit, de m'imaginer une nouvelle vie pour nous trois de l'autre côté de la frontière, au Kazakhstan. En 2008, nous sommes encore autorisés à voyager pour le tourisme.

Les fonctionnaires, ce que nous sommes Uali et moi, n'ont en revanche pas le droit de s'installer dans un pays étranger.

Le 12 mai 2008, des cris de panique résonnent dans l'université : « Il y a eu un tremblement de terre dans le Sichuan ! » On déplore plus de soixante-cinq mille morts.

– Beaucoup d'écoles se sont effondrées, me répondent des camarades quand je leur demande des précisions.

Ces enfants ne sont pas les victimes d'un séisme, mais de travaux de construction réalisés à la hâte et de la corruption. Ils sont coutumiers du fait : les cadres du Parti se couvrent mutuellement et nient toute défaillance des autorités. Face aux caméras, ils s'enorgueillissent de la mobilisation des équipes médicales et chantent les louanges des sauveteurs qui se sont sacrifiés au nom du PCC. D'un jour de deuil et de douleur, ils font un jour de liesse. Les parents en colère sont gentiment écartés, au revoir et merci.

Le gouvernement organise une minute de silence dans tout le pays. Je me tiens debout aux côtés des autres étudiants, sur l'esplanade de l'université, et baisse la tête en pensant à cette tragédie.

Aujourd'hui, les innocents sont bien plus nombreux encore à perdre la vie dans les « centres de formation et d'acquisition de compétences ». Ce n'est visiblement pas assez pour qu'on leur consacre la moindre seconde de recueillement, pour que les cadres du PCC baissent à leur tour la tête. Il semble que la vie de leurs concitoyens n'ait aucune valeur à leurs yeux.

« Je veux cet enfant, qu'importe ce qu'en disent les autres ! »

Je reviens de ma formation en janvier 2009 avec un diplôme en poche et des douleurs au bas-ventre. Les médecins suspectent des calculs biliaires et me prescrivent de puissants antidouleurs en injections régulières.

En avril, après une visite de contrôle, le docteur réfléchit avant de m'annoncer :

– Vous devez faire quelque chose.

Condamnée à l'exil

Je ne comprends pas et l'interroge du regard.
– Vous êtes enceinte et cela fait trois mois que vous suivez ce traitement, aux effets secondaires importants. Votre enfant sera, en toute vraisemblance, lourdement handicapé.
Il baisse la tête et me fixe par-dessus ses lunettes :
– Vous ne préférez pas avorter ? Parlez-en avec votre mari ce soir. Nous prendrons rendez-vous dans la foulée.
Sur le trajet du retour, je ne fais que pleurer.
À la maison, Uali m'enlace et me tend un mouchoir après l'autre.
– Si c'est scientifiquement prouvé et que le médecin est sûr de lui, mieux vaut que tu avortes.
Mais je m'y oppose formellement.
Je me tourne ensuite vers mes sœurs, ma mère, mes amis, mes connaissances, pour qu'ils me conseillent. Tous partagent l'avis de Uali : « Si les médecins le disent... » Après un mois de tergiversations, je ne parviens toujours pas à m'y résoudre.
Je m'accroche peut-être à cette petite vie en moi car notre quotidien n'est fait que d'injonctions venues de l'extérieur. Cette histoire me concerne, me touche dans ma chair, dans mon corps et mon âme, ma vie et mon amour. Et je ne compte pas me laisser dicter mon choix par quiconque.
Et s'ils avaient tort, tous autant qu'ils sont ? Je fais parvenir les résultats de mes analyses sanguines à différents spécialistes, dans d'autres villes. Tous confirment malheureusement le diagnostic des premiers médecins que j'ai vus et eux aussi me disent d'avorter. Je réfute intérieurement tout ce qu'on peut m'affirmer. Et mes journées de travail à rallonge ne facilitent pas cette grossesse déjà stressante. Le matin, nous déposons notre Ukilay, qui a bientôt quatre ans, au jardin d'enfants, puis allons la chercher juste avant

le déjeuner et la reconduisons pour l'après-midi, parfois jusqu'à 21h.

Le monde entier aurait beau s'y opposer, je suis déterminée à aller au bout de cette grossesse, à mettre cet enfant au monde. Uali pose sur moi un regard lourd de reproches :

– Et si notre enfant naît handicapé, on fait quoi ? Nous ne pourrons plus travailler. Et nous serons entièrement responsables de ce qui nous arrive.

Pendant deux mois, il ne cesse de me le répéter. Mais je fais la sourde oreille, je m'en remets au destin.

Une perte immense

Mon père bien-aimé ne s'est jamais totalement remis de son accident vasculaire cérébral. Après plusieurs séjours à l'hôpital, durant lesquels Uali et moi nous sommes relayés à son chevet, il est mort le 16 février 2009, à l'âge de soixante-douze ans.

Quatre hommes portent son cercueil en bois jusqu'au cimetière musulman. Ils passent devant le nouveau cimetière, que les Chinois ont aménagé pour eux seuls. Durant un court instant, perdus dans les limbes du chagrin, nous avons tous pensé que la vie ne valait plus la peine d'être vécue. Après l'inhumation, le silence s'installe entre nous. Nous sommes las, comme plongés dans une éternelle obscurité.

Je vois mon père devant moi, je me revois petite fille, il bat le rappel dans tout le village pour que soit lancée la construction de l'école. Même nous, les enfants, nous étions joints à l'effort collectif. Dans nos mains, l'argile s'était changée en briques. Cette école incarnait toute notre fierté. Les instituteurs y avaient enseigné le kazakh, nous y avaient expliqué nos rites, notre culture et nos traditions. Du jour au lendemain, les Chinois ont tout piétiné, malmené notre système éducatif, réquisitionné les lieux. Aujourd'hui, on n'enseigne plus que le chinois dans cette école que mon père a bâtie de ses mains pour notre peuple.

Après sa mort, je suis en proie à une agitation et une inquiétude permanentes. Si ma raison m'incite à me relever de cette perte, je ne peux lutter contre mes sentiments. Comme son père avant lui, notre chef de famille avait compris qu'une catastrophe allait s'abattre sur notre peuple. Il a tout fait pour que je sois forte :

– Ne pleure pas devant les autres, ma chérie. Ils ne doivent jamais percevoir ta faiblesse. Prends les choses comme elles sont, mais reste toujours droite et solide.

D'une certaine manière, il m'a transmis le même message que l'inconnu du taxi. Je suis plus décidée que jamais à les écouter.

Mon père a toujours été mon pilier. Et il n'est plus. Personne ne pourra le remplacer. Lorsque je rends visite à ma mère désormais veuve, je trouve régulièrement un prétexte pour sortir :

– Je vais faire un tour, je reviens.

Notre tradition interdit aux femmes de se rendre seules au cimetière. Mais je passe outre cette interdiction et je vais me recueillir sur la tombe de mon père, juste à côté de celle de mon grand-père.

Je me tiens immobile devant sa pierre tombale, les mains posées sur mon ventre rond, et lui demande conseil, comme je l'ai toujours fait. Ces dialogues silencieux me font du bien. Je vois mon père avec les yeux de l'âme, je sens qu'il m'écoute et demeure à chaque instant auprès de moi. Aujourd'hui encore, il vient me voir dans mes rêves et me réconforte.

Un esprit qui me donne de la force

Uali me surprend parfois dans notre chambre en pleine conversation – à une seule voix – avec mon père : « D'accord, papa, je te promets d'être forte. » Mon mari tente de me raisonner :

– Avec qui tu parles ? Si ça continue, tu vas perdre la tête. Ce serait bien que tu puisses arrêter, peu à peu.

Pourtant, c'est peut-être bien grâce à mon père que je n'ai pas perdu la raison. Je rassure Uali :

– C'est juste mon père qui me donnait un peu de force.

Les semaines suivantes, dès qu'on me parle d'avortement, je m'enferme dans ma chambre et refuse de m'alimenter. Uali a compris depuis longtemps déjà et me laisse en paix. Et nous ne manquons jamais de nous réjouir, émus, lorsque le bébé bouge. Uali pose sa main sur mon ventre, sent la force de son futur enfant et s'en émerveille, tout sourire.

Nous cherchons à nous convaincre mutuellement que ce bébé sera en bonne santé, mais les doutes et la peur nous assaillent. « Que ferons-nous si… ? » Nous savons aussi les regards braqués sur nous. Nous sommes pareils à deux hamsters dans leur roue, nous n'écoutons plus les bruits autour de nous, nous avançons, toujours.

Avec ma recherche, inlassable mais vaine, d'un médecin qui me dira enfin ce que je veux entendre, plusieurs mois écoulés. La date de mon échographie approche, c'est une de mes amies, médecin, qui s'en chargera. Lorsqu'elle me voit arriver avec un ventre rond, elle est passablement horrifiée :

– Mais ? Tu n'as toujours pas avorté ? Le bébé est toujours là ?

Je suis remontée et lui réponds sèchement :

– Garde ces mots pour toi. Dis-moi simplement à quoi il ressemble.

Elle pose l'appareil sur mon ventre et décrit ce qu'elle voit à l'écran :
– Ah oui, il est vivant. Il a des pieds, des jambes, des bras. Tous les organes sont là. Au niveau corporel, tout va bien. Mais ton traitement aura forcément eu un impact sur son développement cérébral. Tu veux vraiment mettre au monde un handicapé mental ?

Oui, j'ai bien conscience de ce que cela signifierait pour nous.

L'autocritique en trois étapes

Les campagnes politiques du gouvernement chinois se succèdent. Désormais, les fonctionnaires doivent se livrer à un exercice d'autocritique devant tous leurs collègues. La première étape consiste à noter noir sur blanc toutes les erreurs que nous avons commises contre l'État ou le Parti depuis... notre naissance. Nous pouvons réaliser cet exercice à l'école ou chez nous, mais cela doit être fait sous trois jours. Chaque lieu de travail a été équipé d'un bureau pour l'occasion, où nous devons remettre nos écrits.

La deuxième étape consiste à identifier des mesures à mettre en œuvre pour réparer ces manquements. Je sors un stylo : « Il m'est arrivé de ne pas penser à suivre la ligne du Parti dans mes enseignements. Dès aujourd'hui, je m'engage à mettre chaque jour les enfants sur la bonne voie. » D'autres promettent de s'acquitter de leur cotisation de membre du PCC en temps et en heure.

Au début, Uali et moi parvenons difficilement à trouver des exemples plausibles, qui doivent aussi être convaincants sous peine de se retourner contre vous : « Tu es une opposante au Parti ! Par tes écrits, tu as juste cherché à nous tourner en dérision ! »

Vient ensuite la troisième et dernière étape, qui est aussi la moins évidente : reconnaître ses erreurs devant une assemblée de collègues, réunis pour l'occasion dans une grande salle. Les membres du Parti ayant fait le déplacement choisissent dans le public :

– Toi, toi et toi, mettez-vous debout et faites votre autocritique !

Les personnes désignées sortent alors leurs notes de leur poche et les lisent à haute voix. Les confessions traînent en longueur. Il faut dire que tout reprendre depuis sa naissance ne favorise pas la concision.

« Avant, je ne suivais pas toujours à la lettre les règles du Parti. À l'avenir, j'accorderai la plus grande attention aux instructions transmises. »

Tout cela est hautement humiliant, passer pour un idiot devant près de cent personnes.

Cette autoflagellation publique est déjà dure à vivre, mais le Parti procède ensuite à des baisses de salaire ou supprime les allocations des intéressés. Obtenir une promotion devient dès lors inenvisageable, tout comme participer à un concours ou se voir remettre une distinction. Il n'en faut pas beaucoup plus pour mettre un terme à la carrière de quelqu'un. Uali et moi, qui parlons très bien le chinois, sommes par chance considérés comme des gens de confiance et évitons le pire.

Les cadres du Parti veillent bien entendu à récolter et archiver l'ensemble des écrits, afin de pouvoir un jour les produire pour servir leurs intérêts ou monter une accusation de toutes pièces. « Ah, tu ne disais pas cela, avant ! Regarde ! Tu es un menteur, tu dois être sanctionné en conséquence ! »

Lorsque Uali et moi comprenons que nos « aveux » n'ont pas pour but de nous disculper mais de pouvoir

au contraire tirer à bout portant sur les minorités et les indésirables, nous prévenons nos collègues :
– Prenez garde à ce que vous écrivez.
Nous les aidons autant que possible à imaginer et à relater leurs « fautes ».
La plupart des gens de notre région ne maîtrisent pas les subtilités du chinois et ne comprennent pas exactement ce que l'on attend d'eux. Afin de leur éviter des sanctions ou pénalités, nous expliquons calmement aux membres du Parti que nos collègues manquent encore de connaissances en chinois et ne se sont pas exprimés comme ils le souhaitaient. Quelques collègues se repentent : « Il y a dix ans, lorsque j'ai commencé dans ce métier, je n'ai pas enseigné le chinois aux élèves, alors même que cette langue est la plus importante de toutes. » ou encore : « Pour cause de maladie, je n'ai par malheur pas pu assister à un événement organisé par le Parti. » Bientôt, chacun copie les réponses de son voisin. Nous cherchons à éviter le pire, nous qui sommes déjà en minorité parmi les Chinois – une raison qui peut suffire à nous valoir des sanctions.
Il vaut mieux avouer des manquements en matière de cours dispensés, de rapports à ses collègues. Tout ce qui concerne la politique du PCC ou de l'État est intouchable. Il est par exemple impensable de confesser : « J'ai toujours cru que le Xinjiang était une province autonome et qu'il était donc autorisé d'y parler sa propre langue. » S'y risquer, c'est passer pour un révolutionnaire et être traité comme tel.
À partir de 2016, le gouvernement n'hésitera pas à piocher librement dans ces archives d'un genre particulier pour mettre les nôtres derrière les barreaux. Ce ne sont là que les prémices des arrestations de masse. Les autorités commencent déjà à inscrire

sur des listes les noms de ceux qui seront arrêtés les premiers. Cette planification perfide et cynique leur a permis d'emprisonner plus d'un million de personnes en quelques mois à peine.

Honte cuisante

– Sayragul Sauytbay!

La fois suivante, c'est à mon tour. À l'appel de mon nom, je reçois une décharge électrique. Je me lève prestement malgré mon ventre bien rond et, d'une voix claire, m'adresse à toute l'assemblée :

– Je suis une mauvaise personne. J'ai commis des erreurs et je le regrette amèrement.

Autour de moi, plus un bruit. Le silence est encore pire que la pitié. Je me consume sous l'effet de la honte et peste intérieurement contre cette injustice. Je ne me suis jamais plainte, j'ai composé avec tous les obstacles mis sur mon chemin pour donner le meilleur de moi-même à cet établissement. Normalement, les enseignants travaillent huit heures par jour. Mes collègues et moi consacrons quotidiennement entre douze et quatorze heures à l'école. Je travaille d'arrache-pied et n'ai rien fait de mal, pourtant je dois me dénoncer devant toute une assemblée.

L'impact psychique d'une telle épreuve est violent, vivre cela est insupportable. Après mon autocritique, je passe plusieurs jours compliqués, malade comme un chien. Je rage d'être ainsi prise pour une idiote par les autorités. Je dois me secouer pour sortir de cette torpeur nauséabonde. Uali se passe la main dans les cheveux, cherchant des mots réconfortants, bouillonnant lui aussi de rage.

– C'est invraisemblable! Nous inventons des choses de toutes pièces, nous les gravons dans le marbre, mentons volontairement à tous et nous envoyons nous-mêmes au pilori !

Les enseignants chinois sont soumis au même régime que nous, mais lorsque vient leur tour, ce qui arrive rarement, ils ont moins de scrupules à s'offusquer :

– Comment ça ? Nous n'avons rien à nous reprocher, nous faisons bien notre travail !

Contrairement à nous, nos collègues chinois peuvent s'autoriser ce genre de sorties.

Les autochtones, eux, vivent dans la peur permanente des brimades et du déshonneur. Mais bien entendu, nous serrons toujours un peu plus les dents, maintenons nos bouches closes, ravalons la moindre critique pour éviter les représailles. Nous suivons à la virgule près les règles du Parti – du moins nous nous y efforçons quotidiennement. Nous avons à cœur de montrer que nous ne faisons rien de mal. Nous nous échinons à prouver que notre comportement est irréprochable, pour ne pas être davantage exclus, méprisés, réprimandés, menacés.

Les cadres du Parti nous cajolent et nous menacent tour à tour, s'adressant à nous comme à des enfants dissipés qui auraient besoin d'une éducation sévère mais juste. On nous répète à l'envi que le Parti nous veut du bien, qu'il faut le suivre et assurer avec lui la stabilité du pays. Toutes ces mesures n'ont pour unique finalité que d'éviter au pays de sombrer dans le « chaos ».

Les premiers temps, nous sommes relativement convaincus du bien-fondé des actions entreprises par le Parti. Pourquoi, dans le fond, lui reprocher de chercher à établir l'ordre et la paix dans le pays ? Devons-nous cependant en arriver là ? Ils piétinent notre confiance en nous, font de nous des sujets serviles, nous font passer pour des ignorants. La réalité est tellement

monstrueuse qu'elle en devient presque inconcevable. Nous en venons même à excuser leur comportement. Uali le premier :
— Ils pensent certainement bien faire en cherchant à améliorer notre façon de travailler.
J'acquiesce, perdue dans mes pensées. Au début, nous tentons de nous rassurer l'un l'autre, à chercher des signes d'espoir.
— C'est provisoire, tout va rentrer dans l'ordre après ça.
Mais nous faisons erreur. Les enseignants qui, comme nous, sont issus des minorités et se font tout petits face au Parti, entretiennent en secret une colère sans nom contre les autorités. Chacun cherche à cacher ses vrais sentiments du mieux qu'il le peut. Les Chinois peuvent se permettre de hausser le ton et de faire valoir leurs droits, mais nous sommes habitués à être traités comme des citoyens de seconde zone. Nous valons moins qu'eux. Nous avons beau savoir que rien de tout cela n'est vrai, que nous sommes innocents, la culpabilité fait lentement son chemin en nous, son venin subtil s'immisce dans nos vies et dans nos veines.

S'il est vrai que nos collègues chinois abattent autant de travail que nous, ils ne sont pas constamment rabaissés ou suspectés comme nous le sommes. Ils forment, comme ne le cesse de leur rappeler le Parti, la « classe dominante » du pays.

Chez Uali et moi, cette injustice permanente fait naître un sentiment de déception, qui se transforme peu à peu colère. Puis, un jour, vient la haine. Nous ne sommes plus que l'ombre de nous-mêmes. De tels sentiments ne peuvent pas mener à autre chose. Les mots de l'inconnu du taxi me reviennent alors en mémoire : il m'avait mise en garde, comme mon père avant lui, contre les sentiments qui, au bout du compte, se retournent contre nous. « Oui, je vais rester forte, papa ! » Je nous le promets à tous les deux lorsque, le soir, je m'adresse à lui.

Du sang sur le bitume

« Un nouveau mouvement de révolte, à Urumqi cette fois-ci. » Perdu dans ses pensées, Uali se passe distraitement les doigts sur les lèvres et reprend sa lecture. La population est en émoi depuis le viol d'une jeune Ouïgoure par des Chinois à Guangzhou, où elle était venue travailler. Ses parents sont allés au commissariat pour porter plainte : l'agent chinois qui les a reçus leur a ri au nez.

Par la suite, le ton est monté entre des adolescents ouïgours et chinois puis, le 5 juillet 2009, la révolte a éclaté.

Des milliers de Ouïgours défilent dans les rues de la capitale contre la discrimination et les injustices qu'ils subissent au quotidien. Un convoi militaire est bientôt dépêché, les soldats affluent en direction du centre-ville. Des amis qui se trouvent sur place nous ont raconté :

– Nous avons vu des soldats se changer pour s'habiller à la mode ouïgoure et se mêler à la foule, qui était par ailleurs plutôt calme.

Les soldats ont caché ici une arme blanche, là une matraque sous leurs vêtements et ne tardent pas à s'en prendre à leurs compatriotes chinois : ils veulent faire éclater des rixes et donner une bonne raison à l'armée d'intervenir.

De nombreux innocents, dont l'unique tort a été de se trouver au mauvais endroit au mauvais moment, meurent. Nous avons une connaissance dont la sœur venait de quitter l'hôpital après une maladie éprouvante. Radieuse, elle a sorti son téléphone et appelé sa mère pour lui annoncer la bonne nouvelle : « Maman ! Tout va bien, je peux enfin... » La conversation a été brutalement interrompue. Les chars venaient d'entrer sur la place et de broyer la jeune femme sous leurs dents d'acier.

Son corps n'a jamais été retrouvé.

Des mares de sang maculent la chaussée, des membres arrachés gisent sur le bitume. Il y a tellement de morts qu'on ne peut savoir qui, des peuples chinois, ouïgours, kazakhs et autres ethnies, a été le plus durement frappé, meurtri dans sa chair.

Le lendemain matin, les équipes de nettoyage sont promptes à effacer toute trace du carnage. Quelle manifestation ? Quel massacre ?

Les 6 et 7 juillet, le PCC envoie des soldats en civil se balader dans la rue et, une fois la nuit tombée, se rendre d'appartement en appartement pour demander à tous les Hans – les « vrais » Chinois – de bien vouloir, dans les jours suivants, ouvrir en grand leurs rideaux, leurs fenêtres et se placer devant leur porte.

Le lendemain, les membres des autres ethnies, ne se doutant de rien, vaquent à leurs occupations habituelles. Commence alors une vaste « opération de nettoyage » qui va coûter la vie à de nombreux innocents, principalement kazakhs et ouïgours.

L'une de mes amies perd ses deux fils. L'aîné partait travailler dans le restaurant de son oncle, le plus jeune accompagnait un ami pour l'aider à choisir son costume de marié. Le premier a été tué dans la rue, le second dans une boutique de vêtements pour hommes. Leur mère ne les reverra plus, ne pourra même pas les enterrer – les corps ne lui seront jamais restitués. Uali, nos amis et moi voulons être là pour elle. Mais elle devient brutalement muette. Ses fils ? Elle ne les évoque plus.

Comme elle, d'autres parents se sont tournés vers la police pour faire valoir leur droit : « Nous voulons au moins récupérer les corps de nos enfants, s'il vous plaît. » Comme elles, tous se murent du jour au lendemain dans le silence. Ils tournent même les talons quand on cherche à leur parler.

Quelles menaces ont-ils reçues pour taire ainsi leur douleur, étouffer leur chagrin ?

Si cet épisode sanglant est relaté dans les médias, ce n'est que pour mieux le présenter comme un attentat ouïgour. Dans la bouche des présentateurs, les mots « ouïgours » et « terroristes » sont devenus inséparables. La population finira bien par comprendre que l'on peut utiliser indifféremment l'un ou l'autre. Cela revient au même, on vous le jure !

Parmi les Kazakhs, personne n'est dupe et l'ironie va bon train : « Ah bon, notre province est donc envahie par les terroristes ? Mais quand sont-ils sortis de terre ? Et de *notre* terre, en plus, quelle coïncidence ! »

Tout le monde, y compris les Chinois, sait que le Parti ment.

Un autre bon ami, un musulman originaire du Dongan qui vit à Aksu, nous apporte un autre témoignage sur cette tragédie. Sa fille ne trouvant pas de travail malgré ses efforts et sa formation universitaire, il a sollicité ses relations et lui a décroché un contrat dans un crématorium – pour un poste que des Chinois avaient certainement dû refuser avant elle.

La jeune fille y travaillait depuis deux mois et n'avait pas à se plaindre. Mais au lendemain du bain de sang d'Urumqi, elle a n'a plus voulu sortir de chez elle. Son père, interloqué, lui a tout d'abord reproché son comportement et son ingratitude, d'autant plus que le salaire était bon. Entre deux sanglots, sa fille a fini par parler :

– Je ne veux plus jamais y mettre les pieds. J'ai vu des choses si atroces que tu ne me croirais pas...

Dans la nuit qui a suivi les « émeutes » à Urumqi, des soldats chinois sont venus garer leurs camions au crématorium et en ont extirpé des centaines de corps, qu'ils ont jetés à terre comme de vulgaires ballots.

Les lèvres de la jeune fille tremblent tandis qu'elle poursuit son récit :

– Parmi ces gens, certains étaient encore vivants...

Elle a entendu des appels à l'aide, vu des bras désespérés se tendre vers elle. Les policiers présents sur place ont répondu à coups de matraque. Puis ils ont jeté tous les corps – tous – au feu.

Son père est tellement choqué lorsqu'il nous relate ses propos qu'il ne peut s'empêcher de répéter plusieurs fois, le regard dans le vide :

– Certains étaient encore vivants... Ils étaient encore vivants !

Les témoins sont nombreux à confirmer ce type d'informations, les pièces du puzzle composent toutes la même image. Nous savons maintenant ce qui est advenu des corps qu'on ne retrouvait pas.

Une fête qui n'en est pas une

– Dans deux mois, nous fêterons le soixantième anniversaire de la République populaire de Chine, nous informe le directeur de l'école lors d'une réunion.

Nous devons nous lancer dans les préparatifs dès le mois d'août, afin que tout soit impeccablement réglé pour le grand jour, le 1er octobre 2009. Car aucune, absolument aucune fausse note ne sera tolérée. La planification de l'événement occupe plusieurs groupes de travail à temps complet. La mission est éprouvante pour moi qui entre dans mon cinquième mois de grossesse.

J'apprends à mes élèves une quantité vertigineuse de chants et de textes communistes, qu'ils devront connaître par cœur. « Vivement que ce soit fini ! » Je suis épuisée, j'ai hâte que tout cela soit derrière nous. Le soir venu, je me caresse le ventre en espérant que tout ce stress ne nuit pas davantage à la santé du bébé. Souffrira-t-il ? Pourra-t-il avoir une vie heureuse s'il...?

La veille du grand jour, les enseignants se retrouvent devant l'école : elle doit être briquée de fond en comble. Même la rue va prendre des airs de fête. Le lendemain, le soleil est à peine levé que les festivités commencent. Partout, des cris de joie et des drapeaux qu'on agite. Des heures durant, chants communistes et danses chinoises s'enchaînent. Dans les haut-parleurs, on nous répète que « le Xinjiang appartient irrévocablement à la Chine et, grâce à elle, connaît un essor sans précédent. » Cet événement n'est rien d'autre qu'une occasion de plus pour le Parti de poursuivre sa propagande sur « l'unité du pays ».

J'ai les jambes lourdes, le ventre tendu, et le bébé arrête de bouger pendant que je chante « Ma mère ne m'a donné qu'un corps, c'est le Parti qui fait battre mon cœur... » Les célébrations se poursuivent jusque tard dans la nuit. Il nous faut ensuite tout ranger. Cette « fête » n'a été qu'une accumulation de stress, en aucun cas une source de joie.

Uali et moi avons renoncé à discuter les ordres du Parti. Nous nous soumettons à l'inévitable, nous nous efforçons à faire du mieux que nous pouvons afin de ne susciter aucun doute, aucun ressentiment.

La mère un peu dérangée et son adorable bébé

En décembre, ma mère et mes sœurs me rendent visite à Aksu. Il est tard lorsqu'elles repartent. Elles ont à peine refermé la porte derrière elles que les premières contractions arrivent. Uali et moi rangeons rapidement la maison, puis demandons aux travailleurs de notre petite exploitation si l'un d'eux peut nous conduire, à travers l'épais brouillard, jusqu'à l'hôpital.

À 7h du matin, notre chauffeur, Uali et moi tirons le gardien de son sommeil afin qu'il aille prévenir les médecins. En attendant, je monte et redescends les marches de l'escalier le plus proche. Nous apprenons qu'il faut payer d'avance. À 7h05, Uali court donc vers la réception afin de régler la facture, en priant notre employé de bien vouloir veiller sur moi. Entre-temps, les contractions sont devenues si violentes que j'alpague une infirmière qui passe par là :

– S'il vous plaît, je ne tiens plus...

À peine m'a-t-elle installée dans la pièce voisine que j'expulse le bébé.

Nous sommes le 15 décembre 2009 et il est 7h10. Le médecin de garde, qui ne sait par ailleurs rien des possibles malformations ou complications pour notre enfant, s'est avancé vers notre chauffeur et lui a serré la main : « Toutes mes félicitations ! » L'intéressé prend son portable pour prévenir Uali, en train de recompter les billets avec l'hôtesse d'accueil.

– Uali, tu es où ? Ton fils est né !

Mon mari reste interdit, tout s'est passé si vite !

L'une des deux infirmières s'apprête à sortir de la pièce avec mon bébé pour le faire examiner. D'une voix qui ne souffrira aucune opposition, je la retiens :

– Ramenez-moi mon fils ! Je veux le voir.

Elle obtempère sans demander son reste. Elle ne connaît pas les raisons de mon angoisse. Je veux vérifier que tout est bien en place, que mon fils va bien. Un, deux, trois... le compte y est pour les doigts et les orteils.

Condamnée à l'exil

Le nez et les oreilles : c'est bon. Il doit certainement souffrir d'un handicap mental, alors. Je veux tester ses réflexes et lui pince fort les joues, sous le regard réprobateur des infirmières, pleines de pitié pour ce pauvre bébé dans les mains de sa mauvaise mère. Qu'est-elle en train de faire subir à son enfant, cette folle ? Je ne leur prête aucune attention, car les questions fusent en moi : « Pourquoi ne pleure-t-il pas ? Il n'a peut-être aucune sensation ? » Je le pince de nouveau, avant de chasser les deux femmes de la pièce :

– Allez-vous-en, vous ne pouvez pas comprendre !

Le lendemain, le médecin m'annonce que les analyses ne montrent aucun problème d'ordre physiologique et me répète de ne pas m'inquiéter – ce qui est plus facile à dire qu'à faire.

Deux jours plus tard, Uali et moi sommes assis dans notre canapé et étudions notre bébé, perplexes. Que ferons-nous s'il ne peut pas vivre seul ? Comment fera-t-il dans un monde tel que le nôtre ? Son père lui caresse doucement le dos :

– Il est tellement adorable.

Les visiteurs sont nombreux à patienter devant notre porte et le téléphone ne cesse de sonner. Mais je ne veux voir personne, ne recevoir aucun vœu de bonheur, car je ne sais pas si mon fils est en bonne santé mentale. La tradition kazakhe exige d'attendre quarante jours avant que l'enfant ne soit officiellement présenté, lors d'une grande fête. Je supplie Uali de faire respecter cette échéance, d'attendre avant de se réjouir avec nos proches.

Cette tradition, qui remonte à une époque où la mortalité infantile était très élevée, veut aussi qu'aucun prénom ne soit donné à l'enfant avant ces quarante jours. Nos ancêtres disaient des nouveau-nés qu'ils sont des messagers du monde souterrain et sans cesse rappelés par les esprits qu'ils ont laissés derrière eux. Il faut attendre plusieurs semaines pour que ce lien commence à s'affaiblir.

L'échéance est passée; je suis quant à moi remise de ma fatigue psychique des derniers mois. Je murmure son prénom à l'oreille de mon fils, trois fois de suite : « Ulagat » et le présente, emplie de fierté, à sa grand-mère, à ses tantes, ses oncles et tous les autres. Je considère ma bonne fortune et repense à ce que mes parents disaient de moi : oui, la chance est bel et bien de mon côté. Tout sourire, je berce amoureusement mon petit Ulagat.

Que désirer de plus ? Mon mari et moi nous aimons tendrement, nous avons deux merveilleux enfants et nous nous sommes bâti, à la sueur de nos fronts, une vie confortable. Nous avons ouvert une deuxième boutique de vêtements dans un autre village, notre maison est la plus belle d'Aksu et nous possédons une voiture étrangère, garée devant chez nous : une Chevrolet bleue.

Sur une photo, on nous voit avec les deux enfants lors d'une fête avec des chevaux de course kazakhs. Notre fils Ulagat a alors cinq mois, Ukilay cinq ans. Derrière nous, dans la rue, sur les enseignes, il n'y a plus aucune trace de notre langue. Les caractères chinois ont partout remplacé le kazakh.

Le soir, à table, Uali et moi nous plaisons tout de même à dresser le bilan de notre vie à deux, en oubliant un instant l'ombre qui pèse sur nous – sinon, autant renoncer à tout espoir.

– Nos débuts de couple ont été difficiles, mais la situation n'a fait que s'améliorer au fil du temps !

À Aksu, nous sommes des personnalités reconnues et respectées. Nous pouvons enfin souffler : tout va aussi bien que possible.

Je me fais cependant du souci pour la santé de mon mari. Uali est pâle, nerveux, et maigrit à vue d'œil. Dans son dictionnaire interne ne figure pas le mot « pause ». Le soir, il se penche sur les dossiers qu'il a rapportés de l'école. Il est sous tension permanente et se démène pour satisfaire ses supérieurs. Il s'épuise à la tâche.

C'est gratuit, mais juste pour les Chinois

« Sinisation » : ce mot est sur toutes les lèvres dans les années 2010 et 2011. Le gouvernement organise la colonisation massive du Turkestan oriental, qui perd un peu plus chaque jour de son histoire, de son visage et de son identité. Les entreprises chinoises du bâtiment envahissent le moindre village kazakh pour y ériger, en un temps record, des centaines de logements – des bâtiments froids et impersonnels – à destination des nouveaux arrivants. La destruction de nos anciens édifices revient à celle de notre passé, de notre culture. Contrairement aux habitations kazakhes, ces immeubles flambant neufs jouissent de tout le confort moderne. Et les Chinois qui s'y installent n'ont pas un yuan à débourser, il leur suffit de récupérer la clé de leur nouvel appartement et ils sont chez eux ! L'un d'eux veut ouvrir une boutique ou monter une exploitation agricole ? Il suffit de demander, l'État financera. Des milliers de Chinois affluent vers le Turkestan oriental. Il semble qu'ils soient des déplacés volontaires : le gouvernement prend en charge le déménagement et le transport. Pendant que cette population est soutenue à grands coups d'investissements, rien n'est proposé à mes compatriotes, aux visages de plus en plus fermés et aux plaintes muettes. « Nous passons toujours en dernier, et encore ! » Pourquoi nos besoins ont-ils moins d'importance que ceux des Chinois ?

Nous sommes étonnés d'apprendre que la politique de l'enfant unique ne s'applique pas aux nouveaux arrivants. Parmi nous, la grogne monte : « Peut-être espèrent-ils ainsi nous chasser plus rapidement de nos terres ? »

Ceux de nos connaissances qui travaillent dans l'informatique nous alertent :

– Faites vraiment attention ! Ne parlez jamais de politique, même chez vous.

Les téléviseurs sont, nous assure-t-on, équipés de mouchards. Tous les foyers sont sur écoute. Mais cela fait déjà bien longtemps que nous ne vivons plus normalement.

Fin de la méthode « douce »

Ces derniers temps, Uali est déprimé :

– Je ne sais pas ce qui m'arrive, c'est comme si mon cerveau ne répondait pas !

Il ne parvient plus à tenir le rythme ni à se concentrer. La nuit, mille pensées l'assaillent et l'empêchent de dormir. Au matin, son esprit n'est plus capable de rien.

Sa charge de travail et tout ce que Pékin fait subir à notre peuple ont eu raison de sa santé. Et il n'existe aucun médicament contre cela.

Jusque-là, le gouvernement a usé de méthodes relativement « douces » pour nous éloigner de notre culture, de nos traditions, et lancer la sinisation forcée de la population.

Cette époque est révolue, tous les moyens sont désormais bons pour faire appliquer la politique du PCC.

Uali étouffe, s'accuse de tous les maux et tente désespérément de s'en sortir seul, jusqu'à perdre ses amis. Il est squelettique, constamment agité, comme si quelqu'un derrière son dos passait son temps à le harceler à grands coups de sifflet. Notre médecin décide de l'envoyer à l'hôpital et lui fait un petit rappel à l'ordre quand, quelques jours plus tard, il revient à la maison :

– Il va te falloir du temps pour te remettre sur pied. Ensuite, tu devras songer à trouver un autre travail, avec moins de stress quotidien. Si tu t'obstines dans cette voie, je ne donne pas cher de ta peau.

Une fois les enfants couchés, mon mari et moi nous installons à la table de la cuisine pour parler de la situation. J'approche mon tabouret du sien et lui propose de rester quelques semaines au repos, à la maison. Il craint que cela nous porte préjudice. Il a le regard perdu dans le vide, comme s'il ne m'écoutait pas réellement.

– Nous avons tout ce qu'il nous faut et il y a aussi notre épargne, qui est amplement suffisante. Je vais continuer à travailler pour l'école. Peut-être qu'en restant tranquille à la maison tu te remettras plus vite de tout ça. Je te cuisinerai tout ce dont tu as envie, d'accord ? Tu verras, tu retrouveras tes pleines capacités, ne t'en fais pas.

Contrit, Uali admet qu'il est peut-être plus raisonnable pour lui de démissionner. Il imagine sa vie en tant que jeune retraité. Il continuera à gérer notre exploitation et à s'occuper de nos deux boutiques.

Je le vois peu à peu reprendre des forces et goût à la vie.

« Plus vite, plus haut, plus loin ! » : voici l'injonction faite aux fonctionnaires autochtones comme moi. En 2011, le Parti ouvre cinq écoles pilotes dans notre circonscription et nous demande, à nous, l'équipe enseignante, de veiller à bien éduquer les élèves dans les valeurs communistes. D'hebdomadaire, le salut au drapeau devient quotidien. Les enfants et les enseignants subissent une pression constante. Et comme si cela ne suffisait pas, les cadres du Parti organisent des événements pour bien rappeler à tous les valeurs du « si grand, si glorieux, si juste » PCC. Aucune absence n'est tolérée. Une fois de plus, les enfants n'ont rien compris aux discours tenus. Une fois de plus, on les accable jusqu'à ce que le col de leur uniforme soit trempé de larmes.

Nous avons une nouvelle matière à enseigner, sobrement nommée « le Xinjiang ». Son contenu m'évoque un disque rayé : « Le Xinjiang appartient irrévocablement à la Chine et, grâce à elle... » On nous explique que ce territoire a toujours été chinois. D'ailleurs, nous sommes tous chinois !

On nous met entre les mains des livres fraîchement imprimés, dont nous devons fidèlement lire les textes aux élèves. J'apprends avec eux comment la Chine a sorti ces pauvres Ouïgours et Kazakhs de leur méprisable condition pour en faire des êtres civilisés.

Bâillonné

Comme sa sœur avant lui, Ulagat entre au jardin d'enfants à trois ans et demi. Après quelques semaines, il refuse d'y aller. Il hurle et se débat, se roule par terre et se laisse tomber dès que nous tentons de le relever.

– Je ne veux plus y aller !

Inquiète, je m'accroupis pour lui parler et chercher à comprendre ce qui le tracasse.

– Pourquoi donc ? C'est super, là-bas. Tu peux y jouer avec d'autres enfants de ton âge.

Mon calme apparent ne fonctionne pas.

– Ils me ferment la bouche. Je n'ai pas le droit de parler.

Je mets un temps à comprendre, j'insiste, pose des questions. Entre deux sanglots, Ulagat nous apprend que les instituteurs – chinois – lui ont scotché les lèvres après l'avoir entendu parler kazakh avec d'autres enfants. Uali et moi échangeons un regard ahuri.

– Le maître le fait à chaque fois. Je dois rester comme ça toute la journée, nous raconte notre petit garçon.
– C'est impossible, s'insurge Uali, qui ne peut croire à une telle pratique.
En réalité, nous savons tous les deux que tout est désormais possible ici. Ulagat enfonce sa tête contre ma poitrine, malheureux comme tout. Je le serre dans mes bras :
– Très bien, je vais aller parler aux instituteurs.
Il ne me croit pas et se glisse sous mon aisselle pour s'y réfugier.
– Non. Je ne veux plus jamais y retourner, c'est tout.
Renseignements pris, je confirme à mon mari que les enfants qui osent encore s'exprimer entre eux dans leur langue maternelle se retrouvent les lèvres recouvertes de ruban adhésif. Toute la journée. Le personnel de l'école le leur arrache juste avant l'arrivée des parents. Je bouillonne de rage :
– Ça, je ne peux pas le tolérer !
Uali et moi envisageons plus sérieusement encore un départ définitif pour le Kazakhstan.
Autour de nous, ils sont nombreux à avoir quitté le Turkestan oriental ou à préparer leurs valises depuis qu'ils savent qu'on bâillonne leurs enfants à l'école. Nous attendons le passeport de Ulagat depuis des semaines, mais rien ne vient. Sans pièce d'identité valable, impossible de passer la frontière.
Au bout de quelque temps, nous remettons notre projet en question. Ici, nous avons une bonne situation, deux boutiques, des amis, de la famille.
– Au Kazakhstan, nous pourrons parler notre langue et retrouver des proches, mais il nous faudra tout recommencer à zéro.
Nous reportons sans arrêt notre prise de décision, ne sachant si nous aurons le courage de repartir de rien

dans une ville étrangère. Nous ne le savons pas encore, mais nous avons tort de retarder ainsi l'échéance.

Nous avons réussi à décrocher, pour notre fille, une place dans une école privée. Les règles y sont un peu moins strictes que dans les établissements publics. Ukilay est par exemple autorisée à s'exprimer en kazakh.

Si elle y rencontre des problèmes, elle ne nous en dit rien. À la maison, nous parlons le kazakh avec nos enfants, comme le font tous nos compatriotes. Je leur lis beaucoup de livres dans notre langue, nous écoutons de la musique traditionnelle, nous dansons et jouons de nos instruments.

Ukilay chante particulièrement bien et joue du dombra. Jusque-là, nous sommes encore autorisés à transmettre quelques bribes de notre culture à nos enfants. Nous avons laissé les règles religieuses de côté pour éviter qu'ils ne racontent à l'école comment leurs parents leur enseignent l'islam à la maison : c'est le moyen le plus sûr d'être suspectés de terrorisme et envoyés derrière les barreaux.

Les instituteurs chinois se montrent curieux auprès des élèves, leur demandent ce qu'ils font en famille le week-end, se renseignent sur leurs sujets de conversation, leur lecture éventuelle du Coran. Ils rassemblent ces informations dans le but de les retirer, un jour ou l'autre, à leurs parents.

Inciter nos enfants à prier, leur dire qu'ils sont musulmans reviendrait à signer notre arrêt de mort. Sur nos étagères, pas de Coran. Nos supérieurs hiérarchiques nous l'ont suffisamment répété : « Vous devez suivre les règles du Parti, jamais celles de votre religion. »

Nous enseignons à nos enfants les dix préceptes de l'islam comme n'importe quelles autres règles de vie et d'éducation. C'est ce qu'a fait mon grand-père avec nous : « Tu ne dois pas mentir, tu ne dois pas faire souffrir les animaux, tu dois protéger la nature, tu ne dois pas faire de mal à ton prochain. » Les règles du PCC sont à l'exact opposé de ce que nous inculque la religion.

Pendant que je cherche un jardin d'enfants dans lequel notre fils pourra parler le kazakh, nous décidons de le garder à la maison. Son père lui annonce, clin d'œil à l'appui, qu'il pourra lui prêter main-forte avec le bétail.
– Youpi !

Urumqi sur le podium des villes les plus polluées

Un an plus tard, Uali a recouvré toute sa santé mentale et physique. Il accepte sans tarder un poste bien rémunéré à Urumqi. Son excellente maîtrise du chinois intéresse une entreprise de BTP, qui lui propose de passer ses journées à gérer les flux des matériaux de construction.

La capitale est loin d'ici, mais le trajet se fait facilement en train ou en avion. Les enfants et moi pouvons ainsi venir lui rendre visite tous les week-ends. Il dispose d'un petit appartement de fonction en périphérie de la ville.
– Par rapport à l'école, c'est un peu les vacances ici.

Il travaille huit heures par jour, à horaires fixes, et le périmètre de ses missions n'est pas extensible comme avant. Nous continuons néanmoins d'envisager un déménagement au Kazakhstan.

Je ne suis pas encore prête à tout laisser en plan ici. J'ai été nommée à un poste de direction, ma charge de travail a doublé, mais je ne veux pas admettre que rien ne changera jamais.

Quand nous venons passer le week-end à Urumqi, nous évitons de nous rendre dans le centre-ville, où les immeubles sont collés les uns aux autres, les voitures en surnombre et le bruit incessant. Il flotte dans les rues une odeur nauséabonde, rendue moins supportable encore par les cris des marchands ne sachant plus quoi inventer pour attirer le chaland. Il est difficile d'avancer sereinement avec les enfants dans cette marée humaine où tout le monde se bouscule.

Un épais nuage de pollution jette sur la ville un voile sombre que les rayons du soleil ne parviennent pas à percer. Au loin, les usines crachent leurs fumées. Urumqi détient un triste record : c'est la troisième agglomération la plus polluée de Chine. Par chance, l'appartement dans lequel loge Uali se trouve, tout comme son entreprise, un peu à l'extérieur de la ville.

– Regardez, encore des grands panneaux !

Depuis le taxi qui nous reconduit à l'aéroport, Ukilay pointe son index vers les portraits de Xi Jingping qui bordent la route. Depuis sa nomination au poste de secrétaire général du PCC en novembre 2012 et de président en mars 2013, des portraits et affiches de propagande ont fleuri partout – absolument partout. Leur style graphique rappelle volontairement celui de Mao et des années 1950 : « Quelle chance a le peuple ! » ; « La Chine doit sa force au Parti ! »

Depuis Pékin, ce dernier a annoncé des « mesures fortes contre le terrorisme ». Pour asseoir son pouvoir et son autorité, Xi Jingping invente et façonne des ennemis de la nation toujours plus menaçants. Les prisons se remplissent davantage encore.

À partir de 2014, la majorité des hôtels cinq-étoiles sont réservés aux Chinois, qu'importe si les autres citoyens ont aussi largement de quoi payer. Dans les gares, Chinois de souche et Chinois non issus du peuple han sont bientôt traités de manière différente. Les premiers évitent tout contrôle quand les autres, considérés comme suspects, doivent en passer plusieurs et parfois subir des interrogatoires de plus d'une heure. Je pense à l'apartheid en Afrique du Sud, à la ségrégation aux États-Unis.

Au début de cette même année, la vie se complique pour moi, à Aksu. Petit à petit, je me retrouve dépassée par la charge des travaux domestiques, quand mes missions professionnelles exigent sans cesse de nouvelles adaptations, une organisation et une coordination irréprochables. Je néglige mes propres enfants ! J'appelle mon mari et lui demande s'il veut bien revenir pour s'occuper davantage de Ukilay et Ulagat. Peu de temps après, le voici de retour à la maison.

Et nous préparons même joyeusement nos sacs pour partir en week-end à la campagne. Cela fait si longtemps...

Juillet 2014 : la source du bonheur

Nous aimons tout particulièrement nous rendre, avec d'autres familles, à la célèbre station thermale d'Akyaz, nichée dans une vallée encaissée au pied des montagnes de Tian Shan. C'est à quatre heures de route chez nous et pas très loin du village de mes parents. Notre peuple croit au pouvoir de guérison des eaux d'Akyaz. Les visiteurs peuvent loger dans des yourtes traditionnelles, entourés de chevaux. Les paysages y sont verdoyants en toute saison.

Sur les hauteurs, des nomades vivent selon leurs coutumes, auprès de leurs bêtes. Les eaux de la rivière reflètent tour à tour le bleu du ciel et le blanc des nuages. On croirait un tableau peint de la main de l'homme. C'est un paysage de conte de fées que les Chinois n'ont pas encore, à l'époque, totalement dévasté. Ils sont pourtant arrivés dans la région à la fin de l'année 1998 pour y creuser des mines d'or avant de faire d'Akyaz un lieu de détente pour hordes de touristes chinois – et nous faire payer, à nous, l'accès à *notre* station thermale. Il n'y a rien de plus humiliant.

Je prends une profonde inspiration et souris : je suis ici sur la terre de mes ancêtres. La dernière fois que nous sommes venus, nous avons observé la manière dont des ingénieurs chinois étudiaient le sol. Ma fille a voulu savoir ce qu'ils faisaient, mais nous n'avions pas de certitudes, juste des suppositions, et rien de réjouissant.

Depuis, ils sont nombreux à être venus fouiller les entrailles du fleuve à la recherche d'or, à y avoir déversé du mercure et d'autres poisons. Ils ont même dévié son cours, augmentant son débit, déchaînant sa foudre désormais toxique. Les gens et les animaux ont fui.

En 2015, les autorités ont fait du lieu une zone protégée, interdite d'accès. Je ne sais pas ce qu'est devenu notre lieu sacré depuis.

Non loin d'Urumqi, nous sommes conquis par la beauté d'un paysage de rêve lui aussi, dans les montagnes. Ces contrées sont, depuis des siècles, principalement peuplées de Kazakhs. Ce lieu magique, Ulanbai, les Chinois l'ont très vite convoité, pris d'assaut et transformé en repaire à touristes. Là aussi, on a promis aux habitants monts et merveilles, une vie plus belle et plus riche. Les paysans se sont facilement laissé duper et ont vendu leurs terres aux entrepreneurs pour une bouchée de pain – une pomme et un œuf, pour être exacte.

Ils n'ont compris que trop tard : l'avenir radieux, les emplois, ce n'était pas pour eux, mais avant tout pour les Chinois.

Mais aujourd'hui, les seigneurs du BTP chinois ont face à eux des Kazakhs urbains et diplômés. En 2014, la grogne monte entre ceux d'Urumqi et l'armée chinoise.

On trouve encore de nombreux articles et quelques vidéos montrant les Chinois en train de détruire des maisons, de s'en prendre aux femmes qui tentent de leur échapper. Nombre de nos compatriotes ont dû être conduits d'urgence à l'hôpital. À la suite de cette nouvelle répression sanglante, les relations se sont dégradées entre les gouvernements kazakh et chinois. C'est ce dernier qui a eu gain de cause : dans un système corrompu, tout s'achète, même la tranquillité.

Sans surprise, les médias contrôlés par Pékin ont résumé la situation de façon très objective : « Le gouvernement désire apporter la prospérité dans ce pays, mais des fauteurs de troubles cherchent par tous les moyens à l'en empêcher. »

Depuis des générations, les populations autochtones ont appris à étouffer leur douleur par peur des représailles. Comme nos grands-parents et nos parents avant nous, nous avons choisi le silence pour protéger nos enfants. De l'histoire du Turkestan oriental, de la politique menée sur nos terres depuis des décennies, ils ne savent presque rien. À la manière d'esclaves enchaînés, nous avons pris chaque coup qui nous a été porté comme une fatalité, une volonté du destin.

Nous n'avons jamais appris à penser par nous-mêmes, à exprimer ouvertement la moindre critique. La liberté de penser n'existe pas ici. Il n'y a aucun espace pour goûter à autre chose. Depuis l'enfance, nous devons évoluer dans un univers extrêmement restreint, celui d'une vérité imposée. Personne ne connaît plus le sens de l'autodétermination. Aucune chance ne nous est donnée de décider de notre destin. L'idée ne nous vient même pas à l'esprit.

Ces barrières et ces frontières, ils nous les ont fait intérioriser, tout comme la peur. Celle du PCC est que nous puissions un jour découvrir la vérité.

Notre identité comme notre territoire sont tourmentés. Que peut-on attendre, espérer, de ces personnes ? Le Parti a fait de nous des gens las et usés. Avec le recul, ma colère redouble. Nous avons déployé des efforts incommensurables pour faire ce qu'on nous demandait, pour pouvoir vivre en paix. Pour rien. Pour des vies gaspillées !

À l'époque, je n'ai pas conscience du joug que je supporte à longueur de temps. Il m'a fallu venir en Occident pour trouver le courage d'exprimer tout mon dégoût du Parti communiste chinois, pour prendre officiellement mes distances : « Je ne suis plus membre du Parti ! »

Quel soulagement ! Il m'a semblé être délestée d'un poids immense. Oui, comme si j'apprenais à voler.

Mais avant de pouvoir vivre cela, nous avons encore un dur chemin à parcourir.

Les trois plaies

La longue mèche que le gouvernement a tissée n'attend plus qu'une étincelle. Quand elle arrive, c'est tout notre territoire qui s'enflamme. Les manifestations et mouvements de protestation se succèdent. Rapidement, nous ne leur prêtons plus vraiment attention.

J'ai par exemple effacé de ma mémoire l'attaque au couteau par des hommes masqués dans une gare de Kunming en mars 2014, tout comme l'attentat perpétré sur un marché aux légumes d'Urumqi en avril de la même année. Selon les autorités, des terroristes ouïgours y auraient placé des charges explosives, tuant ainsi des dizaines de personnes et en blessant une centaine d'autres.

Les cadres du Parti nous expliquent que des fanatiques religieux basés à l'étranger ont poussé les Ouïgours à faire usage de la force. Ils nous promettent d'éteindre la flamme du terrorisme et mentionnent sans cesse les trois plaies: « le terrorisme, l'extrémisme et le séparatisme ». Les écrans de télévision sont inondés d'images montrant la toute-puissance du Parti, les entraînements antiterroristes, les assauts des forces de sécurité, les suspects traînés dehors pour ensuite être exécutés. Des documents datant de cette époque confirment l'existence, dès 2014, de camps d'internement à destination des ressortissants musulmans.

Pour éviter les questions dérangeantes de Ukilay et Ulagat, je mets les chaînes pour enfants. Notre fille est déjà au CM1. C'est une élève assidue. Pour mon fils, j'obtiens enfin une place dans l'un des cinq jardins d'enfants que je dirige. Cela me permet de garder un œil sur lui. Mes enfants me demandent souvent pourquoi ils n'ont pas le droit de parler le kazakh en cours. Je leur réponds que c'est le souhait de l'administration. Avec le temps, ils cessent de poser des questions.

Un soir, Uali et moi nous installons devant la télévision et sommes gagnés par l'effroi. La Chine vient de subir, pour la première fois, des attentats suicides et, dans ses discours, le président Xi Jingping alerte la nation: des terroristes formés en Syrie et en Afghanistan menacent à tout moment de perpétrer des attaques dans le Xinjiang.

Nous ne savons pas si notre province abrite réellement des terroristes actifs. Par manque de preuves, il est difficile de savoir qui se cache derrière ces attentats et s'il y a un quelconque lien avec l'étranger. Uali s'agace:

– Même si c'est avéré, je te garantis qu'il n'y a aucun Kazakh derrière tout ça!

Qui nous dira la vérité?

Nous savons que les nôtres ne partent pas se battre en Syrie ou en Afghanistan, ils se battent pour leur survie, ici.

Jusque-là, notre situation est sensiblement plus « confortable » que celle des Ouïgours dans d'autres régions. Chez nous, le chômage est moins élevé, la grande pauvreté moins répandue. Le gouvernement kazakh veille à entretenir avec nous de bonnes relations économiques. Mais le travail de sape du PCC ne tarde pas à commencer.

Nous n'accordons aucun crédit à la campagne de propagande au sujet des Ouïgours : nombre de nos amis, de nos anciens camarades d'université, de nos collègues et connaissances sont ouïgours. Nous sommes des peuples d'origine turque, nous formons une certaine unité culturelle. Notre langue, notre culture, notre architecture sont les mêmes. Les mariages « mixtes » sont fréquents et les Ouïgours sont, comme nous, travailleurs et aspirent tout simplement à une vie paisible. La population compte peut-être quelques éléments radicalisés, comme partout, mais cela n'autorise personne à stigmatiser tout un peuple, à faire de nous tous des terroristes.

Cette stratégie du gouvernement est tout, sauf intelligente. Ils tentent de nous monter les uns contre les autres, et toutes les occasions sont bonnes. Le PCC veille aussi à alimenter le sentiment de méfiance des Chinois à notre égard. Toute personne un minimum informée peut facilement deviner les intentions des autorités. Les Ouïgours ne sont que des pions dont ils se servent pour réussir leur prochain coup. Dans une nouvelle campagne de propagande télévisée, Xi Jingping annonce la couleur : « Le peuple du Xinjiang doit s'attendre à vivre une période douloureuse » durant laquelle le gouvernement se montrera « sans pitié ». Quoi de mieux pour affoler et intimider tout un peuple ?

Mais comment aurions-nous pu imaginer le scénario qui va suivre ? Même le plus créatif des théoriciens de l'horreur n'aurait pu imaginer ce qui nous attend, surtout à une telle échelle. Bientôt va naître le plus vaste État policier au monde, alimenté par le Big Data, cette masse de données disponibles sur chaque individu, et porté par les technologies du XXIe siècle.

Passeport, s'il vous plaît

Les administrations nous annoncent que tous les fonctionnaires doivent se séparer de leur passeport. Inquiets, nous demandons des explications :
– Oh, il s'agit juste d'une modernisation de notre système. Nous avons besoin de réenregistrer toutes les données, ça nous facilitera le travail par la suite. Ce n'est rien de bien méchant, mais nous devons le faire.

Les autorités tentent de rassurer les plus récalcitrants, en promettant que les passeports seront rendus dans la foulée.

Nous sommes nombreux, parmi mes compatriotes, à craindre le pire. Veulent-ils nous empêcher de passer la frontière ? Nous enfermer dans notre propre pays ? Nous posons des questions, on ne nous donne aucune réponse satisfaisante. Nous essayons alors de passer discrètement notre tour, mais une échéance est fixée. Fin avril, chacun doit avoir obtempéré, sous peine de sanction.

Uali n'est plus en fonction, aussi est-il autorisé à garder son passeport. La boule au ventre, je me résous à rendre le mien. Pour une fois, la mesure concerne tout le monde, Chinois compris. Mais, une fois dans la file d'attente, je constate qu'on leur rend immédiatement leurs papiers, alors que les nôtres sont conservés.

Le soir, Uali et moi sommes allongés face à face :
– J'espère que je vais vite récupérer mon passeport.

Mon mari tente de me rassurer et, d'un geste délicat, écarte une mèche de cheveux posée sur ma joue. Le ton de sa voix me fait penser que lui aussi est inquiet.
— Il est temps de dormir.

Il ne fait aucun doute que les agents aux frontières ont reçu l'ordre de ne plus laisser passer de fonctionnaires sans autorisation spéciale. Même avec mon passeport, je n'aurais pas été autorisée à me rendre au Kazakhstan.

Le gouvernement cherche à empêcher les gens comme moi de parler, de divulguer des informations secrètes ou de témoigner à l'étranger de la répression dont souffrent les minorités au Xinjiang. Les dirigeants craignent plus que tout qu'on entache la réputation du pays, que la Chine ait mauvaise presse. Rien ne doit freiner la croissance du pays, sa course au profit et son accession au rang de plus grande puissance mondiale. Le magazine officiel du Parti exige de ses membres influents des prises de parole internationales bien ficelées et toujours dithyrambiques sur le pays.

Mon mari et moi ne voulons pas vivre un jour de plus dans cette vaste prison à ciel ouvert. Nous sommes désormais décidés à partir vivre au Kazakhstan. Des mois durant, je me bats pour récupérer mon passeport, expliquant à l'administration que je désire rendre visite à ma famille pour un court séjour et que nous serons très vite de retour.

On me sert à chaque fois une nouvelle excuse.

L'heure des aurevoirs

Des coups nous sont sans cesse portés. Ce que nous subissions occasionnellement devient notre lot quotidien. Désormais, chaque seconde compte. Un soir, Uali et moi discutons dans le jardin, sous l'un des pommiers. Je lui prends la main :

– Nos enfants n'ont plus d'avenir dans leur pays. Fais tout ce que tu peux pour obtenir vos passeports dès que possible. Vous devez fuir au Kazakhstan. Sinon, à la vitesse où vont les choses, vous serez bientôt coincés ici, comme moi.

Mon mari et mes enfants passent avant moi.

Uali déglutit péniblement, sa pomme d'Adam ressort sur son cou amaigri. Il demeure silencieux pendant un long moment.

– Oui, tu as peut-être raison. Il faut que je parte dès que possible avec les enfants.

Tenant ses mains dans les miennes, je l'implore du regard et lui promets :

– Je vous rejoins dès qu'ils me rendent mon passeport.

Je m'accroche à cette pensée, je m'y accrocherai longtemps pour ne pas sombrer.

Le lendemain, Uali se tourne vers l'administration compétente pour annoncer un voyage de deux mois au Kazakhstan. Il explique qu'il va rendre visite à de la famille. Au même moment, un fonctionnaire m'annonce que je devrai encore attendre pour récupérer mon passeport :

– Pour l'instant, il est compliqué pour moi de t'obtenir une autorisation de sortie du territoire. Laisse partir les trois autres membres de ta famille. Tu pourras ensuite les rejoindre pour quelques jours.

Cela représente un vrai risque, mais nous mettons tout de même les enfants dans la confidence. Ils vont quitter leur pays, pour toujours.

– Il fait bon vivre au Kazakhstan. Vous aurez le droit d'y parler votre langue maternelle.

Nous n'avons aucune envie de mentir à Ukilay et Ulagat.

Uali trouvera un appartement à louer dans la capitale, cherchera un travail et inscrira les enfants à l'école.

En juillet 2016, tout est prêt, les valises sont bouclées. Pour les longues distances, seule la personne détentrice des papiers du véhicule est autorisée à conduire. Je me mets donc au volant et roule pendant huit heures en direction du poste-frontière de Khorgos. Le trajet sur l'autoroute se passe sans encombre : les contrôles ne se font qu'à l'entrée et à la sortie de la ville. Aujourd'hui, les visages des automobilistes sont scannés à intervalles réguliers, il n'est plus possible d'aller bien loin.

L'imposante silhouette du poste-frontière apparaît devant nous. On croirait un aéroport. Je me gare sur le parking qui borde le bâtiment. Uali et moi descendons de voiture sans mot dire, nous enlaçons brièvement et nous comportons comme s'il s'agissait d'une scène totalement anodine. La séparation est une épreuve pour Ukilay et Ulagat, qui restent vissés sur la banquette arrière et pleurent toutes les larmes de leur petit corps.

Je dois me retenir pour ne pas en faire de même. Je me racle la gorge, toussote, comme si je cherchais à me libérer d'un chat dans la gorge. Je dois cacher mon insondable chagrin de mère, ma peur aussi. Ma voix tremble et flanche au moment de les faire sortir.

– Allez, il est l'heure. Je vous rejoins bientôt.

La détresse de mes enfants redouble d'intensité. Je rassemble le peu de forces qu'il me reste pour les motiver :

– Je ne vous abandonne pas ! Vous êtes ce que j'ai de plus précieux au monde.

Ils savent que c'est l'exacte vérité et acceptent enfin de nous suivre. Dans le vaste hall bondé, patrouillent des hommes et des femmes en uniforme ; partout, des caméras de surveillance. Comme dans un aéroport, il est impossible de passer la sécurité sans présenter des papiers valides. Ma main est moite quand Uali la saisit. Le regard embué, il me parle tout bas :

– Le plus important, c'est que tu fasses tout ce qui est en ton pouvoir pour récupérer ton passeport le plus tôt possible. Ne cherche pas à sauver nos économies. Ce que nous possédons ici n'a aucune importance. Laisse tout sur place.

Lui comme moi craignons cependant le pire. Nous voulons croire à un avenir meilleur, mais savons qu'une fin de non-recevoir m'attend sûrement.

Nous détacher l'un de l'autre est une véritable épreuve, il faut malgré tout faire bonne figure devant les enfants. L'heure passe, il est temps.

Tenant un enfant dans chaque main, Uali passe le contrôle. Ukilay et Ulagat ne cessent de se retourner vers moi, trébuchant à tour de rôle. Je leur envoie un dernier signe de la main, un bisou avant de les perdre de vue. La foule les avale.

Je retourne à la voiture et fais le chemin en sens inverse. Je me gare devant ce qui fut notre « chez-nous », coupe le moteur, pousse la porte de la maison vide et m'écroule sur le sol comme un tas de chiffons. Des cris sortent de ma bouche, des larmes coulent sur mes joues. J'ai tout perdu ! Je n'ai plus rien.

Après un long moment, je me redresse péniblement, jusqu'à ce que ma voix se perde en sanglots. Puis le silence.

Je reste ainsi immobile, paralysée.

« Papa, pardonne-moi d'être si faible... »

CHAPITRE 4

PIRE QU'À L'ASILE, LE PLUS GRAND ÉTAT POLICIER DU MONDE

Un tyran venu du Tibet

En août 2016, le Président nomme un nouveau secrétaire du Parti détaché au Turkestan oriental : Chen Quanguo. Durant sept ans, cet homme s'est appliqué à écraser la culture et le mode de vie des Tibétains. Ses antécédents sont connus de tous. Partout, des témoins ont raconté comment sa « politique inhumaine » a poussé de nombreux moines bouddhistes à s'immoler par le feu.

La nouvelle se répand comme une traînée de poudre à Aksu : « Ce meurtrier arrive chez nous ! » Autour de moi, tous se lamentent : « Qu'allons-nous devenir ? » La peur nous tord les tripes.

La propagande du Parti ne tarde pas à suivre, annonçant tambour battant que « cet homme est un maître de l'organisation et un meneur sans pareil. En très peu de temps, il a sorti le Tibet de sa misère pour en faire un pays prospère. Sa venue au Xinjiang annonce le même essor économique pour vous ! »

Le gouvernement cherche par tous les moyens à présenter ce tortionnaire sous les traits d'un homme providentiel, ce qui n'a pour effet que de réveiller les pires craintes en nous. Nous avons bien appris la leçon : la vérité se situe toujours à l'exact opposé de ce qu'affiche le Parti.

Quand nous apprenons les premières mesures mises en place par Chen Quanguo, le sang se glace dans nos veines : « Tout le monde doit rendre son passeport, enfants et personnes âgées compris. » Je vois se volatiliser le peu d'espoir que je gardais précieusement en moi : « Me voilà coincée ici pour toujours. »

Dans les rues, sont installés des postes de contrôle, il en pousse un tous les cinquante ou cent mètres, bunkers de béton miniatures. Des policiers à tous les coins de rue, des agents en uniforme noir, bleu et or qui arrêtent les passants et demandent à voir leurs papiers. Il est inutile de les ranger, il faudra les produire de nouveau quelques minutes plus tard.

Pour parcourir cent mètres, il faut bientôt prévoir une heure.

Et puis, un jour, on demande aux habitants de se soumettre à des examens médicaux. Qui s'y oppose termine au poste de police.

Sans comprendre ce qui nous arrive, nous regardons le personnel médical prélever notre sang : dépistage du VIH et autres analyses sont au programme. Nous devons ensuite nous rendre au commissariat pour subir un scan oculaire et apprenons que toutes nos données médicales ont été transmises à la police.

« La troisième génération de papiers d'identité arrive sous peu. Il nous faut des informations à jour ! »

Ils sortent la caméra et filment brièvement chacun d'entre nous. « Souris, prends un air triste, regarde à gauche, à droite. Dès qu'on a fini, tu passeras à l'échantillonnage vocal. » Qui a besoin de faire enregistrer sa voix pour obtenir ses papiers ? Ils insistent : « C'est pour votre propre sécurité ! » Chacun tente de se rassurer en trouvant une explication plausible à toute cette histoire : « S'ils utilisent des technologies de pointe, c'est logique qu'ils recueillent un maximum de données sur les gens. »

Bientôt, l'État est en mesure de pister le moindre mouvement de chacun des habitants. Durant cette période, la question du trafic d'organes revient sans cesse et réveille nos pires angoisses. À Kuytun, des gens ont découvert, sous un pont, les cadavres de deux enfants chinois du Dongan. Corps mutilés, organes arrachés. Des vidéos montrant les parents en pleurs, affolés, détruits, font rapidement le tour des forums en ligne... puis disparaissent brutalement des écrans. Leur témoignage semble ne jamais avoir existé. Au même moment, à Urumqi, des passants tombent sur les corps amputés de deux étudiantes, une Kazakhe et une Ouïgoure. Là non plus, les meurtriers n'ont même pas cherché à effacer les traces de leur crime.

Qui sommes-nous pour le Parti communiste chinois ? C'est une question que personne n'ose poser tout haut – une question sans réponse. Je m'efforce de garder un air impassible tandis que des employés zélés installent des caméras dans nos jardins d'enfants, y compris dans les salles de jeu. Comment interpréter leur intervention ?

Les boutiques et tailleurs kazakhs, qui n'ont jamais que vendu ou confectionné, en toute légalité, des vêtements traditionnels, sont soumis à des fermetures administratives. Leurs stocks sont saisis par la police, leurs propriétaires traînés devant les tribunaux et jetés en prison, leurs employés envoyés dans les camps.

Les « centres de rééducation »

Il est 19h, je n'ai pas encore eu le temps d'ôter mes chaussures que la sonnerie du téléphone retentit.

– Dans deux heures, tu dois être à Zhaosu pour une réunion secrète, m'annonce un membre du Parti, sans m'en dire davantage.

Je me recoiffe et me mets aussitôt en route.

À 21h, je me tiens devant un bâtiment du comité local, aux côtés de cent quatre-vingts autres fonctionnaires importants, tous musulmans. Dans le froid, nous nous saluons et nous présentons les uns aux autres. Je me renseigne à chaque fois : « Et d'où venez-vous ? » La température est glaciale. Nous sommes tous des directeurs d'hôpitaux ou responsables éducatifs, venus des environs aussi vite que nous l'avons pu. Personne ne sait ce qui nous attend.

Cette réunion a dû se tenir en novembre 2016, d'après mes souvenirs de la météo. Il m'est toutefois impossible de dire à quelle date exactement. Avant, j'étais capable de mémoriser des séries entières de chiffres, des numéros de téléphone, des références en tous genres. Le camp d'internement a transformé mon cerveau en passoire, mon esprit est saturé d'atrocités, il ne peut plus rien enregistrer. Remettre de l'ordre dans mes pensées me demande un effort, j'oublie des choses, je me contredis malgré moi.

Les portes du bâtiment s'ouvrent enfin. Nous devons déposer nos téléphones portables et nos sacs à l'entrée. On nous conduit ensuite dans une salle où ont été disposées des rangées de chaises. Sur l'estrade se tiennent cinq ou six gradés des services de sécurité, tous en uniforme, ainsi que des cadres du Parti. La soirée s'articule autour d'un thème central : « Comment assurer la stabilité au Xinjiang ? » En découle une seconde question : « Comment combattre au mieux les extrémismes religieux ? »

Parmi les responsables se trouve une Chinoise d'une laideur sans égale, Yang Tianhua, qui s'adresse à nous sur un ton méprisant. Cette femme de taille moyenne, avec une longue tresse jusqu'au bas du dos, dirige les services généraux de formation.

– Nous allons exterminer tous les autochtones dont la tête est polluée par des idées nauséabondes et perfides.

Mon agacement et mon agitation grimpent en flèche. Je regarde autour de moi, mais n'observe que des visages concentrés, soumis.

Yang Tianhua porte la tenue officielle des hauts fonctionnaires : chemise, veste et pantalon bleus. Sur sa poitrine est épinglé l'insigne métallique du Parti, un petit drapeau rouge surmonté d'une faucille et d'un marteau dorés. Depuis quelques années, les enseignants et directeurs d'école comme moi doivent s'accoutrer de la sorte, non plus seulement lors de cérémonies officielles, mais tous les jours.

Vers la fin de la « réunion », les cadres du Parti nous informent très posément du sort qui attend les séparatistes musulmans : une « déradicalisation ». Ils annoncent l'ouverture prochaine de « centres de rééducation », condition nécessaire selon eux à un retour au « calme ».

L'idée semble tellement monstrueuse qu'il nous faut un moment avant de comprendre. Si on ne nous donne aucun chiffre, aucune information sur la taille des camps, on nous explique que cela va se dérouler à grande échelle. Dans la salle, les « invités » marchent sur des braises, ne sachant plus comment réagir.

C'est la première fois que l'existence de ces camps est révélée. L'homme en charge de cette annonce tient dans la main une série de documents, mais ne nous livre que des informations partielles : il a de toute évidence « omis » certains détails. Aux questions qui ne manquent pas de suivre, il n'apporte que des réponses évasives.

Quelque chose cloche. Un murmure angoissé parcourt la salle.

Les mains se lèvent, les interrogations se multiplient :

– Nous ne sommes pas sûrs de bien comprendre ? À quoi ressembleront ces centres de rééducation ?

Un officier de l'armée, geste rassurant à l'appui, s'avance sur l'estrade :

– Ne vous faites aucun souci. Cela ne concerne en aucun cas des personnes respectables telles que vous. On parle ici de quelques mesures simples visant à aider un petit nombre d'autochtones à se reconvertir. Il s'agit de centres de formation tout ce qu'il y a de plus classique.

Il est presque minuit lorsqu'on nous libère, non sans nous avoir rappelé le caractère hautement confidentiel de ces échanges. Cette petite escapade nocturne ne doit faire l'objet d'aucune conversation. Les fois suivantes, car il y en aura, il nous sera toujours interdit de garder notre téléphone ou notre sac à main avec nous. « Les messages, vidéo, enregistrements vocaux ou photos sont interdits ! »

Je rentre chez moi à 2h du matin, dans une obscurité totale. Je n'ai personne à qui me confier sur les mauvaises nouvelles que je viens d'entendre.

Visites inopinées

Après cette première réunion, d'autres suivent, toujours animées par de hauts représentants du Parti. Elles se tiennent parfois à l'Hôtel de ville, le reste du temps dans les bureaux des administrations en charge du « projet ».

Un jour, on nous oriente sur un tout autre sujet : la politique de l'enfant unique. Tous les directeurs et directrices d'établissements scolaires sont tenus de dénoncer leurs collègues qui auraient contrevenu à la règle depuis sa mise en place en 1980. Leur « désobéissance » a déjà fait l'objet de sanctions, nous ne comprenons pas le sens de cette demande. Pourquoi tout recommencer en cette année 2016 ?

Chaque mesure aberrante est suivie d'une autre tout aussi absurde. En tant que directrice, je suis sommée de contrôler les appartements des cent personnes que j'ai sous ma responsabilité. Pour chaque logement ainsi fouillé, je dois remplir un formulaire composé de plusieurs rubriques et tout détailler : « Avez-vous vu des objets religieux tels que tapis de prière, articles venus du Kazakhstan ou de Turquie ? » Je dois ensuite, accompagnée d'un collègue, parcourir les bibliothèques personnelles des employés et vérifier un par un les titres des ouvrages. Bien entendu, ces contrôles sont inopinés. Tout ce qui vient de l'étranger est suspect, pouvant bien entendu trahir une activité terroriste.

Cela me brise le cœur, mais je dois dénoncer le moindre bibelot évoquant notre culture, qu'il s'agisse de nos décorations murales, des glands multicolores que nous accrochons aux rideaux ou des petits couteaux à manche doré que certains gardent en pendentif. Je m'efforce d'être le plus souvent possible présente lors des visites, afin que mes compatriotes ne soient pas dépossédés de biens qui leur sont chers, mais aussi pour leur éviter le pire.

Je leur suggère de se débarrasser eux-mêmes de certaines choses pour prévenir tout risque. Nous devons même retourner les tapis pour en vérifier la provenance :

– Mieux vaut que tu retires l'étiquette, comme ça, on ne sait pas qu'il vient de l'étranger.

Je ne crains pas d'être dénoncée par mes collègues pour les avoir ainsi avertis. La plupart me connaissent depuis des années, savent que je suis droite, juste, et ne leur veux aucun mal, bien au contraire.

Nous, Kazakhs de confession musulmane, sommes encore en majorité dans les administrations de la région : cette mesure nous touche de plein fouet.

Lorsque je dois effectuer ma ronde avec un collègue chinois, je veille à prévenir mes compatriotes afin de limiter le danger lors de notre visite. Nous nous contentons alors de remplir le formulaire et de prendre des photos.

Lignes coupées

« Les terroristes musulmans veulent mettre le Xinjiang à feu et à sang », nous répète-t-on inlassablement à la radio, à la télévision et au travail. Sur notre territoire, le feu et le sang sont pourtant l'œuvre de Pékin et des cadres du Parti.

Nos vies semblent sur le point d'exploser, un volcan sourd gronde autour de nous et les disparitions inquiétantes se multiplient. Dans mon voisinage, la police mène son action discrètement, des gens que je connais sont arrêtés et personne ne revient jamais. On ne voit bientôt presque plus de jeunes hommes dans les rues.

Que se passe-t-il ?

Le sucre est ensuite rationné : c'est en effet l'un des ingrédients nécessaires à la fabrication d'une bombe artisanale, tout le monde le sait. Par chance, il ne s'agit pas d'une denrée de base pour nous, Kazakhs.

Puis notre consommation d'électricité est étudiée à la loupe. Si elle est élevée, c'est forcément un indice : « Ils trament quelque chose, dans ce foyer ! »

Désormais, nous sommes tous considérés comme des terroristes en puissance, notre place est derrière les barreaux. Dans les écoles et les jardins d'enfants, des ouvriers se succèdent pour installer des barbelés, puis des miradors et des clôtures infranchissables. Nos lieux de travail sont transformés en quartiers de haute sécurité, les portes des bâtiments sont blindées à l'acier, des caméras nous épient à longueur de journée.

Depuis la fenêtre de mon bureau, j'observe la cour en contrebas. À leur arrivée, mes collègues doivent présenter leurs papiers avant même de se garer. Chaque jour, c'est la même mascarade, présenter ses papiers, réciter sa leçon : « Je déclare sur l'honneur travailler ici. » Il leur faut maintenant arriver avec trente minutes d'avance.

Seules les conversations téléphoniques avec Uali et les enfants m'apportent un peu de joie. Presque tous les soirs, nous échangeons sur WeChat, l'équivalent chinois de WhatsApp.

– Tu manques cruellement aux enfants. Le petit pleure et te réclame sans arrêt. Ils veulent savoir quand tu viendras.

Je demande à parler à Ukilay et Ulagat, l'un après l'autre.

– J'aurai bientôt mon passeport, je pourrai alors vous rejoindre.

Je m'efforce de paraître souriante et sûre de moi.

Plus tard, Uali évoque la température glaciale qu'il fait à Astana :
– -40°C ! Les enfants ne tiendront pas, déjà à cause du temps, mais aussi parce qu'ils se sentent trop loin de toi. On va déménager à Almaty.
La ville est plus proche de la frontière avec le Turkestan oriental et le climat y est plus clément. J'entends les plaintes des enfants derrière lui :
– Maman, quand est-ce que tu viens ? C'est trop long sans toi.
Uali tente de les apaiser :
– Dès que nous habiterons près de la frontière, votre maman pourra nous rejoindre en quelques heures.
Mais je perçois bien la tension dans sa voix.
– Sayragul, dis-leur que c'est la vérité...
Je m'exécute, Ukilay et Ulagat semblent soulagés. Uali en profite pour s'éloigner et s'isoler dans l'autre pièce. Sa voix tremble :
– Je t'en supplie, arrange-toi pour récupérer ton passeport dès que possible et viens passer les fêtes avec nous en janvier.
Je promets d'essayer.
C'était notre dernier échange.
Toutes les lignes entre la Chine et le Kazakhstan ont été coupées depuis. Plus de téléphone, plus de connexion Internet, plus de WeChat : à partir de novembre 2016, les autorités empêchent toute communication vers le pays voisin. Et gare à celui qui essaie quand même.
Les applications concernées doivent être désinstallées sur-le-champ, on nous promet sinon des mesures disciplinaires bien plus sévères.
Peu après, on nous force à remettre nos ordinateurs et téléphones aux services de sécurité, afin que leurs contenus y soient passés au peigne fin. Je dois m'y

résoudre, mais mon regard refuse de se détacher des trois mots affichés sur l'écran de mon téléphone : « Tu nous manques... »
Le tout dernier message de Uali et des enfants.
Je dois l'effacer.
Le lendemain, je dois renseigner, dans un formulaire distribué par l'administration, l'ensemble de mes informations client, logiciels et applications installés sur mon ordinateur et mon téléphone. Cela ne leur suffit pas : « Combien de personnes vivent au sein de votre foyer ? Des animaux domestiques ? Du bétail ? Combien d'appareils électroniques détenez-vous ? » Une fois la feuille dûment complétée, je la remets à un fonctionnaire chinois, qui, radieux, m'informe :
– À partir de maintenant, nous pouvons prendre le contrôle de tous les téléphones et ordinateurs, fixes ou portables, de la population du Xinjiang, et vérifier leur contenu !
Il jubile, je le vois, de se savoir ainsi détenteur des pleins pouvoirs.
Ce n'est qu'une fois arrivée en Occident que j'ai appris l'installation de programmes espions sur nos téléphones portables, Fengcai par exemple (qui signifie littéralement « abeilles collecteuses »). Nos données les plus personnelles sont aspirées, catégorisées : messages, contacts, agenda, photos, vidéos, avec une recherche automatique par mots-clés tels que « Taïwan » ou « islam », qui déclenche une alerte au sein du service de sécurité compétent.
Toute personne qui se rend au Xinjiang se retrouve aussi, et à son insu, avec ce mouchard installé dans son téléphone.

Chaque jour en arrivant au travail, je m'éteins davantage au moment de montrer mes papiers à l'agent de sécurité. Qui suis-je à ses yeux ? La directrice du jardin d'enfants, une espionne, une traîtresse ?

À partir de janvier 2017, la police multiplie les arrestations d'habitants ayant de la famille ou des amis à l'étranger. Avec un mari et deux enfants au Kazakhstan, je fais partie des « éléments suspects ».

Si je devais être arrêtée parce que mon mari est un « espion », les policiers me prendraient mon téléphone, y récupéraient les numéros de ma mère, de mes sœurs, de mes frères, et eux aussi seraient tenus pour responsables. Pour ne pas mettre mes proches en danger inutilement, j'évite, dans la mesure du possible, tout contact avec eux. Je n'ose plus appeler ma mère pour prendre de leurs nouvelles à tous.

Un profond sentiment de solitude et d'isolement s'est immiscé dans nos vies.

Rééducation politique

Nos vies sont bouleversées, mises à sac. Après avoir confisqué les passeports des peuples du Turkestan oriental, les autorités décident de remplacer tous les noms musulmans ou à vague consonance religieuse, par d'autres, plus « simples », le plus souvent chinois. « Hussein ! Ton prénom est désormais Wu ! »

Et après le nom, l'apparence : les hommes de confession musulmane qui, jusque-là, portaient tous la barbe, doivent la raser s'ils ne veulent pas finir derrière les barreaux. L'un de mes voisins, qui a soixante-dix ans, se rebelle discrètement en refusant cette nouvelle règle. Immédiatement, des membres du Parti débarquent chez lui, et après lui avoir noué les mains dans le dos, rasent sa barbe avec une brutalité éhontée. Le vieil homme les interpelle :

Condamnée à l'exil

– Que faites-vous donc ? Vous me coupez la barbe, mais ne savez-vous pas qu'elle va repousser ?
Ces paroles vont lui valoir sept années de camp.
De nos vies sociales, il ne reste presque rien. Plus personne n'ose aborder un ami, une connaissance dans la rue. Le temps des grandes tablées au restaurant ou d'un café entre copains est révolu.

Qui trouve encore le courage d'organiser un mariage traditionnel en grand comité doit au préalable fournir la liste de tous les invités ainsi que les noms des organisateurs.

Les caméras sont partout, les rues grouillent de policiers, les salons de thé sont vides. Avant de se retrouver entre amis, il faut demander l'autorisation à la police ou à l'administration compétente. Il faut attendre des jours avant d'obtenir une réponse, généralement lapidaire : « L'événement devra prendre fin à 21h30. » Quiconque veut inviter des gens au restaurant doit donner son nom et se porter garant de tous, puis se soumettre à un interrogatoire au commissariat une fois la date passée : « Pourquoi as-tu organisé ce repas ? » Personne ne veut risquer sa peau pour un déjeuner. Seules les rencontres fortuites sont admises, on peut alors manger à deux ou trois, pas plus, au restaurant. Comment, dans un tel contexte, avoir encore envie de sortir ? Les habitants sont nombreux à rester cloîtrés chez eux, haïssant en silence l'État et ses mesures tyranniques.

Les voitures de police patrouillent jour et nuit dans les rues, avec gyrophare et sirène. En continu. Et que personne n'ose émettre la moindre plainte !

Sans sommation, les autorités arrêtent les Kazakhs, Ouïgours et ressortissants d'autres ethnies. Quelques-uns sont arrachés du lit en pleine nuit, d'autres reçoivent une notification écrite les informant qu'un séjour en « camp de rééducation » les attend. Certains se pendent chez eux avant que les hommes en uniforme viennent les chercher. Des enfants se retrouvent sans aucun adulte autour d'eux : le PCC les envoie à l'orphelinat. D'autres meurent dans la rue. Pendant ce temps, le Parti se félicite haut et fort du succès des « centres de rééducation ». Les habitants du Xinjiang en ressortent « qualifiés », aptes à poursuivre leurs études ou à trouver un nouveau poste. Pourquoi alors la police intervient-elle de nuit ? Pourquoi passe-t-on les menottes à ces gens ? Est-ce ainsi qu'on compte les éduquer ? Tout le monde sait qu'il s'agit d'endroits où hommes et femmes sont torturés et exécutés. Les contrôleurs chinois, en uniforme jaune, s'en amusent ouvertement :

– Tu ne peux pas t'amuser à arracher les mauvaises herbes une par une. Il faut utiliser des produits chimiques et traiter tout le jardin !

Chacun de nous vit dans la peur du jour où les hommes armés arriveront pour l'embarquer.

Comme tout le monde autour de moi, je me suis préparée. En cas d'arrestation, j'attraperai le sac dans lequel j'ai mis une paire de chaussures, une chemise de nuit, une brosse à dents et une tenue de rechange. Il est accroché au mur derrière ma porte d'entrée, pour que je puisse le prendre facilement le moment venu.

Quand je repense à ces heures sombres, me viennent en tête des images de la Seconde Guerre mondiale, les soldats abattant les citoyens comme des chiens. Moins d'un siècle plus tard, les méthodes ont changé, on nous torture l'âme (dans le meilleur des cas) du matin au soir, du soir au matin. Le gouvernement mène une guerre bien singulière contre un peuple tout entier. Il n'a fallu que quelques mois pour que notre vie devienne un enfer, pour que le sentiment d'exister disparaisse. Aujourd'hui encore, ils nous tuent à petit feu.

Le reste du monde détourne le regard

Quelque part au milieu de ce chaos, une délégation de fonctionnaires du Xinjiang est invitée à Pékin. Il est convenu que les frontières du Turkestan oriental seront totalement fermées dès 2020. La région sera hermétique, plus personne n'en sortira, plus personne ne pourra y entrer sans raison « valable ». En d'autres termes, la population sera bouclée à double tour.

L'un des membres du comité détaché à Pékin fait fuiter l'information, qui se retrouve sans tarder sur Internet. Une voix kazakhe annonce : « Nous avons appris que le Xinjiang allait être cadenassé. » La tête me tourne et, n'ayant plus personne à qui m'adresser, je me parle à moi-même : « C'est comme en Corée du Nord ! »

Le lendemain, les habitants reçoivent la même déclaration, mais cette fois-ci barrée d'un grand X rouge vif, signe que le gouvernement est passé par là et tient absolument à faire un démenti. C'est même écrit en gros et chacun est contraint de partager l'information « rectifiée » sur les réseaux sociaux. Ceux qui n'étaient pas au courant apprennent ainsi la nouvelle ! Le Parti obtient l'effet inverse de celui escompté. Personne ne croit plus à ses mensonges.

Notre avenir sera pire encore que la situation actuelle.

Une association appelée Atajurt voit à son tour ses contenus barrés de rouge. Les autorités nous mettent en garde : ces gens œuvrent contre la Chine depuis le pays voisin. Tout contact avec eux vaut une incarcération. Grâce à cette publicité gratuite, Atajurt se fait connaître parmi la population kazakhe du Turkestan oriental. Nous apprenons qu'elle appelle à témoigner tous ceux ayant fui la Chine. L'association consigne toutes les atteintes aux droits humains commises dans notre région par le gouvernement.

Mais si la Chine fait du Xinjiang un cachot à ciel ouvert, qui pourra encore témoigner des crimes perpétrés sur notre sol ? Le PCC va-t-il se débarrasser de toutes les minorités, de tous ceux qui ne pensent pas comme lui ?

Je suis abattue, je ne vois plus d'espoir. « Qui autorise Pékin à nous emprisonner ainsi, à nous torturer, à nous tuer ? Personne ne va donc intervenir ? Aucune nation pour dire stop ? Comment ces arrestations peuvent-elles se poursuivre jour après jour sans que quiconque ne s'en inquiète sur cette planète ? Pourquoi ce silence de la part des organisations internationales ? »

Autant de questions sans réponse qui me plongent dans une nuit sans fin.

Si le monde entier continue ainsi à détourner le regard, Pékin va tuer des millions de personnes impunément. Un génocide. Tout un peuple rayé de la carte du monde.

Et un soir, ma porte d'entrée est enfoncée...

CHAPITRE 5
EMPRISE TOTALE : INTERROGATOIRES ET VIOLS

Janvier 2017 : premier interrogatoire

Il est 20h quand je rentre à la maison après avoir fait ma ronde dans les cinq jardins d'enfants que je dirige. Je m'apprête à dîner quand j'entends qu'on s'agite devant ma maison. Des bruits de pas approchent. L'instant d'après, trois policiers chinois armés me bloquent le passage. La tête me tourne, je n'arrive plus à penser. J'ai peur : « Ils vont m'enfermer ! » L'un des hommes me prend par le bras :

– Tu nous suis, maintenant !

D'une voix à peine audible, je demande où ils me conduisent.

– Tu n'as pas besoin de le savoir. Allez, bouge !

Son collègue m'arrache mon portable des mains et le tend au troisième. Je n'ai plus le temps de me retourner. Je suis encore en tenue de travail, un uniforme bleu fourni par le Parti. Ils m'interdisent d'enfiler une veste ou de prendre le sac suspendu dans l'entrée, que j'avais préparé en cas d'urgence. L'obscurité s'abat soudain sur moi : ils viennent de m'enfoncer un sac noir sur la tête.

Ils me poussent sans ménagement sur la banquette arrière de leur véhicule, et je me retrouve coincée entre deux policiers tandis que le troisième démarre. Mon sang se glace dans mes veines : « Est-ce la fin pour moi ? Vais-je croupir en cellule pour toujours, loin de mes enfants et de mon mari ? Que me veulent-ils ? Qu'ai-je bien pu faire ? » Le trajet dure à peu près une heure.

Lorsqu'ils retirent enfin le sac sous lequel j'étouffais, je me trouve dans une petite salle d'interrogatoire. Où suis-je ? Dans un bâtiment appartenant aux services secrets ? Je n'en ai pas la moindre idée. Une grande vitre divise la pièce. De l'autre côté ont pris place deux policiers chinois, un homme et une femme. Il pose les questions, elle note les réponses. Je dois parler dans un micro équipé d'un bouton.

Ils m'abrutissent de questions en rafales :

– Pourquoi ton mari et tes enfants sont-ils partis au Kazakhstan ? Où habitent-ils ? Ils font quoi là-bas ?

Si j'hésite quelques secondes avant de répondre, la femme me relance :

– Pourquoi tu ne réponds pas ? Que fomentes-tu ainsi en silence ? Es-tu une ennemie de la nation ?

Encore ces reproches, toujours les mêmes. Leurs voix se font plus martiales :

– Pour quelle raison les membres de ta famille sont-ils partis là-bas ?

Je pèse chacun de mes mots, chaque réponse revient à marcher sur un champ de mines.

– Ils avaient juste envie d'aller au Kazakhstan voir de la famille. Nous avons beaucoup de proches sur place. L'endroit a tellement plu à mes enfants qu'ils ont décidé d'y rester et d'aller à l'école là-bas.

Je donne invariablement les mêmes réponses, ils cherchent donc d'autres angles d'attaque pour me pousser à un quelconque aveu.
– Le système éducatif chinois ne te convient pas ? As-tu des critiques à émettre ? Est-ce pour cette raison que tu as envoyé tes enfants à l'école dans un autre pays ?
Je me redresse :
– Non, non, pas du tout.
Je me sens comme un poisson pris dans une nasse. Je ne veux leur livrer aucun élément qu'ils pourront ensuite retourner contre moi. Pendant tout ce temps, ils fouillent mon portable pour savoir quand et avec qui j'ai échangé.
– Et que fait ton mari au Kazakhstan ? A-t-il un quelconque lien avec des organisations politiques sur place ? Pour quel ennemi de la Chine travaille-t-il ?
L'homme ne cesse de répéter les mêmes questions, de me les envoyer au visage d'un ton menaçant.
– Il est parti là-bas dans le but d'entrer en contact avec des organisations séparatistes, j'ai raison ? Tu ne nous auras pas, nous savons tout. Nous avons des agents partout, y compris au Kazakhstan.
Je réponds la vérité :
– Je n'en sais rien !
Mais la colère monte en moi devant autant d'accusations.
– Si vous savez tout et pouvez tout, vous n'avez qu'à chercher les réponses vous-mêmes !
À la fin de l'interrogatoire, ils me « conseillent vivement » de faire revenir Uali et les enfants.
– Ton mari est membre du Parti depuis 2007, c'est un traître, tu devrais divorcer. Il doit impérativement rentrer et rendre tous ses papiers d'identité.
Ma famille ne pourrait alors plus jamais partir à l'étranger.

L'interrogatoire a duré trois heures, puis ils m'ont remis le sac noir sur la tête et m'ont fait monter en voiture, toujours aussi brutalement. Sur le trajet du retour, mon voisin me prévient :
– Tu ne parles de ça à personne. C'est compris ?
J'acquiesce machinalement. Il est 1h du matin lorsqu'ils me redéposent chez moi.

Je peine à retrouver mon souffle, comme si je venais de fournir des efforts surhumains. Je suis écœurée, révoltée. Voilà des années que, du matin au soir, je me démène pour l'État et le Parti, que je fais tout ce qu'on me demande du mieux que je peux. Je n'ai rien à me reprocher, pourtant je suis traitée comme une moins-que-rien. Pourquoi ? Qu'ont-ils derrière la tête ? Je sais qu'ils n'en ont pas fini avec moi. Je sens ma colère se transformer en une haine dévastatrice, alors je sors la photo de mon père et m'allonge sur mon lit pour chercher auprès de lui conseils et réconfort. « Ne perds pas confiance en l'avenir. Tu es vivante, c'est le principal. Tu verras, d'autres jours viendront. Tiens bon ! »

Je dois choisir entre baisser les bras et mourir ou me battre et rester, peut-être, en vie. Le soir, je me couche désormais entièrement habillée.

Quand arrive la fin de l'année 2017, ils m'ont ainsi interrogée sept ou huit fois. Chaque matin, quand j'ouvre les yeux, je remercie le Ciel d'être encore en vie.

Douze mois de terreur psychologique

En mars 2017, le PCC nomme Xi Jingping, « élu de l'histoire », président à vie. Il accède au trône sur lequel Mao s'était assis avant lui, les mains tachées de sang. Xi Jingping est l'homme le plus puissant du pays. Du haut de sa place et de ses soixante-trois ans, il déroule sa propagande dans une posture de bon père de famille, bienveillant, dévoué mais sévère. Le Parti, lui, incarne la mère attentionnée.

« Aucune pitié » : voici cependant ce qu'on promet aux peuples minoritaires. Mes interrogatoires nocturnes se poursuivent, toujours selon le même rituel. Des policiers me surprennent dans mon salon, à la sortie du lit, sous la douche. C'est tout juste si je ne me balade pas avec un sac noir sur la tête pour leur faciliter le travail. La seule chose qui change, ce sont les visages et la salle d'interrogatoire. Je me retrouve parfois face à une seule personne. Le reste du temps, un individu se poste à mes côtés et me scrute tandis qu'un autre me pose ses questions. Tous sont menaçants, inquiétants. J'ai, à chaque fois, la bouche sèche, le cœur affolé. Ils se moquent de moi, de ma peur, de mes mains qui tremblent.

Un jour, ils me frappent. Sur la tête et au visage. De toutes leurs forces. À plusieurs reprises. Mais non, je ne leur ai pas fait le plaisir de manifester ma douleur. Même si mes larmes ont coulé d'elles-mêmes. À chaque fois, je me suis relevée, j'ai réajusté mes vêtements et me suis rassise.

– Es-tu toujours en contact avec ta famille au Kazakhstan ? Leur as-tu enfin dit qu'ils devaient rentrer ?

Je dois me mordre les lèvres pour ne pas rétorquer que cela m'est impossible vu qu'il m'est interdit d'avoir le moindre contact avec eux ! Je n'en peux plus de leurs cris. Ils m'attrapent encore une fois par le col et me frappent au visage. J'ai les joues en feu, les yeux remplis de larmes.

– Comment voudriez-vous que je sache ?

Me voilà de nouveau envoyée à terre.

– Tu les fais revenir, tout de suite !

La fois suivante, leur colère est montée d'un cran :

– Tu sais que ton mari et tes enfants ont obtenu la nationalité kazakhe ?

Ma surprise est réelle, ma joie intérieure aussi, malgré la peur qui me tord les boyaux :

– Non, pas du tout !

Ils sont sauvés, mes amours sont hors de danger ! Les cadres du Parti ne peuvent plus rien contre eux.

Les policiers me secouent :

– Avoue que tu savais !

Ils croyaient peut-être pouvoir me faire craquer sous le poids de leurs interrogatoires répétés, me pousser à prendre contact avec Uali et le supplier de revenir.

Plus tard, ils nous forceront, moi et tous ceux qu'ils enlèvent pour les interroger, à appeler nos proches à l'étranger pendant les interrogatoires, à leur mentir pour les faire revenir : « Reviens vite, ta mère est gravement malade. » En Chine, il est courant de faire pression sur les individus en menaçant leur famille. Les autorités traquent parfois des personnes parties depuis des décennies. Ils visent tout le monde, étudiants, jeunes parents, retraités. « Si tu ne rentres pas pour te mettre en règle, ton père et ta sœur finiront derrière les barreaux. » Ceux qui rentrent pour sauver la vie de leurs proches se voient immédiatement passer les menottes aux poignets.

Ils m'ont empêchée de partir avec ma famille afin de me garder en otage. Ils m'utilisent comme moyen de pression sur Uali.

Les agents me posent à chaque fois les mêmes questions. Je comprends qu'ils savent où vivent mon mari et mes enfants.

– Toi aussi, tu le sais, et tu nous mens ! Tu veux nous faire passer pour des imbéciles ? Pourquoi ne nous dis-tu pas la vérité ?

Quelques heures plus tard, ils me redéposent devant chez moi et me rendent mon téléphone portable. Ma mère a essayé de m'appeler, j'ai soixante-dix appels en absence de sa part. « Pourquoi tu ne réponds pas ? Où es-tu ? Je me fais un sang d'encre ! Rappelle-moi, s'il te plaît. » Elle est restée debout jusqu'à minuit, attendant que son téléphone sonne enfin :
— Mais où étais-tu passée ? J'ai appelé encore et encore, mais tu ne répondais pas. Tout va bien ?

La panique dans sa voix me serre le cœur, me fait souffrir bien plus encore que mon visage endolori. Je n'ai parlé à personne de ces interrogatoires nocturnes, mais ma mère a bien senti que quelque chose n'allait pas.
— Que se passe-t-il, ma fille ?

Je m'efforce de dissiper sa crainte et sa tristesse en lui répondant d'une voix rassurante :
— Rien, tout va bien. J'ai encore été retenue au jardin d'enfants et j'avais oublié mon portable à la maison. Je suis désolée de te rappeler si tard.

Elle me répond d'une voix étrange, comme si quelque chose venait de se briser en elle :
— Va dormir, mon enfant. Repose-toi, tu en as besoin.

Juin 2017 : réunions secrètes

Les plus hauts postes administratifs sont désormais occupés par des Chinois, qui rognent chaque jour un peu plus le peu de liberté qui nous reste.

Nous croulons sous le poids des obligations, des interdictions, nous sommes traînés dans la boue, oppressés. Nous n'avons plus aucune liberté de mouvement. Plus rien.

Je me tiens droite, raide, à écouter, aux côtés d'autres directeurs et responsables pédagogiques d'Aksu, les annonces faites dans la grande salle.

Il est désormais interdit de partager tout contenu religieux, Taïwan et le Tibet sont des sujets tabous.

– Les documents officiels doivent désormais être remis en main propre, rien ne doit plus être communiqué par ordinateur ou téléphone.

Les traces seront ainsi plus faciles à effacer.

Menacer et intimider : voilà une méthode qui a fait ses preuves.

– Si vos collègues continuent à appliquer les règles dorénavant bannies, c'est vous qui aurez à en répondre.

Tout écart de conduite de la part d'un employé doit être signalé à la hiérarchie. En d'autres termes, on nous incite à la délation. À l'instar de mes homologues, je ne dénonce personne, je préviens au contraire mes équipes :

– Soyez extrêmement prudents ! Ne parlez pas du Tibet, sinon nous aurons tous de très gros problèmes.

Les cadres du Parti fouillent le moindre recoin de la vie des gens pour débusquer les « traîtres ». De 1988 à 2000, nous avons connu un peu de répit et pu vivre notre foi dans une relative tranquillité, à la faveur de laquelle des mosquées ont été érigées un peu partout, financées par des fonds privés, des économies, la vente de bijoux de valeur. Certains fidèles ont même participé à leur construction ou sacrifié un agneau pour les ouvriers.

– Vous allez identifier tous ceux qui ont pris part à cela !

Ils nous forcent, des décennies plus tard, à interroger plus de cent employés sur ce qu'ils faisaient à l'époque. Le processus doit se faire en trois étapes, nous explique le Parti. Tout d'abord : « Posez la question amicalement », puis : « Insistez pour jauger la sincérité de votre interlocuteur et forcez-le à dévoiler des informations sur d'autres collègues », et enfin : « Si la personne interrogée ne se dénonce pas d'elle-même, faites-lui croire que nous détenons des preuves accablantes contre elle. »

Un soir, je prépare mon repas en les maudissant tout bas : « Pourquoi ? À quoi bon cette mascarade ? Doivent-ils vraiment aller jusque-là ? » Je comprends trop tard que je viens de réduire en bouillie, sous l'effet de la colère, mes pommes de terre au paprika.

Je ne saisis réellement que plus tard le sens de toutes ces nouvelles règles. Avec une impressionnante assiduité, ils récoltent, fourmis ouvrières appliquées à la tâche, de quoi enfermer toute la population dans les camps. Ils sortent de leur chapeau des arguments frelatés pour justifier les internements, fournissant des « preuves » arbitraires ou totalement absurdes. La présomption d'innocence n'existe plus pour nous, qui sommes de confession musulmane : nous sommes tous coupables par défaut.

Les coudes sur la table, le menton posé dans les mains, je suis à mon bureau et réfléchis au premier compte rendu qu'il me faut rédiger.

Parmi mes employés, les plus vieux ont certainement participé à l'effort financier pour les mosquées. Comment les prévenir sans que nos collègues chinois le sachent ?

À cet instant, un camion entre dans la cour pour livrer du matériel médical. Une idée me vient ! Je dévale les escaliers et réunis les employés concernés.

– Venez donner un coup de main pour décharger !

Nous avons mis au point un langage codé en cas d'urgence, afin que nos homologues chinois ne puissent pas nous comprendre. En cas d'alerte, on se prévient

par exemple mutuellement que « demain il fera plus froid ». Nous échangeons aussi parfois des notes secrètes et codées. Dans la cour, je me tourne vers les enseignants :
– Vous pouvez mettre tout ça à la cave !

Je sais que le sous-sol n'est pas encore équipé de caméras. Tandis que nous sortons des balances, appareils de mesure ou tests de vue des cartons et les rangeons dans les armoires et sur les étagères, je mets mes collègues dans la confidence, en faisant aussi vite que possible.

– Je vais dire à l'administration qu'aucun de vous n'a pris part au financement des mosquées à l'époque. Si les fonctionnaires chinois cherchent à vous faire croire le contraire, sachez que c'est un mensonge.

Prenant leurs mains dans les miennes, je les supplie de ne faire aucun aveu :
– Sinon, nous sommes tous finis.

Trois jours plus tard, je rends, comme les autres directeurs, une liste vide à l'administration.

Le lendemain, nous recevons un avertissement et sommes de nouveau « invités » à interroger nos employés. Nos listes demeurent vides. Les autorités ne tardent pas à nous convoquer.

– Vous êtes tous des menteurs ! Nous savons exactement qui a participé au financement des mosquées à l'époque. Les imams nous ont remis la liste des donateurs. Nous vous laissons une dernière chance de nous fournir vous-mêmes des noms.

Le poing menaçant, ils nous annoncent que le moindre mensonge nous conduira tout droit derrière les barreaux. Ils nous laissent la journée.

Chez moi, assise à la table de la cuisine, je retourne le problème dans tous les sens. Je travaille avec certains de mes collègues depuis de nombreuses années, je me suis fait de très bons amis parmi eux. Si je les dénonce dans

l'unique but de sauver ma peau, quelle part d'humanité restera-t-il en moi ? Le lendemain matin, c'est une liste vide que je retourne à l'administration.
Nous sommes de nouveau convoqués. On nous agite nos feuilles vierges sous les yeux.
– Une commission va être dépêchée dès demain pour mener l'enquête. Gare à celui qui aura menti...
Le lendemain, une longue file d'attente se forme devant le rectorat. Je prends place derrière les autres directeurs. Chacun tient sa liste. Je remarque que certains y ont inscrit des noms et ne peux m'empêcher de les interroger :
– Pourquoi fais-tu ça ?
Ils se défendent à voix basse :
– Tu n'as pas écouté ? Ils ont les noms, de toute façon ! Si nous nions, ils vont nous envoyer en prison.
Je secoue la tête :
– Mais que crois-tu ? À cette époque, personne ne faisait de liste de donateurs, encore moins sur ordinateur. Cela fait bien longtemps que les imams se sont débarrassés de leurs notes écrites. Et les croyants qui ont financé la construction des mosquées sont morts depuis longtemps ou ont déménagé. Ils n'ont rien contre nous !
L'ambiance change dans les rangs, les directeurs et responsables discutent entre eux :
– Elle a sûrement raison ! On s'est fait avoir !
Ils rebroussent chemin et reviennent bientôt avec des listes vides. Si une commission d'enquête doit être créée, il nous faudra tous adopter le même discours.
– Nous n'avons rien à nous reprocher. Si vous avez des preuves, merci de nous les montrer.
Il s'avérera que les dossiers des Chinois étaient vides.
Cela ne les a pas empêchés d'arrêter des employés.

D'après les « China Cables », 15 683 ressortissants du Turkestan oriental furent envoyés en camps d'internement dans la semaine qui suivit.

Pire qu'à l'asile de fous

Notre supérieur hiérarchique nous explique que des mesures ont été prises au cas où nous serions attaqués par des terroristes. Il nous faut parfois passer plusieurs nuits de suite à l'école, nous devons rester joignables à tout moment. Toute la nuit, des agents de contrôle chinois en uniforme jaune passent les bâtiments au peigne fin. Ils me font penser à un essaim de frelons devenus fous. Si leur interlocuteur n'est pas là au moment où ils entrent dans son bureau, il est accusé d'abandon de poste et conduit au commissariat. La tension que nous subissons est indescriptible.

Un tiers de mes effectifs doit en permanence monter la garde dans les écoles. Un autre tiers est sommé de patrouiller dans l'obscurité, muni de bâtons. Les autres sont affectés aux caméras de surveillance : de jour comme de nuit, ils doivent éplucher les enregistrements vidéo, analyser chaque image afin de sécuriser tout le périmètre. Hormis nos collègues en patrouille, matraque de fortune à la main, il n'y a rien à voir sur ces images. Les équipes sont renouvelées tous les deux à trois jours.

En tant que directrice, je dois superviser toute l'organisation. Les cadres du Parti nous accordent de temps à autre le droit de dormir quelques heures, aussi avons-nous aménagé cinq couchages dans ce qui est devenu la salle de surveillance. Certains des professeurs, usés, épuisés, s'endorment en plein service. Les hommes en uniforme débarquent alors et leur hurlent dessus :

Condamnée à l'exil

– Que fais-tu ? Tu dois monter la garde ! Embarquez-le, il part au camp !

Si l'un de mes collègues doit s'absenter pour un besoin pressant, les contrôleurs s'agitent :

– Où est-il ? Pourquoi se permet-il d'aller aux toilettes sur ses heures de service ? C'est un opposant à l'État !

L'enseignant en question se retrouve bientôt flanqué de deux policiers : départ pour le commissariat, puis pour le camp.

C'est de la pure folie. Mon bureau principal se trouve dans le plus grand des jardins d'enfants que je dirige. Les quatre autres bâtiments sont plus petits, trois ou quatre kilomètres les séparent les uns des autres. Jusqu'à midi, des tâches administratives me retiennent à l'établissement central. Après cela, je prends ma voiture pour me rendre dans l'une puis l'autre des structures pour vérifier que tout est en ordre de marche. Je suis la responsable, l'interlocutrice des autorités et, à ce titre, je dois être disponible à toute heure du jour et de la nuit. Si un enfant se blesse par inadvertance, si un employé commet une quelconque erreur, je dois rendre des comptes, au risque de me faire arrêter dans la foulée. Je me démène pour que rien de tel ne se produise. J'y consacre tout mon temps, je prends le volant plusieurs fois par jour, dans un grand état de stress. Je suis prise dans un cercle infernal, dont l'issue est pour toujours incertaine. Il m'est, en réalité, impossible de répondre à leurs exigences démesurées.

Parmi les enseignants, ils sont plusieurs à devoir se tenir dès 7h du matin à l'entrée du jardin d'enfants, tel des gardes devant le palais de la reine d'Angleterre, casque vissé sur la tête, bâton au poing, tandis que les petits entrent dans la cour. Pendant ce temps, d'autres collègues surveillent la rue, arrêtent les voitures

et mobylettes qui passent par là, secouent une matraque sous le nez des conducteurs :
– Où vas-tu ? Que fais-tu par ici ? Demi-tour !

Les portes de l'établissement sont à peine refermées derrière les enfants qu'il leur faut se dépêcher de troquer leur uniforme contre leur tenue d'enseignant, pour arriver à temps en salle de classe. Quand arrive l'heure de la pause, ils courent chercher leur casque et leur bâton afin de surveiller la cour de récréation. Vient un jour où ils ne savent plus très bien s'ils sont instituteurs ou soldats. Avons-nous encore réellement le temps de faire cours ? Nous ne sommes plus que les ombres de nous-mêmes.

Dans un tel système, l'unique façon de s'en sortir est d'avancer en regardant droit devant soi, sans réfléchir. Chacun est sous surveillance, chacun surveille les autres.

Le manque de sommeil finit par faire des ravages, les enseignants sont nombreux à tomber malades. Nous n'avons même pas la possibilité de manger en paix. Mes équipes passent au fast-food et reviennent travailler avec un cornet de frites à la main. Et cela constitue visiblement un délit :
– On s'en fout que tu puisses te reposer ou non, que tu sois crevé ou malade. Quand nous sommes là, vous devez être là et faire votre boulot.

Autant vivre dans un asile parmi les fous. Cette vie est insupportable.

Dès que mes supérieurs m'accordent une pause de deux ou trois heures, je cours chez moi me doucher et me changer avant de repartir. Le PCC a fait de nous des sujets obéissants et consentants. Nous répondons au moindre de leurs ordres. Ils estiment que quelque chose ne va pas ? Nous acquiesçons. Ils changent d'avis le lendemain ? C'est d'accord pour nous. Pékin a les pleins pouvoirs sur nous. Nous sommes manipulés et plus en état de réfléchir : de vraies marionnettes.

Je dois à ma force de caractère d'avoir, autant que j'ai pu, tenu bon.

J'obtempère à tout, car j'entretiens l'espoir secret de pouvoir un jour récupérer mon passeport et retrouver, enfin, mon mari et mes enfants.

Le dernier bastion tombe

Ceux qui pensent que nous ne pouvons pas tomber plus bas se trompent. En octobre 2017, les autorités lancent un nouveau programme baptisé « Devenir une seule famille ». Il s'adresse aux Kazakhs et aux Chinois. Enfin, surtout à nous, qui pourrons ainsi mieux connaître la merveilleuse culture chinoise. Nous voici donc « conviés » à passer huit jours par mois dans une famille chinoise ou à recevoir des Chinois chez nous. On nous accorde le droit de choisir ce qui nous convient le mieux.

L'administration se charge de désigner un musulman par foyer chinois. Bien entendu, cette nouvelle mesure est enrobée par le Parti d'un glaçage rose bonbon : il s'agit uniquement de prendre soin de nous et de nous protéger. « Vous pourrez prendre le petit-déjeuner, le déjeuner et le dîner tous ensemble, comme une vraie famille ! »

Il faut que nous allions partager un repas, peu importe chez qui. Qu'importe si les Chinois servent du porc à leurs convives musulmans. Celui qui reçoit est prié de photographier chaque moment et d'envoyer ces clichés à qui de droit. « Ah ! Parfait, ils ont partagé un repas ensemble ! » Et voici une case cochée dans la liste du fonctionnaire en charge des vérifications.

Si l'un de mes enseignants est de service à l'école et donc indisponible, il doit en informer l'autorité compétente :

« Je ne peux malheureusement pas honorer l'invitation dans ma famille cette fois-ci, mais je rattraperai ce jour plus tard. » Il faut avoir passé huit jours par mois avec des Chinois, point à la ligne.

À la pause de midi, nous devons ainsi nous rendre chez eux, préparer le repas et repartir au travail. Le soir, nous devons nous occuper du ménage chez cette même famille chinoise et, au moment du coucher, il nous faut prendre place dans le lit aux côtés des maîtres de maison.

Le mois suivant, nous sommes envoyés dans une nouvelle famille ou trouvons des Chinois postés devant notre porte. Savent-ils ce que cela signifie pour une jeune fille, une femme célibataire ou une mère de famille comme moi ? Le maître de maison dispose de nous comme de sa propre épouse. Voici posée la dernière pierre de l'odieux édifice du gouvernement : prendre possession de nos corps, violer en masse tout un peuple.

En cas d'opposition, l'hôte chinois doit immédiatement prévenir les autorités : « Elle ne veut pas se plier à ce qu'on lui demande ! » La femme ou la jeune fille ainsi accusée est envoyée en camp afin d'apprendre l'obéissance.

Le soir, assise à table dans la cuisine, je m'entretiens à voix basse avec mon père : « Si je travaille davantage encore, si je me rends indispensable, ils ne pourront plus m'envoyer ainsi huit jours par mois chez un Chinois. Je pourrais m'en tirer comme ça. Qu'en penses-tu, papa ? » Mais sa réponse ne me parvient pas, elle est recouverte par le bruit des sirènes de police, noyée dans la lumière bleutée des gyrophares.

L'amitié au visage de haine

Avec cette campagne, le Parti annonce officiellement vouloir favoriser l'amitié entre les peuples. Mais c'est la haine entre nous qu'elle exacerbe. Nous vivons tous dans un état de panique permanent. La peur est notre lot quotidien, elle nous colle à la peau.

Les photos prises par les familles chinoises sont officiellement destinées aux autorités. Elles sont cependant bientôt diffusées sur Internet, à l'étranger. On en retrouve aujourd'hui encore sur Internet, montrant des Kazakhes dociles enlacées par des Chinois. Certains clichés les montrent allongés côte à côte dans un lit, une couverture sur leurs corps vraisemblablement nus. Les familles kazakhes découvrent ainsi les photos de leur sœur, épouse, fille, nièce, amie aux côtés d'un Chinois. Couvertes d'opprobre, écrasées par le déshonneur, certaines de ces femmes mettent fin à leur jour.

Je n'ai moi-même découvert ce type d'images qu'une fois arrivée au Kazakhstan. Des vidéos montrent ainsi des Chinois enivrés arrachant son foulard à une dame âgée, versant de l'alcool dans le verre d'un vieillard et lui ordonnant de boire, contraignant une jeune fille de quatorze ou quinze ans à avaler verre sur verre, puis à danser pour eux. Sur le canapé, ses parents immobiles observent la scène, voient ces hommes embrasser leur fille. Ces films servent de preuves pour les Chinois eux-mêmes : voilà une mission dûment accomplie.

Les habitants de la région de l'Altaï, qui appartient à notre vaste province du nord-ouest chinois, sont connus pour leur insoumission. Là-bas, les quatre cents élèves musulmans d'une école ont refusé de manger du porc : tous ont été emprisonnés. Une autre histoire nous est racontée : un Chinois a emménagé dans un foyer musulman pour huit jours et bientôt exigé de coucher avec l'une des filles âgée de seize ans. Le grand-père ne s'y est pas opposé : « En tant que convive, tu y es autorisé. Mais avant cela, je voudrais te présenter notre plus beau cheval. » Comme tous les Kazakhs, ce vieil homme était un cavalier hors pair. Il est monté sur son cheval, a pris une corde et s'en est servi comme d'un lasso pour attacher le Chinois avant de lancer l'animal à pleine vitesse. Le « convive » est mort traîné dans le sable. En représailles, toute la famille a été envoyée dans un camp.

Puis, un jour, vient mon tour.

« Trouvons une solution »

Assise à mon bureau, je scrute un long moment le message écrit à mon intention par un Chinois, un commerçant célibataire et fortuné d'Aksu que je connais de vue. Comment vais-je supporter cela ? Me retrouver seule chez un homme dont je ne connais pas les intentions ! Je suis musulmane, mon honneur et ma fierté sont sacrés. C'est même tout ce qu'il me reste.

Le soir venu, je me rends chez lui, le ventre noué, tout en réfléchissant au meilleur moyen de m'en sortir si les choses devaient mal tourner. Il me faudra être plus intelligente que lui. Je suis si accaparée par mes pensées que je me cogne contre le mur de son immeuble. Je monte péniblement les deux étages et appuie sur le bouton de la sonnette. Affolée, je recule d'un pas au moment où il ouvre la porte. Il semble surpris :

– Oh, c'est vous ?

Il est assez grand et doit avoir trente-huit ans. Bien évidemment, il me connaît aussi. J'ai animé de nombreux événements professionnels et cérémonies officielles à Asku, je suis une personnalité publique. Il ne savait visiblement pas quelle Kazakhe lui avait été « attribuée ». Il me fait poliment signe d'entrer et m'invite dans sa cuisine, où il me sert un thé, comme l'exige le règlement écrit qu'il a reçu au préalable. Je suis rouge de honte.

J'inspire profondément et à plusieurs reprises avant de m'adresser à lui :
– Tu nous connais, nous, les Kazakhs. Tu connais notre culture et sais la vie qu'on nous fait mener actuellement.
Il me dévisage tandis que je me bats pour mon honneur :
– Je suis musulmane, tu es chinois. Cette situation nous est imposée. Tu sais à quel point elle est immorale pour une Kazakhe comme moi.
Il hoche la tête :
– Oui, pour le moment, nous avons besoin d'une telle politique afin que le Xinjiang retrouve sa stabilité. Mais j'entends et comprends ce que tu me dis.
Il m'invite ensuite au salon. Son appartement est grand, il compte quatre ou cinq pièces. Nous prenons place l'un en face de l'autre. Je l'observe avec un intérêt empreint de crainte, comme un animal acculé, et rassemble toutes mes forces pour me libérer du joug oppressant de cette rencontre :
– Essayons de trouver ensemble une solution pour nous tirer de cette situation sans causer de dégâts irréversibles...
Dans le cadre de cette campagne, les Chinois sont contraints de remplir un formulaire et d'y mentionner toutes les tâches effectuées par l'invité musulman. La feuille encore vierge est posée sur la table devant nous : « Petit-déjeuner pris en commun, déjeuner pris en commun... » De l'index, je la désigne à plusieurs reprises :
– S'il te plaît, coche toutes les cases.
Je passe et repasse la paume de ma main sur mon pantalon, je tire dessus pour le remettre droit et lui décris ma situation aussi vite que je peux. J'ai peur de ne plus pouvoir respirer si je ne vais pas au bout de ce que j'ai à dire :

– Je suis une épouse et une mère esseulée, directrice...

Il m'interrompt, impatient :

– D'accord, d'accord. Je sais très bien qui tu es...

Les membres presque paralysés, je sors mon porte-monnaie de mon sac à main.

– Combien veux-tu ?

Son sourire en coin m'indique que j'ai visé juste.

– Si tu me donnes vingt yuans par jour, on peut se mettre d'accord.

Il ne s'agit pas d'un montant important, environ deux fois le prix d'un repas au restaurant. Sans mot dire, il roule les billets que je viens de lui tendre et m'écoute attentivement quand je lui promets de lui remettre la même somme les jours suivants.

– En échange, je souhaite pouvoir repartir, en toute discrétion, et rentrer chez moi. Je passerai par la porte arrière de l'immeuble, personne ne me verra. Demain matin, je reviendrai avant l'aube.

D'un signe de tête, il me donne son accord, l'air impassible. Je respire un grand coup et m'adosse au fauteuil. Je lui témoigne ma gratitude en remplissant toutes les autres corvées qui figurent sur le formulaire : mettre ses vêtements au sale, lancer une lessive, nettoyer le sol, repasser ses chemises... Nous finissons par nous asseoir à la table que j'ai dressée.

– Ne mange que ce dont tu as envie, précise-t-il.

Il sort son téléphone :

– On va faire la photo, c'est obligatoire. Fais semblant de porter ce morceau de porc à ta bouche.

Je lève ma fourchette et m'exécute, le temps qu'il prenne quelques photos, comme il l'a fait pour chacune des tâches que j'ai effectuées, et les envoie aux services désignés.

Il appartient à ces Chinois qui exploitent le système dans leur propre intérêt, acceptant de s'y plier tant que cela rapporte de l'argent et ne leur cause aucun ennui. Ses compatriotes sont nombreux à être complices du gouvernement, s'imaginant, au cœur d'un futur « rêve chinois », l'élite du monde.

Après sept heures passées chez cet homme, je rebrousse chemin aussi discrètement que possible. Dehors, les caméras et les policiers ne dorment pas. J'avance avec la plus extrême précaution. Je vérifie sans cesse mes arrières, passe par les ruelles, me faufile d'un passage à l'autre en me méfiant de toutes les ombres. Quelqu'un vient-il à l'instant de se racler la gorge ? J'arrête de respirer et pose une main sur mon ventre. S'ensuit un silence interminable. J'habite à un kilomètre de là, mais j'ai dû en faire peut-être deux de plus afin de ne pas me faire remarquer. C'est comme si le diable en personne me suivait. Quand je referme enfin la porte de chez moi, je m'appuie dessus de ton mon poids et m'autorise enfin à reprendre mon souffle. Je n'allume aucune lumière et rejoins mon lit sur la pointe des pieds. Mon cœur est si affolé que je ne parviens pas à trouver le sommeil. Au petit matin, dans la pénombre, je fais le chemin inverse et rejoins la résidence de mon « hôte ». Je n'ai été ni violentée ni maltraitée, mais ces huit jours sont un supplice pour moi. Chaque soir, je dépose vingt yuans sur la table de cet homme et attends de pouvoir rentrer chez moi.

Avec cette méthode, le Parti et le gouvernement ont détruit nos filles. Qui peut seulement les consoler ? Si elles ouvrent la bouche, si quelqu'un parle, c'est le camp. Notre culture nous interdit, qui plus est, de mentionner un viol. Ils ont traîné dans la boue l'honneur de toutes ces femmes et ces filles. Et nous portons malgré tout le poids de cette culpabilité.

Quelques-unes de mes jeunes employées au jardin d'enfants se jettent à mon cou, désespérées, pour pleurer toutes les larmes de leur corps. Je cherche les mots pour les consoler, mais rien n'est à la hauteur de leur chagrin. Nous restons donc ainsi en silence, dans les bras l'une de l'autre, les yeux rougis.

Jusqu'à cette période, nous avons tout subi sans broncher. Ne plus pouvoir parler notre langue, ne plus pouvoir honorer nos traditions, nous renier. Mais cette humiliation dépasse toutes les autres. Ils se sont immiscés avec violence dans notre intimité, pour nous contraindre, nous briser psychologiquement.

Aujourd'hui encore, je me demande comment trouver les mots pour décrire l'indescriptible, raconter l'irracontable ?

Plus personne ne veut parler. À qui que ce soit. Au sein des familles, la confiance est brisée, l'incitation constante à la délation met tout le monde sur ses gardes. Qui veut sauver sa peau ou renforcer son statut doit dénoncer un autre. Il y a même une ligne téléphonique dédiée, qui est bien vite saturée. Comme on me l'a demandé, je communique ce numéro à mes équipes. Il est également punaisé sur une boîte aux lettres flambant neuve fixée à l'entrée de l'école et destinée à recevoir les témoignages anonymes.

Et il y a toujours une bonne raison d'accuser son prochain. Untel, un Chinois, jalouse les études supérieures qu'a suivies son voisin kazakh et qui lui ont ouvert la porte d'un poste plus élevé que le sien. Grâce au gouvernement, ces personnes ont désormais un instrument efficace à leur disposition pour évincer toute concurrence : « Le directeur nuit aux bonnes relations entre les Chinois et les Kazakhs. Il cherche à nous intimider et favorise ses compatriotes. » Et les autorités, de marquer les papiers d'identité de ce « contrevenant » au fer rouge : « dangereux nationaliste ». Il est alors envoyé en camp d'internement pour apprendre de ses erreurs. Au travail, nous n'avons plus aucune marge de manœuvre. Notre temps est compté à la minute près, nos activités chronométrées pour vérifier que nous les réalisons dans le temps imparti. Nous ne sommes plus autorisés à avoir des conversations d'ordre personnel entre collègues, à nous soucier de la santé ou du moral des autres. « Tu es tout pâle, je peux faire quelque chose pour toi ? » Non, au lieu de cela : « As-tu enfin pu finir ce que tu avais à faire ? »

Lentement mais sûrement, les habitants d'Aksu perdent tout équilibre psychique. Dans mon entourage, je ne déplore aucun cas irréversible, mais les gens ne se comportent plus normalement. Les commerçants ont perdu l'envie de tenir boutique. L'apathie gagne toute la population, les corps et les esprits sont engourdis. « À quoi bon avoir un travail et gagner de l'argent puisque je vais finir dans un camp ? »

Progressivement, les règles de la campagne « Devenir une seule famille » sont durcies. Les autorités ont eu vent des dessous-de-table proposés par les Kazakhs pour éviter de passer la nuit chez des étrangers : elles appellent désormais au beau milieu de la nuit chez les Chinois et exigent de parler à leur « convive », qui doit par ailleurs toujours avoir son téléphone sur lui afin de pouvoir être géolocalisé. Des gardes de nuit sont postés devant les portes des maisons et des appartements. Toute femme kazakhe qui se refuse à dormir dans le lit de son hôte finit avec un sac noir sur la tête.

Je n'ai bientôt plus à me soucier de tout cela : bientôt, je suis à mon tour envoyée au camp.

Visite surprise en pleine nuit

Un jour, par hasard, j'arrache quelques mots à une connaissance que je croise dans la rue.

– Tu te rends compte, dans le village voisin, un couple de personnes âgées a été autorisé à se rendre au Kazakhstan pour un enterrement !

Cette information me fait l'effet d'un coup de tonnerre. Officiellement, nous ne sommes autorisés à passer la frontière que si un membre de notre famille répond personnellement de notre retour, à savoir s'il met sa vie dans la balance. Officieusement, le moindre déplacement nous est interdit. Je vois dans cette nouvelle une opportunité de faire passer un message à Uali.

Mais comment convaincre ces personnes que je ne connais pas ? Et comment leur rendre visite sans me faire prendre ? Deux jours avant le départ du couple, je loue une voiture et la gare loin de chez moi. Personne ne doit me reconnaître. Le soir venu, je sors de l'armoire de Uali un pantalon et une veste, relève mes cheveux, les cache sous un chapeau et prends le volant, habillée comme un homme. J'agis au péril de ma vie, je le sais, mais je suis déjà en sursis.

Aux abords du village, j'éteins les phares et gare la voiture près d'un bosquet. Je poursuis le trajet à pied, dans le noir, en retrait de la rue. Il n'y a aucune lumière aux fenêtres des maisons. Je repère celle du vieux couple, m'engage dans leur cour à la manière d'une voleuse et frappe à leur porte. Deux têtes endormies et effrayées viennent m'ouvrir.

Le souffle court, je murmure :

– C'est important, je vous en prie !

Portant leur main à leur bouche, les deux vieillards jettent des regards affolés autour d'eux et derrière moi avant de me faire entrer. Je leur explique ma situation, sans même penser à reprendre ma respiration :

– Mon mari vit avec nos deux enfants au Kazakhstan. Je n'ai pas pu leur parler depuis longtemps.

Je leur tends une lettre :
– Pouvez-vous lui remettre ça ?
Tous deux fixent l'enveloppe que je tiens entre les mains comme s'il s'agissait d'un serpent venimeux.
– Non, c'est bien trop dangereux !
Je parviens toutefois à leur faire accepter de noter le numéro de Uali sur un bout de papier.
– Je vous en supplie, appelez-le quand vous serez au Kazakhstan, demandez-lui où ils habitent et si les enfants vont bien.
Notre échange dure moins de cinq minutes, je ressors aussitôt.
Une ou deux semaines plus tard, une Kazakhe que je ne connais pas vient chercher deux enfants à l'école. Elle attend que tous les parents soient partis avant de venir vers moi :
– Madame la directrice, je voudrais vous parler de ces deux enfants.
Elle se penche alors et m'informe tout bas qu'elle est la belle-fille du couple parti au Kazakhstan.
– Mes beaux-parents n'ont pas eu le droit de revenir chez eux.
À la frontière, un cadre du Parti a décidé que leurs papiers n'étaient pas en règle.
Je lui réponds d'une voix claire :
– Ces deux enfants sont très appliqués !
Elle me sourit :
– Je sais.
Puis, plus bas :
– Ton mari a acheté une maison dans un village près d'Almaty. Tes enfants sont inscrits à l'école là-bas, ils vont bien.
Je hoche la tête :
– Ils doivent poursuivre leurs efforts en chinois, c'est très bien.

Elle s'empresse alors de me donner la nouvelle adresse de mon mari. Je sais enfin où habitent Uali et mes enfants ! Je suis bouleversée. Il me reste encore à trouver comment les rejoindre au Kazakhstan. « Si ça se trouve, je pourrai être partie dans quelques jours ! » Cela risque de ne pas être le cas. Je suis déjà dans le collimateur, et l'étau va bientôt se resserrer sur moi...

CHAPITRE 6
SURVIVRE EN ENFER

Fin 2017 : mon arrivée au camp

En novembre 2017, la sonnerie du téléphone me fait sursauter. Qui est-ce ? Je décroche, peu rassurée.
– Prends tout de suite un taxi et rends-toi dans le centre-ville de Zhaosu, m'intime une voix d'homme.
– Pourquoi dois-je y aller ?
Mon cœur s'affole.
– Ne pose pas de questions !
Mais les mots sortent quand même de ma bouche :
– Pourquoi me demandez-vous de sortir à cette heure ?
La voix insiste :
– Tu ne dois pas poser de questions. C'est une histoire de formation.
– Comment ça ?
– Ne t'inquiète pas. Tu vas simplement participer à un séminaire, dans une autre ville.
Me dit-on la vérité ? Pourquoi suis-je ainsi convoquée au beau milieu de la nuit ? Peut-être que je me fais

du souci pour rien, il s'agit certainement d'une nouvelle réunion secrète. Une heure plus tard, me voici au lieu de rendez-vous. J'ai emporté le sac que j'avais préparé en cas d'urgence. Le taxi s'arrête au milieu d'une grande avenue. Il est minuit. Comme convenu avec mon interlocuteur, je me poste sous un lampadaire, sors mon téléphone portable et envoie un message au numéro qu'il m'a communiqué : « Je suis arrivée. »

Prise de panique, je glisse mon téléphone dans ma poche et me replie sur moi-même. Il est trop tard pour fuir – et pour aller où ? Ils me trouveront, où que j'aille. La lumière d'un gyrophare me tire de ma réflexion. Les portières s'ouvrent brutalement, quatre policiers armés sortent de la voiture, me saisissent par les bras, m'enfoncent un sac sur la tête et me poussent sur la banquette arrière. Cela m'est déjà arrivé, mais cette fois-ci, je le sais, ils me conduisent au camp.

Tout est fini.

Coincée à l'arrière du véhicule, le tissu du sac collé au visage, je m'effondre. Les larmes coulent, je sanglote sans parvenir à me contrôler.

L'un des policiers m'enfonce à plusieurs reprises son arme dans les côtes.

– Arrête, veux-tu ? Pourquoi tu pleurniches ? Silence à la fin ! Si tu continues, on va te donner une bonne raison de pleurer en nous arrêtant là, sur le bas-côté.

Je me fige immédiatement, car je sais qu'ils peuvent faire de moi ce qu'ils veulent.

Le trajet dure près de deux heures, la voiture ralentit et s'immobilise. Je ne vois rien, mais entends la vitre avant se baisser :

– Nous avons reçu l'ordre de livrer quelqu'un, explique le conducteur.

Ils me font sortir de la voiture et m'agrippent par les bras.

Condamnée à l'exil

De lourdes portes s'ouvrent, on me traîne de l'autre côté et je les entends se refermer derrière moi. Au bruit sourd que font nos pas, je devine que nous sommes à l'intérieur d'un bâtiment. Mes genoux flanchent, je tiens à peine sur mes deux jambes. Nous nous arrêtons à deux ou trois reprises, l'un des policiers répète :
– Nous avons reçu l'ordre de la livrer.

Dans ma panique, j'essaie de comprendre ce qui est en train de se passer. « Ce sont des postes de contrôle, et ce qui m'attend est pire que la prison. » Je serre la mâchoire pour ne pas qu'elle claque.

Nous entrons dans une pièce et quelqu'un retire le sac. La lumière m'éblouit, je mets un certain temps à ouvrir les yeux et à distinguer, sous les néons crus, un militaire chinois assis à son bureau, puis je vois les insignes accrochés à ses pattes d'épaules. C'est un colosse, approchant la cinquantaine, au faciès de crapaud, lunettes sur le nez, il porte un béret et de hautes bottes en cuir épais. Mon cerveau troublé émet une hypothèse : « Peut-être un haut gradé qui appartient à une unité spéciale », mais je ne parviens pas à me concentrer.

Il doit être autour de 3h du matin lorsqu'on me dit de prendre place face à lui. Sans m'accorder la moindre attention, cet homme me débite, sur un ton sec, son discours aux accents martiaux :
– Tu es ici dans un centre de rééducation et tu vas y travailler en tant que formatrice.

Je ne comprends plus rien. Je ne suis pas prisonnière ? Ils m'ont fait venir en tant qu'enseignante ? Mais pourquoi moi ? Qu'est-ce que cela signifie ? Est-ce ma planche de salut ou un aller simple vers la mort ?
– Tu es dès à présent affectée à l'enseignement du chinois aux autres prisonniers.

Le militaire plonge son regard d'acier dans le mien, jouant avec moi comme un chat avec une souris.

– Bien sûr, ne t'avise pas de refuser les autres tâches qui te seront confiées.

D'un geste brusque, il me met un document sous le nez.

– Et pour que ce soit clair : tu as l'interdiction la plus totale de parler à quiconque de ce que tu verras ou entendras ici. Signe ça !

Il me laisse tout juste le temps de feuilleter les trois ou quatre premières pages. « Ce contrat est placé sous le sceau de la plus grande confidentialité » ; « Il est interdit de parler aux prisonniers » ; « Il est interdit de rire, de pleurer et de répondre aux questions sans y avoir été autorisée. » Voici les règles qu'on m'impose désormais. Le stylo me glisse des mains : il est écrit noir sur blanc qu'en cas de faute commise ou de non-respect de l'une de ces règles, je serai exécutée. Je m'enfonce un peu plus dans le désespoir.

– Signe !

Je n'ai d'autre choix que d'obéir. D'une main tremblante, j'appose ma signature au bas de ma condamnation à mort.

– Donnez-lui les vêtements, ordonne le colosse.

Je me tourne vers le soldat auquel il vient de s'adresser et mon regard se pose un instant sur le mur derrière lui. Pas de photos, pas de cadres, mais un grand tableau sur lequel figurent les douze préceptes de Xi Jinping, que tous les fonctionnaires doivent afficher dans leur bureau – ce que j'ai moi-même fait aux jardins d'enfants.

On peut y lire des phrases telles que « Tout le monde doit parler chinois. Tout le monde doit s'habiller à la manière chinoise... Chacun, qu'il soit kazakh ou ouïgour, doit penser comme les Chinois... Chacun doit agir pour

Dans la maison de ses grands-parents, en octobre 2010,
Ukilay s'occupe de son petit frère.
(© Sayragul Sauytbay, archives privées)

Sayragul Sauytbay
à son bureau
d'institutrice, dans
l'école que son
père construisit
pour les enfants
kazakhs.
(© Sayragul Sauytbay,
archives privées)

À l'instar de toute sa famille, la fille de Sayragul, Ukilay, possède de vrais dons artistiques, comme elle le montre lors d'un spectacle de danse en juillet 2014, sur les terres natales de sa mère.
(© Sayragul Sauytbay, archives privées)

En 2010, mère et fille visitent les lieux sacrés des Kazakhs
à l'occasion de la journée des Enfants.

(© Sayragul Sauytbay, archives privées)

Les enfants de Sayragul,
en 2014, dans son village natal.
(© Sayragul Sauytbay, archives privées)

Sayragul Sauytbay
à l'université en mai 2007.
(© Sayragul Sauytbay, archives privées)

Sayragul Sauytbay est une élève studieuse et brillante. Lors d'un concours organisé en mai 2004 dans la province autonome d'Ili, elle remporte le premier prix.
(© Sayragul Sauytbay, archives privées)

Chez elle, Sayragul Sauytbay se fait vite connaître pour ses talents d'animatrice lors d'événements et de festivités. En mars 2006, elle chante à l'occasion de la fête nationale de Nauru, à Aksu. L'histoire du peuple kazakh s'incarnant dans son rapport à la nature, ses croyances et ses liens sociaux, Pékin décide, quelque dix ans plus tard, de tout interdire au profit d'une mise en avant de l'unique culture chinoise.
(© Sayragul Sauytbay, archives privées)

Sayragul Sauytbay chante à la fête de l'école d'Aksu en 2011.
(© Sayragul Sauytbay, archives privées)

Instant de légèreté.
En janvier 2002,
Sayragul Sauytbay joue
avec la neige dans
la cour de ses parents.
(© Sayragul Sauytbay, archives privées)

Le 1er juin 2007, la mère et la sœur de Sayragul emmènent Ukilay à l'école d'Ahayaz à l'occasion de la journée des Enfants.
(© Sayragul Sauytbay, archives privées)

Trois personnes exceptionnelles qui se battent pour les autres au péril de leur vie : Serikzhan Bilashuly, militant pour les droits humains, l'avocate Aiman Umarova et Sayragul Sauytbay en mars 2019 dans le cadre d'un événement organisé par Atajurt à Almaty.
(© Sayragul Sauytbay, archives privées)

Ulagat et son professeur de mathématiques.
(© Sayragul Sauytbay, archives privées)

Prisonniers dans un camp où règnent la torture et le lavage de cerveau. Les défenseurs kazakhs et ouïgours des droits humains parlent de « camps de concentration fascistes du Parti communiste chinois ».
(© Société pour les peuples menacés)

Avec son fils Ulagat, lors de son procès à Zharkent au Kazakhstan en juillet 2018.
(© Turarbek Kusainov)

À l'occasion d'un événement organisé par Atajurt, des Kazakhs sans nouvelles de leurs proches restés au Xinjiang, province coupée du monde extérieur, présentent les photos des disparus, le cœur empli d'espoir.
(© Turarbek Kusainov)

Durant le procès de Sayragul Sauytbay, au Kazakhstan, ont lieu des manifestations pacifistes sans précédent dans cet État autocrate. Partout dans la rue, des habitants défendent la témoin clé de la situation au Xinjiang et portent en étendard des tee-shirts sur lesquels figure, en trois langues, leur demande : « Libérez Sayragul ».
(© Sayragul Sauytbay, archives privées)

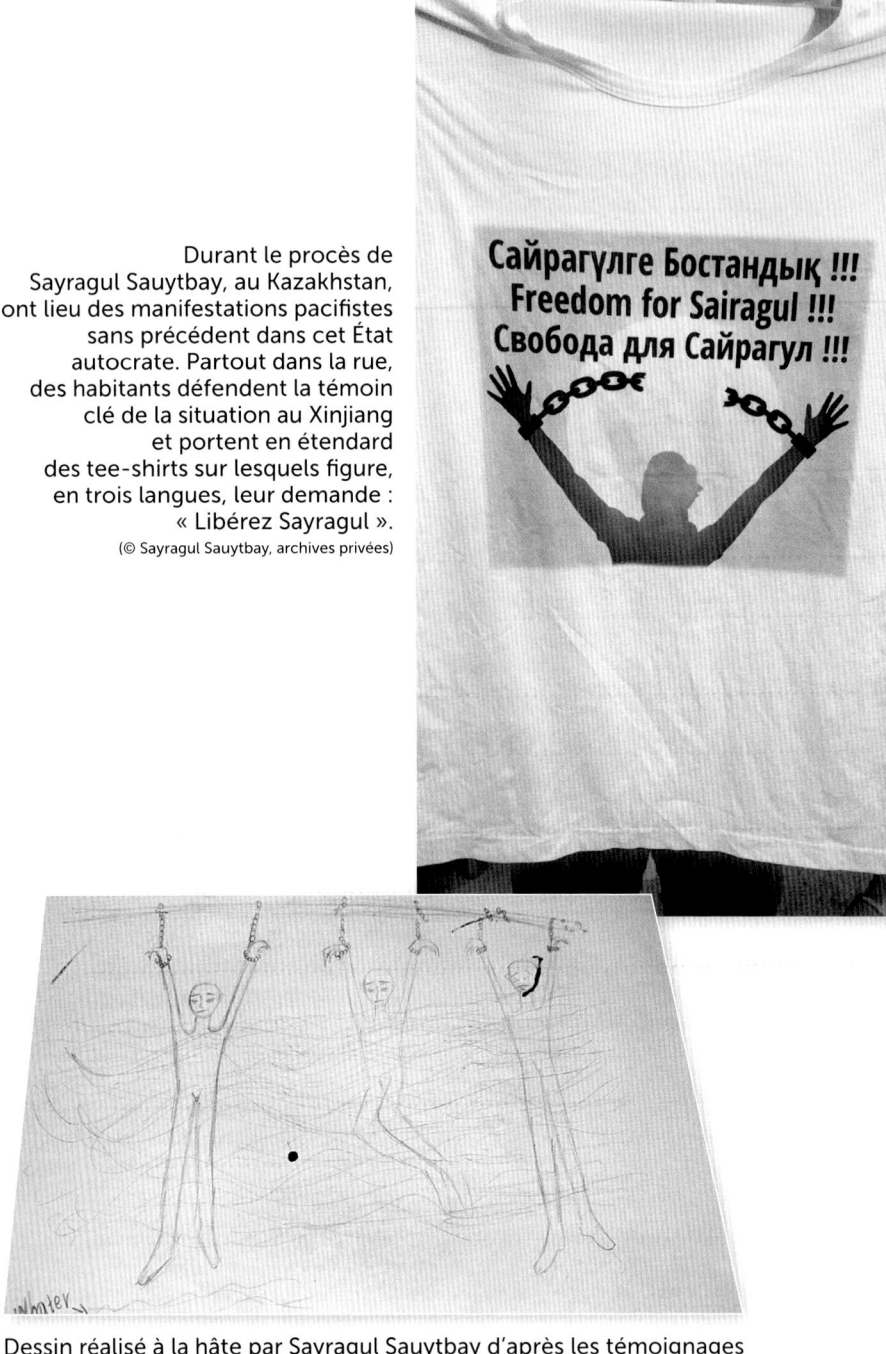

Dessin réalisé à la hâte par Sayragul Sauytbay d'après les témoignages de prisonniers. Dans des prisons souterraines, des hommes et femmes sont torturés. Ils sont enchaînés pendant des semaines, le corps plongé dans l'eau souillée.
(© Sayragul Sauytbay, archives privées)

Sayragul Sauytbay aux côtés de Melania Trump et du secrétaire d'État américain Mike Pompeo, lors de la remise de l'International Women of Courage Award (prix international des femmes de courage), le 4 mars 2020.

(© Wikimedia Commons/U.S. Department of State)

Sayragul Sauytbay avec son mari et ses enfants.
(© Société pour les peuples menacés)

Sayragul Sauytbay et Alexandra Cavelius, en Suède, après leur tout dernier entretien.
(© Regina Recht)

la Chine... Les non-Chinois ne sont pas autorisés à sortir du pays... » L'une d'entre elles résume tout : « Tout ce qui n'est pas chinois doit le devenir. » Il s'agit officiellement de bons conseils paternels, mais ce sont en fait des ordres.

Ma tenue de camouflage sous le bras, j'emboîte le pas au surveillant. Je reverrai le colosse à plusieurs reprises, lorsque de nouveaux prisonniers seront amenés au camp. Il s'agit vraisemblablement de l'un des chefs ici, en charge des cas particuliers.

Première nuit

Lorsque nous sommes en état de choc, notre corps libère de l'adrénaline qui, à son tour, décuple la puissance de certaines zones du cerveau. J'enregistre dans les moindres détails tout ce que je vois, car un jour viendra, je le sens au fond de moi, où je témoignerai de tout cela. Je m'accroche à cette pensée comme un naufragé à son radeau.

Devant moi, légèrement à gauche, s'ouvre un petit hall, dans lequel se trouvent plusieurs postes de surveillance vitrés. Accolé à ces derniers, un couloir d'environ vingt-cinq mètres comprenant une douzaine de cellules. Je remarque plus tard qu'hommes et femmes sont séparés.

Les portes des cellules sont pourvues de trois verrous et surmontées d'une barre de fer. Deux agents montent en permanence la garde devant chacune d'entre elles. Je mesure l'ampleur de la logistique et de l'investissement ! Ils craignent avant tout une évasion et, à travers elle, la divulgation de ce secret si bien gardé.

Je tourne la tête à droite, où m'emmène le surveillant. Nous nous engageons dans un couloir aussi long que le précédent, sous l'œil électronique des caméras installées tous les deux mètres. On ne peut ciller sans que l'appareil enregistre l'image. Il n'y a aucune fenêtre, aucune ouverture sur l'extérieur. Les bureaux de l'administration se trouvent de ce côté du bâtiment, six bureaux en enfilade.

Après quelques mètres, nous nous arrêtons devant la quatrième porte, différente de celles des cellules, pourvues d'une petite trappe par laquelle les repas, me dis-je, doivent être distribués aux prisonniers.

En tant que formatrice, je suis plutôt bien lotie. La pièce, qui ne dépasse pas six mètres carrés, a un sol en béton sur lequel sont posés un matelas en plastique, encore enroulé mais pas plus épais que deux sacs, ainsi qu'un coussin plat et une fine couverture en plastique. À chaque angle, une caméra.

– Maintenant, tu dors, m'ordonne le surveillant, avant de refermer la porte grillagée derrière lui et de la verrouiller à double tour.

Je reste un court instant debout, scrutant le mur devant moi et, tout en haut, une petite ouverture fermée par une grille. « Combien de temps vais-je rester ici ? Qu'est-ce que ce camp ? » Mes pensées s'affolent, je cherche fiévreusement des réponses à mes questions. J'ai déjà été interrogée à maintes reprises par les services secrets et devine qu'ils n'ont rien contre moi. J'envisage donc le pire : ils m'ont fait venir ici pour me pousser à l'erreur et avoir une bonne raison de m'incarcérer durablement.

« Ne pas pleurer, ne pas parler, ne manifester aucune émotion. » Il est si facile de commettre une faute dans ces conditions. Je repense à tout ce que j'ai dû accepter en signant leur papier. Mais je ne leur ferai pas ce plaisir !

J'installe le matelas, m'allonge sur la couverture en plastique et remarque alors la caméra grand angle fixée au plafond, plongeant droit sur moi. Chaque millimètre carré de cette pièce minuscule est sous haute surveillance. La lumière est aveuglante. Et personne ne l'éteint jamais.

Déroulement d'une journée

Peu avant 6h, une sirène retentit dans tout le bâtiment. « Où suis-je ? » Mon pouls s'emballe, je lève les yeux, vois la caméra et suis envahie par le même désespoir qu'auparavant. La seconde d'après, on cogne à ma porte :
– Prépare-toi ! Vite !

Devant moi, séparé par un petit muret, se trouve un espace toilettes avec un simple trou, sur lequel une caméra est braquée. Je me dépêche d'ouvrir le robinet, mais il n'en sort qu'un mince filet d'eau. Je me rince le visage et me brosse les dents. Il n'y a ni peigne ni savon.

J'ai dû dormir deux heures, mais me voici bientôt prête, dans mon uniforme à motif camouflage. J'enfile la casquette assortie, ferme ma veste jusqu'au menton et me tiens la tête droite, les bras le long du corps, au garde-à-vous devant la porte.

À 6h précises, toutes les portes, automatisées, sont ouvertes. J'ai bientôt un haut-le-cœur. Des cellules des prisonniers s'échappe une odeur pestilentielle, mélange de sueur, d'urine et d'excréments, qui se répand dans tout le bâtiment. Les surveillants en uniforme de l'aile voisine portent un masque sur la bouche et le nez.

Je ne sais pas encore que les directives prévoient une surface d'un mètre carré par personne dans les cellules. Ici, jusqu'à vingt personnes sont entassées dans seize mètres carrés. Cela représente environ quatre cents prisonniers par étage. Une petite poubelle en plastique avec couvercle fait office de toilettes. Toutes les vingt-quatre heures, l'un des détenus est autorisé à aller la vider.

En moins de cinq heures, elle déborde à nouveau, le couvercle ne tient plus. Même lorsque leur vessie est pleine ou que leurs intestins se tordent, les prisonniers doivent attendre que la poubelle soit vidée. Avec le temps, différents organes sont atteints. Sans parler de l'odeur nauséabonde, à faire tourner de l'œil les plus résistants d'entre eux.

Je ne parviens pas à voir ce qu'il advient des prisonniers une fois sortis de leur cellule, car je me trouve au bout d'une queue. Devant moi, six membres de l'administration et d'autres agents. Il leur est interdit de se parler.

Je comprends vite qu'à cet étage œuvrent différents types de personnes: des femmes de ménage, habillées en tenue simple, aux officiers gradés, qui portent des cagoules noires à la manière de cambrioleurs. Seuls leur bouche, leurs yeux et leurs narines demeurent visibles. Même parmi les employés chinois, on devine la crainte qu'inspirent ces hommes armés, chaussés de grosses bottes militaires à lacets. Pour douze agents chinois, je compte un autochtone, mais toujours à un poste subalterne.

Escortés par deux soldats, une partie des agents et moi avançons jusqu'à une double porte, après laquelle nous tournons à gauche pour rejoindre la cuisine. Tout au bout se trouve une ouverture de la taille d'une fenêtre, par laquelle des commis chinois servent des assiettes aux personnes devant moi. Cela sent bon et la nourriture a l'air convenable. Mon ventre se tord de faim. À mon grand regret, je ne reçois, en tant que Kazakhe, qu'un petit morceau de pain blanc détrempé, accompagné d'une louche d'eau de cuisson de riz dans lequel flotte un unique grain.

Nos assiettes en main, nous repartons en rangs serrés vers nos chambres respectives. Avant que j'aie le temps d'avaler cette soupe insipide, le surveillant me prévient:

– Quand nous frapperons à ta porte, tu rapporteras tes couverts en cuisine avec les autres. Si nous ne frappons pas, tu mangeras demain.

En attendant, ma porte demeure fermée à double tour. À 7h, deux autres surveillants me conduisent à l'un des bureaux jouxtant ma cellule. Les employés du camp n'ont pas le droit de se déplacer seuls. Au moins un homme armé les accompagne. J'ai en permanence une ombre derrière moi.

Je reçois mes ordres

Contrairement au précédent bureau, celui-ci arbore un mobilier de piètre qualité. Un autre Chinois m'attend, assis derrière sa table de travail, pour me communiquer mes missions.

Je ne parviendrai à mémoriser aucun visage, car je n'aurai jamais le même interlocuteur. J'imagine qu'ils changent juste de service à chaque fois. Une mesure de sécurité pour éviter les contacts et la familiarité entre collègues.

D'un geste du menton, l'homme désigne une chaise :
– Assieds-toi.

La brutalité dans les gestes et dans la voix semble être la norme ici.

– Dans tes cours, tu dois suivre à la lettre les ordres qui te sont donnés.

Pour les hommes comme lui, la violence se justifie par la nécessité de forcer le respect de tous et de renforcer la domination chinoise. Il lève son index et, d'une voix impérieuse, m'annonce :

– Tu ne dois jamais prononcer d'autres mots que ceux qui figurent sur ta feuille de travail.

Il agite des documents devant moi. Je ne dois exprimer aucune opinion, ne rien décider seule. Il tourne les yeux en direction du garde posté à l'entrée de la pièce et qui opine du chef à chacune des phrases que prononce son supérieur. « Ce sont les hommes comme lui qui décident ce que tu peux ou ne peux pas faire ! »

Il se penche et me tend le contrat que j'ai signé, dans lequel figure, en petits caractères, une liste expliquant quel comportement adopter en tant qu'enseignant auprès des prisonniers. Je dois me tenir debout, immobile, parler d'un ton sec et froid, et m'adresser aux surveillants d'une manière bien particulière.

J'ai déjà appris, hors de ce camp, que l'art de la survie tient dans la capacité à ne pas sortir du cadre, à demeurer impassible. Cela ne laisse presque aucune prise aux délateurs.

– Répète !

Mon interlocuteur me fait réciter ma leçon avant de me dévoiler le thème du jour. Il me tend un document, dont les quatre premières pages sont un compte rendu des décisions prises lors du dix-neuvième congrès du Parti. Toutes ces lois forment à elle seule un épais pavé : je devrai en enseigner des morceaux choisis, un jour après l'autre, aux prisonniers.

– Tourne les pages !

Les deux pages suivantes sont consacrées aux us et coutumes chinois. Comment les Chinois enterrent-ils leurs morts ? Comment célèbrent-ils les mariages ?

– C'est ton deuxième thème du jour, conclut-il.

Après cela, il me laisse trente minutes pour me familiariser avec le contenu des cours.

Il me faut déjà comprendre moi-même le sens des lois votées par le Parti et les apprendre, petit à petit, par cœur, pour les rendre accessibles à tous – j'aurai face à moi des diplômés comme des analphabètes. Pour seule aide, je n'ai droit qu'à quelques notes. Je ne suis pas autorisée à lire les documents à voix haute.

J'ai reçu tellement d'informations en si peu de temps que ma tension nerveuse est à son comble. J'espère n'oublier aucun détail, sinon je risque d'être à mon tour enfermée comme un animal dans une cage puante. Je m'efforce d'oublier où je me trouve et de me concentrer uniquement sur le contenu des cours.

– C'est bon maintenant, lâche l'homme après avoir consulté sa montre en argent. Lève-toi et dis-moi ce que tu as retenu.

Je m'exécute, il doit être sûr que j'ai bien retenu les contenus des cours.

– Attends !

Il sort son téléphone portable de sa poche et photographie mes instructions. Tout document que je conserve doit au préalable avoir été vérifié. En fin de journée, ils s'assureront systématiquement que j'ai bien tout rendu, remis en ordre sur la table. Aucune preuve, même aussi dérisoire que celle-ci, ne doit jamais sortir du bâtiment. Rien, absolument rien, ne doit filtrer.

Chaque jour, le matin ou parfois aussi la nuit, je devrai me présenter ici pour recevoir mes ordres. Un surveillant sort de la cage d'escalier, située derrière les postes de surveillance vitrés, papiers en main. C'est ma feuille de route. La même sera distribuée aux enseignants des cinq autres étages qui composent le bâtiment. Je calcule qu'avec quatre cents personnes par étage, en comptant le sous-sol, le camp compte environ deux mille cinq cents détenus.

L'officier chinois se tourne vers l'agent de sécurité :

– Emmène-la en salle de classe !

En sortant du bureau, nous ne prenons pas à gauche en direction des cuisines, mais à droite, dans un couloir flanqué de trois ou quatre salles, dont l'une devient mon nouveau lieu de travail. Pendant les cinq mois qui viennent, je ne quitterai pas une seule fois cet étage.

De 7h à 9h : faire classe à des cadavres

À peine ai-je posé un pied dans la pièce que cinquante-six hommes et femmes se lèvent d'un bond. Dans un bruit de chaînes, celles qu'ils portent au pied, ils lancent :
– Nous sommes prêts !

Tous portent une chemise et un pantalon bleus. Ils ont le crâne rasé, des visages cadavériques.

Je dois me tenir droite devant le tableau, flanquée de deux gardes équipés d'armes automatiques. Je suis prise d'un vertige à la vue de la scène. Je n'y étais pas du tout préparée. Yeux cernés de bleus, mains mutilées, taches sombres sur la peau, vêtements maculés de crasse et de sang : je fais face à une cohorte de cadavres ambulants, tout droit sortis de leurs tombes.

Il n'y a ni table ni chaise, mais des petits tabourets d'enfant en plastique, sur lesquels les adultes ont peine à tenir – encore plus lorsqu'ils ont mal, comme c'est le cas de ces hommes aux pantalons maculés de sang parce que leurs hémorroïdes ont éclaté.

Il y a dix à douze personnes par rangée, accroupies tant bien que mal sur leur siège de fortune : des lettrés, des agriculteurs, des artistes, des étudiants, des commerçants... Environ 60% d'hommes, entre dix-huit et cinquante ans. Les autres sont des jeunes filles, des femmes et des personnes âgées. La plus jeune est installée au premier rang : une élève de treize ans, grande et maigre, très brillante. Sans cheveux, je l'avais prise pour un garçon.

Je lis la peur sur leurs visages. La terreur. Plus aucun éclat ne brille dans leurs yeux, l'espoir a déserté leurs pensées. Je suis sous le choc, mes lèvres tremblent, mes larmes sont prêtes à sortir. Une voix intérieure me rappelle à l'ordre : « Sayragul ! Pas une erreur, tu m'entends ? » Sinon, je terminerai moi aussi sur l'un de ces tabourets en plastique.

Condamnée à l'exil

Les prisonniers prennent tour à tour brièvement la parole :
– Numéro un présent.
– Numéro deux présente.
Et ainsi de suite jusqu'au numéro cinquante-six. Après l'appel, les surveillants distribuent à chacun un petit cahier et un stylo. Comme ils doivent pouvoir écrire, on a déverrouillé leurs menottes. Elles pendent à leur poignet. Le cahier leur servira à rédiger les réponses aux questions que je leur poserai, certaines sur ordre des surveillants.

Je ne parviens d'abord pas à articuler le moindre mot. J'ai la gorge serrée, mais toute manifestation de compassion m'est interdite. Sinon, je risque la mort. Je me retourne, remonte le tableau, écris quelques lignes à la craie et lit à voix haute, en prenant soin d'adopter un ton brutal. Puis je m'oblige à fixer droit devant moi, le mur du fond. Je suis incapable de poser les yeux sur ces visages hagards sans flancher. Les murs ont été grossièrement enduits au ciment, comme dans un atelier d'usine.

Devant moi, au sol, a été tracée une ligne rouge : je ne peux la dépasser qu'avec l'autorisation des surveillants et pour une raison impérieuse. Il est hors de question que la moindre confiance puisse s'établir entre les prisonniers et moi. Je ne dois pas les approcher. J'ai une table et une chaise en plastique à disposition, mais les gardes ne me lâchent pas d'une semelle. Les hommes et les femmes doivent prendre place sur leur tabouret et regarder droit devant eux. Baisser la tête leur est interdit. Celui ou celle qui s'y ose est aussitôt emmené de force en salle de torture. « Il le fait intentionnellement ! Il ne veut pas entrer dans le rang et s'oppose à l'État ! »

De 7h à 9h, je dois débiter les âneries que l'on m'a transmises au sujet du dix-neuvième congrès du Parti et expliquer aux prisonniers les us et coutumes chinois.

– Lorsqu'un Chinois se marie ou fonde une famille, cela ne se passe pas comme chez les musulmans.

Je cherche à faire simple, il y a face à moi des agriculteurs qui vivaient jusque-là à la montagne, dans des contrées reculées. Je dois leur présenter en détail le déroulement des festivités.

– Les invités souhaitent leurs bons vœux aux mariés et utilisent pour cela des expressions consacrées.

Je marque une pause et cite un exemple :

– Je vous souhaite beaucoup de bonheur et un enfant sans tarder.

Ces visages tristes et blêmes sont tendus vers moi, crâne rasé, errant douloureusement entre la vie et la mort, et me voici droite comme un piquet leur apprenant à féliciter des jeunes mariés chinois...

De 9h à 11h : contrôle

Je reviens alors sur les enseignements de ce début de matinée, car je dois vérifier qu'ils ont bien été intégrés.

– Ils doivent maintenant relire leurs notes, me lance un garde.

Je me charge de traduire ses paroles aux prisonniers. Si l'un d'entre eux n'a pas compris quelque chose, il doit poser sa question. Une main se lève. Je jette un rapide coup d'œil à l'homme armé qui se tient près de moi afin d'obtenir son accord. Il hoche la tête, le prisonnier se lève et me soumet sa question dans sa langue natale, car il ne parle pas un mot de chinois. Il me faut dans un premier temps traduire ce qu'il dit à l'intention du surveillant, qui en retour m'indique si je peux répondre ou non à son interrogation. Je passe donc constamment du ouïgour ou du kazakh au chinois.

Sur ordre d'un garde, un prisonnier choisi au hasard doit ensuite se lever et réciter ce qu'il vient d'apprendre.

Condamnée à l'exil

S'il a fait des progrès, il gagne des points. « Si vous apprenez bien vos leçons, vous serez libérés plus rapidement », leur a-t-on promis. Ils se donnent du mal pour absorber le plus d'informations possible, du moins les plus jeunes, car l'exercice est bien plus difficile pour les aînés et ceux qui sont malades. La plupart ne maîtrisent pas le chinois ou ne le comprennent que par bribes, et je les vois se démener pour ne pas faillir. C'est une épreuve pour eux, les caractères de cette langue inconnue dansent devant leurs yeux, se mélangent, s'enroulent autour d'eux comme des serpents. Comment peuvent-ils réussir cet examen impossible, espérer rentrer un jour chez eux ? Je perçois leur envie de pleurer, de crier, mais ils ravalent leurs tourments.

Après cela, des agents chinois vérifient leurs réponses et décident ceux dont les notes seront minorées. Celui qui, en dehors des cours, ne respecte pas les règles perd également des points. On l'envoie alors à un autre étage. En cas d'infraction, le règlement prévoit que « les châtiments et punitions seront renforcés ». Il est entendu qu'un simple mouvement hors du cadre imposé, l'incapacité à donner une bonne réponse ou un cri de douleur sont tous considérés comme des « infractions ».

C'est le cas de cette femme qui a été opérée du cerveau juste avant d'être internée et dont la plaie ne cesse de s'ouvrir et de suinter, ou de ceux qui, après avoir subi une séance de torture, sont dans l'incapacité totale de s'asseoir et seront donc de nouveau punis, suppliciés. Selon les points obtenus ou perdus, les prisonniers changent d'étage et d'uniforme.

J'observe le défilé des détenus en rangs serrés, les différentes couleurs de vêtements qu'on leur attribue. Le rouge est la couleur des « grands criminels », celle des imams ou des pratiquants par exemple. Le bleu clair annonce des criminels de classe moyenne. Les mieux notés sont en bleu foncé. À mon étage, tous portent un bleu clair dont la simple vue me donne bientôt la nausée. Les jours avancent et ceux des prisonniers qui n'ont pas été à l'école, ou les plus âgés, perdent des points. On les met alors au rebut comme de vulgaires denrées périmées et ils sont remplacés par de nouveaux détenus.

De 11h à midi : « Je suis fier d'être chinois ! »

À 11h, les surveillants distribuent une feuille de papier à chaque prisonnier, sur laquelle figure une inscription, différente à chaque fois. « Numéro un » la tient au-dessus de sa tête, annonce ce qui est écrit dessus et tous de répéter en chœur :

– Je suis fier d'être chinois !

Et ainsi de suite :

– J'aime Xi Jinping !

Le Parti et le gouvernement considèrent les non-Hans comme des sous-hommes. Cela ne vaut pas uniquement pour les Kazakhs ou les Ouïgours, mais aussi pour tous les peuples du monde. Je dois me joindre à cette mascarade et brailler avec eux :

– Je remercie le Parti pour la vie qu'il m'offre et tout le reste !

Je ne peux m'empêcher de mesurer la folie de l'élite politique chinoise. Ils ont tous perdu la raison !

Mon regard jusque-là perdu dans le vague s'accroche soudain au visage d'un homme au teint cireux : je le connais ! Il est ouïgour et, à l'été 2017, la police est venue l'arrêter tandis qu'il participait à une fête religieuse. Cela avait fait grand bruit à Aksu. Je le revois encore déposer ses enfants à l'école, en bon père de famille, à tout juste vingt-cinq ans. C'était un homme gentil, toujours joyeux.

Et aujourd'hui ? Que reste-t-il de lui ? Le regard vide, la bouche béante, il scande des phrases toutes faites telles que « Longue vie au Parti ! ».

Le garde me donne un coup de crosse dans les côtes :
– Qu'est-ce que tu fixes comme ça ?

Apeurée, je prononce la phrase suivante en me forçant à me reprendre :
– Vive Xi Jinping !

Je me maudis en silence : je suis collée de près par deux surveillants, et plusieurs caméras sont braquées sur moi, comment ai-je pu être assez stupide pour me déconcentrer ainsi ? La récitation se poursuit, gloire au Parti, à la Chine et à son chef suprême, Xi Jinping. Tous répètent les phrases d'une seule voix. L'empire du Milieu veut faire de nous des femmes et des hommes nouveaux, nous laver le cerveau jusqu'à ce que nous soyons tous convaincus que « le Parti est le plus grand ; c'est la plus grande puissance mondiale et il n'y a pas de dieu hormis Xi Jinping ».

Et de fait, les personnalités les plus faibles finissent un jour par céder, elles se dissolvent dans l'acide du camp. Je ne pense cependant pas que cette méthode soit une réussite. La plupart des prisonniers se démènent du mieux qu'ils peuvent dans l'unique espoir de pouvoir un jour ressortir de cet enfer. Ils laissent croire qu'ils se sont transformés, qu'ils ne doivent leur bonheur et leur salut qu'à la bonne grâce du Parti. Il paraît pourtant impensable qu'ils adhèrent à tout cela après l'horreur subie dans le camp. Je conserve moi-même ma foi intacte. Il m'arrive parfois de regarder par-delà la minuscule fenêtre grillagée percée dans l'enceinte du bâtiment. C'est pourtant interdit, même si l'on ne peut absolument rien distinguer. Pas un bout de ciel, que des barbelés.

Dès que le cours avec le premier groupe est terminé, un autre, qui attendait en rang devant la porte, prend sa place. Parfois, le premier groupe est sommé de rester dans la pièce. Plus de cent « élèves » y sont alors entassés.

De midi à 14h : soupe à l'eau et nouvelles instructions

Durant ces deux heures, les gardes renvoient les prisonniers dans leur cellule et les employés dans leur chambre. Dans ce laps de temps, je me dirige vers les cuisines, louche à la main, aux côtés des autres agents. Cette fois-ci, j'ai droit à un tout petit morceau de vrai pain et une soupe de légumes plus que fade, principalement composée d'eau. Parfois, je recevrai même une cuillère de miel. C'est mon régime alimentaire quotidien, à tous les repas, matin, midi et soir. Pendant des mois.

Les prisonniers, on les laisse mourir de faim mais, contrairement à moi, ils sont contraints, chaque vendredi, d'avaler de la viande de porc. Certains musulmans ont commencé par s'y opposer, avant de subir une séance de torture et d'être réduits à un douloureux silence, de ceux qu'on n'oublie jamais. La fois d'après, ils mangent sans broncher ce qu'on leur donne si généreusement.

J'ai à peine eu le temps de laver ma louche qu'on frappe à ma porte. J'ai quelques secondes pour me préparer et attendre au garde-à-vous devant ma porte. Je dois avoir terminé de préparer mes cours à 14h.

De 14h à 16h : chanter les louanges du Parti

Les prisonniers sont de nouveau réunis en salle de cours, afin, cette fois-ci, de chanter en chœur les louanges du Parti. Nous commençons par l'hymne national puis enchaînons sur une autre chanson « rouge », qui célèbre le Parti pour avoir donné naissance à tel enfant, pris soin de toutes les nationalités au sein de la patrie. C'est grâce à lui que le pays a recouvré toutes ses forces...

Tenant tant bien que mal en équilibre sur leurs tabourets, le dos voûté pour écrire sur un bloc de papier posé à même leurs genoux, les prisonniers recopient les paroles des chansons inscrites au tableau. Écrire, chanter, écrire... Ils doivent apprendre une chanson par jour. C'est bien trop pour eux. Désormais, je leur enseigne une strophe par jour. Dès le lendemain, lorsqu'ils se rendent, enchaînés, aux cuisines, ils sont sommés de chanter bien haut la dernière strophe qu'ils ont apprise par cœur.

Nous vivons au XXIe siècle, le monde se développe à grande vitesse. Seule la Chine semble être figée dans un passé poussiéreux, celui de la terreur et des crimes commis à l'époque de Mao, que le Parti et le gouvernement s'étaient pourtant efforcés de faire disparaître de nos souvenirs et des livres d'histoire. Ce silence de mort nous a tous condamnés à subir les mêmes atrocités...

Xi Jinping, omniprésent, omnipotent, comme son modèle absolu, Mao, veut faire advenir «l'homme nouveau», en envoyant tous les «suspects» en camp d'internement afin qu'ils subissent une «réforme de la pensée», menée d'une main de fer.

De notre supplice doit naître un nouvel ordre, celui garanti par des membres du PCC passionnés et soumis, sans plus aucune autre croyance que la grandeur du Parti, sans autre lien que celui qui l'unit à lui. Croire en la bonté et en la sainteté du Parti, se mettre au service de sa prise de pouvoir absolue et de ses généreux représentants : voilà ce qui nous attend.

Désormais, il suffit que j'entende quelques notes de l'hymne national chinois pour que la colère monte en moi. Je bouillonne, pleine de haine pour le Parti et pour ce pays. Je repense aux prisonniers soumis à la torture, à tous ces innocents réduits à l'état de cadavres ambulants. Aux patriotes ayant revendiqué cette renaissance tant attendue au prix d'un génocide. Aux parfaits petits Chinois.

De 16h à 18h : autocritique

Aux yeux des Chinois qui travaillent dans le camp, les prisonniers ne sont pas des humains, mais des criminels portant un numéro en lieu et place d'un nom. « Si tu ne t'étais pas opposé à loi, si tu n'avais pas agi en tant qu'espion ou agent double, tu ne serais pas ici. » Ils justifient ainsi les crimes qu'eux-mêmes commettent. « Celui qui se retrouve ici mérite ses souffrances. »

Les deux heures qui suivent sont consacrées à une autocritique en silence : les prisonniers doivent se tenir assis, immobiles, et repenser à toutes les fautes dont ils se sont rendus coupables. Je me tiens cette fois-ci en retrait, derrière les deux gardes lourdement armés et deux ou trois employés chinois.

L'un d'eux leur crie aux oreilles :

– Plus vite vous comprendrez vos erreurs et vous efforcerez de les réparer, plus vite vous sortirez d'ici.

Je dois traduire pour ceux des détenus qui ne parlent pas chinois.

Les employés du camp admettent bien volontiers que les prisonniers ne savent souvent pas ce qu'ils font là : ils prennent plaisir à leur expliquer, encore et encore. Est ainsi coupable celui qui a osé prier, témoigner de sa foi, avoir de mauvaises pensées au sujet de la langue ou des traditions chinoises... Les raisons ne manquent pas. Elles ne manquent jamais.

Les autorités usent sans vergogne de photos représentant la mauvaise personne, de preuves douteuses.

Jusqu'à récemment encore, le Kazakhstan et le Xinjiang entretenaient de bonnes relations. Des artistes, chanteurs ou écrivains étrangers se rendaient régulièrement chez nous, des centaines de fans se faisaient prendre en photo avec leurs musiciens préférés ou devant une affiche annonçant l'arrivée d'une star.

Aujourd'hui, ces images sont exploitées comme autant de preuves confirmant des actes de trahison et justifiant un lavage de cerveau.

Après avoir évoqué les différentes catégories de crimes et d'infractions, les agents expliquent aux prisonniers comment s'y prendre :

– Vous devez vous demander ce que vous avez fait de mal dans votre vie et comment l'exprimer avec des mots justes.

L'un d'eux interpelle l'adolescente de treize ans au premier rang. Elle se lève d'un bond et débite à toute vitesse son discours, dans un chinois courant :

– J'ai commis une grave erreur en allant voir un membre de ma famille au Kazakhstan. Je ne le referai plus jamais !

Celui qui se croit innocent sera puni, et doublement, car l'un de ses proches sera également placé en détention. Encore faut-il avoir l'air plausible, comme cet homme qui annonce :

– J'étais croyant et j'allais à la mosquée.

Même si rien de cela n'est vrai, il a deux heures pour se convaincre de ses fautes et les formuler en chinois, afin de pouvoir ensuite les écrire, le plus correctement possible, noir sur blanc.

En fin d'après-midi, les prisonniers doivent de nouveau réfléchir aux aveux qu'ils rédigeront dans la nuit. Il n'y a pas un bruit, en dehors de celui qui agite les esprits, marée montante nébuleuse et inquiétante.

De 18h à 20h : pause et repas du soir

C'est ensuite l'heure du repas. Les prisonniers se postent devant leur cellule, les uns derrière les autres. D'un côté, les femmes, de l'autre, les hommes. Le sol est divisé par une ligne rouge, elle-même longée de part et d'autre par une ligne bleue. Les détenus doivent impérativement se placer sur cette ligne rouge. Chaînes aux chevilles et aux poignets, ils n'ont droit qu'à une minuscule marge d'erreur. Celui qui trébuche ou marche par mégarde sur la ligne bleue est torturé. Les menottes sont retirées de l'un des poignets, le temps que dure la distribution des repas, afin que les prisonniers puissent porter leur gamelle.

À l'issue de mon premier jour de cours, je suis convoquée, car j'ai moi-même commis une faute.

Prise en défaut !

Je n'ai pas encore refermé la porte derrière moi que l'employé me saisit par le bras et m'interroge :

– As-tu reconnu un visage familier parmi les détenus ? Pourquoi as-tu pris un air si contrarié lorsque tu as vu ce Ouïgour ?

En salle de vidéosurveillance, les expressions de mon visage ont été étudiées dans les moindres détails. « Comment se comporte-t-elle ? À quoi pense-t-elle ? Avons-nous affaire à une traîtresse ? » Et ils n'ont pas manqué de relever ma réaction face au père de famille ouïgour un peu plus tôt dans la journée.

L'espace d'une interminable seconde, je suis saisie d'effroi : « Tout est fini. Je suis finie. » J'ai signé un contrat dans lequel est écrit que le moindre faux pas me condamne à mort. Je me défends :

– Non, pas du tout.

J'ai du mal à articuler, ma langue est soudain de plomb.
– Je n'ai regardé personne. C'est juste que je souffre de douleurs abdominales contre lesquelles je ne peux rien.
– Assieds-toi !

L'agent me remet un papier et un stylo afin que je fasse ma déclaration par écrit, avant de promettre que je ne regarderai plus jamais un prisonnier dans les yeux. Je pose le stylo et dois répéter, à voix haute cette fois-ci, que je ne recommencerai jamais.

Le lendemain, le jeune Ouïgour a disparu. Ils ont certainement troqué son uniforme bleu foncé contre un rouge. La culpabilité me ronge, je n'en dors pas pendant des nuits. « À cause de moi, il a dû perdre des points, il va vivre dans des conditions encore pires que celles-ci. » Pourquoi ne me suis-je pas davantage surveillée ? Comment ai-je pu envoyer un autre être humain dans l'abîme ? Ces pensées finissent de me briser, je me dis que plus rien de bon ne peut venir de moi. Et j'en veux au Parti de m'avoir réduite à cela.

De 20h à 22h : « Je suis un criminel ! »

Les employés du camp passent de cellule en cellule expliquer aux prisonniers qu'ils doivent accepter, en leur for intérieur, les erreurs qu'ils ont commises. Cela signifie se concentrer très fort et se les répéter en silence autant de fois que nécessaire. « Je suis un criminel parce que j'ai prié. » Tête face au mur, poignets menottés posés au-dessus de la tête, ils doivent rester immobiles deux heures durant.

Pendant ce même temps, je suis installée dans l'un des bureaux pour gérer des tâches administratives : classer des dossiers, ranger des documents. Je demeure bien entendu sous haute surveillance. Une fois par semaine, je dois rédiger à la main un rapport sur mes propres actions et les juger : « J'ai réalisé l'ensemble de mes tâches, pour ma plus grande satisfaction. » Seuls certains agents du camp ont accès aux ordinateurs, que je ne peux en aucun cas utiliser. Mon compte rendu fait une à deux pages, selon le temps qu'on m'octroie. À n'en pas douter, ils vérifient chacun de mes dires à l'aide des enregistrements vidéo réalisés en continu. Ils m'envoient parfois à l'infirmerie, la deuxième porte après ma cellule, afin que j'y trie les dossiers médicaux.

À son arrivée au camp, chaque prisonnier est examiné par un médecin. Son état général, son groupe sanguin, tout ce qui paraît important, est scrupuleusement consigné. Des prises de sang sont réalisées une fois par mois. Les prisonniers font alors la queue devant l'infirmerie. Je suis également concernée, mais traitée séparément. À cet étage, je ne croise qu'une seule infirmière, la même pendant plusieurs mois. D'après son accent, je devine que cette jeune femme d'environ vingt et un ans vient, comme tous les autres agents, de l'une des grandes villes du pays, et non du Xinjiang.

Les autres infirmières, médecins ou soignants viennent de l'extérieur du camp et sont généralement convoqués au beau milieu de la nuit.

– Mets à part les dossiers des prisonniers avec une maladie chronique, m'ordonne la jeune infirmière aux cheveux courts qui, comme moi, porte une tenue à motif camouflage.

Les assistants médicaux l'appellent par son sobriquet, Xiao Chen (« petite Chen »). Le reste du temps, aucun prénom n'est prononcé. On s'adresse aux gens selon la fonction qu'ils remplissent : « Hé, sanitaires, viens par ici ! »

Condamnée à l'exil

Une attention toute particulière est portée aux dossiers des hommes encore jeunes et vigoureux, que l'on marque d'une croix rouge. Au début, je n'en connais pas la signification.

Ces jeunes gens sont-ils repérés en amont ? Comptent-ils s'en servir pour du trafic d'organes, ceux que des médecins sans scrupule leur arracheront avec une insoutenable violence ? Le Parti se sert allègrement sur les détenus, c'est un fait avéré. Au Turkestan oriental, quelques cliniques en ont même fait leur spécialité. On raconte que, dans l'Altaï, les Arabes ont la priorité sur les organes des fidèles musulmans comme eux : ils les considèrent comme halal.

Peut-être y a-t-il dans le camp un trafic de reins, de cœurs et d'autres organes vitaux ?

Je remarque au fil des semaines que les gardes viennent toujours chercher les prisonniers jeunes et en bonne santé et que je ne les revois jamais, indépendamment des notes qu'ils obtiennent. Je découvre ensuite, horrifiée, que leurs dossiers étaient effectivement tous marqués d'une croix rouge.

Il y a aussi une deuxième raison à cette sélection, je ne le comprendrai qu'après ma libération. De nombreux témoins ont raconté avoir été transférés d'un camp d'internement à un poste de travail forcé.

Les entreprises ayant recours à cette force de travail portent d'ailleurs une lourde responsabilité morale. Il leur incombe de vérifier le bon respect des droits de l'homme à toutes les étapes de leur chaîne d'approvisionnement et de production. Des rapports de sous-traitance, des enquêtes menées par des think tanks indépendants et d'autres sources économiques le montrent : des dizaines de milliers de musulmans du Turkestan oriental ont été envoyés dans des usines à travers tout le pays.

La sortie des camps d'internement n'annonce pas la fin du cauchemar pour eux : isolés des leurs et du reste du monde, ils sont logés collectivement dans l'enceinte de l'usine. Des marques occidentales profitent largement de ce système esclavagiste, parmi lesquelles Bosch, Adidas, Microsoft ou Lacoste. D'autres, comme Siemens, vendent à la Chine les infrastructures utilisées dans les camps. Des caméras et scanners étrangers servent à surveiller des innocents, à les arrêter et les interner.

De 22h à minuit : aveux écrits

Durant ces deux heures-là, chaque prisonnier, dos courbé au-dessus de son petit cahier posé à même le sol de sa cellule, rédige ses « aveux ». Une déclaration telle que « J'ai commis un crime d'ordre religieux car j'ai jeûné pour le ramadan. Aujourd'hui, je sais que Dieu n'existe pas » peut valoir à son auteur quelques bons points. Le lendemain matin, tout le monde rend sa copie.

Ce système récompense les comédiens les plus convaincants : « Je suis libéré de mes pensées nauséabondes ! » Cette phrase fait partie des incontournables. « Je ne suis plus musulmane. Je ne crois plus en Dieu. »

Quant à moi, je passe ces deux heures à rédiger un compte rendu, nettoyer les sols, faire le ménage dans plusieurs bureaux et salles de classe. Je dois tout faire seule, quand les employés chinois sont plusieurs à se répartir la tâche. Il n'y a pas d'emploi du temps et il arrive que je sois de ménage plusieurs jours d'affilée, en journée, le soir ou de nuit. Une règle préside à mon quotidien : aucun temps de repos.

Les agents du camp ont une mission, une obsession : contrôler les pensées des prisonniers à chaque instant. Le seul vague moment de répit qui leur reste est le sommeil. Ils sont si nombreux dans si peu d'espace que je me demande bien comment ils font. Ils doivent dormir entassés les uns sur les autres, chaînes aux chevilles et aux poignets. Pour eux, pas de sommeil en réalité, mais un vague coma brumeux, une chute au fond des ténèbres.

De minuit à 1h : surveillance

Je suis de garde jusqu'à 1h. À partir de minuit, je suis postée dans le hall, je dois surveiller les cellules. J'échange parfois ma place avec un autre agent. Nous devons nous tenir derrière une ligne tracée au sol. Il arrive que les détenus doivent également s'y aligner, mais on place dans ce cas un surveillant entre chacun d'eux. On nous l'a suffisamment répété : « Gare aux évasions ! Cela ne doit jamais arriver ! » Mais comment les prisonniers pourraient-ils s'échapper ? Toutes les portes sont verrouillées à triple tour. Il est impossible de sortir d'ici.

Si cela devait néanmoins arriver, nous avons l'interdiction d'ébruiter l'information au sein du camp.

Mon regard se pose sur les postes de surveillance vitrés. L'escalier se trouve juste derrière. J'ai vite compris que ce bâtiment, distribué sur plusieurs étages, comportait aussi des sous-sols. Lorsqu'un agent est envoyé « à l'étage inférieur », il lui faut du temps pour en revenir, alors même qu'il se presse d'obéir aux ordres.

Juste avant les marches se trouve la « chambre noire », où les prisonniers, quand vient leur tour, sont torturés. J'ai entendu les cris pour la première fois deux ou trois jours après mon arrivée. Ils n'ont pas fait que traverser le couloir et les murs du bâtiment : ils sont passés par chacun des pores ma peau. Une nuit infinie s'est installée en moi.

Jamais je n'avais entendu de tels cris. De ceux qui nous hantent jusqu'à la fin de nos jours. Ils contiennent toute la souffrance et le désespoir de la victime, de la bête qu'on achève.

Mon cœur s'est presque arrêté de battre. J'ai envie de me jeter au sol et de me couvrir les oreilles. Pleurer n'est même pas envisageable. « Sinon tu ne reverras plus jamais tes enfants, Sayragul. » Je serre la mâchoire aussi fort que possible et me retire un peu plus en moi-même, là où les autres ne sont plus que des silhouettes, là où les cris sont étouffés. Chaque jour, cela recommence.

De 1h à 6h : trouver le sommeil

Après mon heure de garde, je me roule en boule sur mon matelas en plastique. Le béton froid me glace les membres. Pour gagner un peu de chaleur et de confort, je dors généralement habillée. Je suis épuisée, mais ne parviens pas à trouver le sommeil. À l'odeur insupportable des toilettes se mêlent en moi les cris des prisonniers torturés et les images insoutenables de leur calvaire quotidien. Ma terreur est telle que mon corps entier est tendu, crispé. Je reste là, immobile, l'esprit en alerte malgré mon état de fatigue. Les visages de ces pauvres hères m'obsèdent. Leur résignation sourde. Et toujours les mêmes questions qui me hantent : « Pourquoi tout ça ? Pourquoi notre souffrance ne les atteint pas ? Comment peut-on avoir un cœur si froid ? » Nos vies n'ont à leurs yeux pas plus de valeur que celle d'un cafard, que l'on écrase sous son talon sans même y réfléchir.

Je finis par sombrer, avant d'être réveillée, à peine deux heures plus tard, par le cri strident de la sirène. Les journées se succèdent ainsi, la nouvelle pareille à la précédente, sous une éternelle lumière artificielle.

Ce bâtiment est un cercueil en béton. Il n'y a plus de jour, plus de nuit, plus d'hiver ni de printemps.
Je perds la notion du temps.
Certains jours, on me confie des tâches plus secrètes...

Secret d'État : un plan en trois phases

Lorsqu'on me réquisitionne pour des affaires secrètes, c'est toujours sans prévenir et au milieu de la nuit. Cela peut se produire une fois par semaine, comme dix jours d'affilée. Un messager est alors dépêché, qui court des escaliers aux bureaux en passant par les postes de surveillance. La pièce dans laquelle je suis convoquée et le nombre de personnes présentes varient selon le degré d'importance du message reçu. Je découvre ainsi la plupart des pièces de mon étage, mais pas toutes. Les informations hautement confidentielles limitent la présence à deux ou trois officiers haut gradés.

Ces fonctionnaires dépendent d'une nouvelle administration, dont le nom peut être grossièrement traduit par « Sécurité nationale ». Leur uniforme rappelle celui des policiers et militaires, mais de meilleure facture. Le plus haut gradé reçoit l'information en premier avant de me la transmettre.

Je dois m'asseoir et lire le document en silence. Un officier reste posté juste derrière moi. Pendant que je lis, ils étudient l'expression de mon visage. La première fois, je n'ai aucune idée du contenu qu'on me transmet et suis bien incapable de savoir ce que j'ai pu trahir de mes pensées.

Pékin le répète à qui veut l'entendre : ce qui se passe dans les provinces reculées, comme le Xinjiang, est du ressort des autorités locales. Sur les papiers qu'on me tend figure néanmoins la mention « Document classé –

provenance : Pékin ». La vérité ne fait plus aucun doute : les camps ont été érigés sur ordre du gouvernement. Le document qu'on vient de me remettre contient les détails d'un plan en trois phases décidé par Pékin.

Première phase, 2014-2025 : au Xinjiang, assimilation de ceux qui se montrent volontaires et élimination des autres.
Je suis prise de vertige. Un génocide planifié ? Chaque phase est résumée en une ligne, puis largement détaillée juste en dessous. Les premières mesures décidées par Pékin ont été mises en place dès 2014. Notre territoire du nord-ouest a été scindé en deux, une zone Nord et une zone Sud. Les Ouïgours de la zone Sud ont été les premiers visés par le Parti : ils représentaient l'ethnie majoritaire dans la région. Le Nord, principalement habité par les Kazakhs et les Kirghizes, ainsi que d'autres peuples, a été pris en étau à compter de 2016. J'ai peur de lire la suite.

Deuxième phase, 2025-2035 : après l'assimilation au sein de la nation, occupation des pays voisins.
Prise de pouvoir progressive au Kirghizistan, au Kazakhstan et en Ouzbékistan par exemple, entre autres grâce aux « nouvelles routes de la soie » et à des investissements massifs.
Ces pays doivent lourdement s'endetter auprès de la Chine, qui enverra ses habitants coloniser peu à peu les villes et les campagnes pour y construire des usines, mais aussi investir dans les médias, les maisons d'édition et les chaînes de télévision. Un moyen pour Pékin d'exporter sa politique, avant d'envoyer des espions et informateurs récolter des données gouvernementales sensibles.

Condamnée à l'exil

Troisième phase, 2035-2055 : après cette concrétisation du « rêve chinois » vient le tour de l'Europe.
Les yeux rivés sur le papier que je tiens en main, j'oublie presque de respirer. Cela signifie que la terreur instaurée par la Chine ne s'arrêtera pas aux peuples ouïgours ou kazakhs, mais que l'oppression sera progressivement étendue au reste du monde. Ne pas le voir venir, c'est risquer de vivre l'enfer sur terre.

Lorsque je relève la tête, je vois au petit sourire de l'officier que mon effroi et ma pâleur soudaine ne lui ont pas échappé.
– Pourquoi réagis-tu ainsi ? Pour quelle raison exactement ?
Je bredouille une réponse :
– Votre autorité m'impressionne.
Je prends un air embarrassé et poursuis :
– Et puis, je ne suis pas sûre d'avoir bien tout compris, je ne sais pas si j'ai le droit de vous poser des questions ?
Suintant l'autosatisfaction, il relève le menton et me questionne :
– Qu'as-tu compris exactement ?
Je me lance, et il m'interrompt chaque fois que je n'utilise pas les bons mots, à savoir le jargon du Parti :
– Non ! Répète !
Je dois reprendre sa version, mot pour mot.
De ces prisonniers, Pékin désire faire des pantins à sa solde. Le gouvernement nourrit un rêve de toute-puissance internationale, portée par un principe de pensée unique. Il promet à tous leur part de gloire. Avant cela, on doit être sûr que les détenus appartiennent corps et âme au Parti.
On m'arrache les feuilles des mains et je dois me poster près d'un seau en fer-blanc posé au milieu de la pièce.

L'officier demande son briquet à l'un des surveillants, la flamme lèche le document classé confidentiel. Un autre surveillant sort son téléphone de sa poche pour filmer la scène intégralement, jusqu'à ce que le dernier morceau de papier tombe, carbonisé, dans le récipient métallique devant moi. Ce que j'ai pu lire n'est qu'un court extrait de la version complète précieusement conservée par l'officier, au format électronique.

Ils m'autorisent ensuite à aller dormir.

En Occident, peu de personnes sont disposées à croire que de telles monstruosités sont possibles, qu'un « plan en trois phases » ait pu être imaginé par la Chine. Je croiserai un jour la route d'une survivante kazakhe qui, elle aussi, a appris l'existence de ce plan. Les « programmes éducatifs » semblent être les mêmes d'un camp à l'autre. Des témoins de plus en plus nombreux le confirment.

« Combien de temps allons-nous devoir rester ici ? »

Après cette nuit-là, je commence mon cours par une chanson à la gloire du Parti. « Le Parti communiste est parvenu à rééduquer tant de personnes ! C'est une bonne chose pour le peuple entier, car nous ne formons qu'un ! » J'aborde ensuite le sujet des nouvelles routes de la soie. Je transmets par petits chapitres aux « élèves » les informations reçues du gouvernement. Les hommes en uniforme vérifient l'acquisition des connaissances en questionnant les prisonniers au hasard. Ils s'assurent également par ce biais que j'ai correctement fait mon travail. Une fois ce contrôle effectué, je suis autorisée à reprendre le cours.

« Ces nouvelles routes de la soie relient déjà le Xinjiang à l'Afrique, l'Asie et l'Europe. C'est une belle réussite. Ce méga-projet économique et géopolitique doit non seulement faciliter nos exportations mais aussi permettre la diffusion de notre grandiose modèle politique. »

Comprenez : il ne sert absolument à rien de s'opposer au pouvoir économique, politique et militaire de la Chine.

Lorsque vient le chapitre sur l'assimilation dans le Xinjiang, que je dois traiter dans un temps donné, l'angoisse se fait sentir parmi les prisonniers. Au moment des questions, plusieurs mains se lèvent.

– Vous avez promis de nous libérer sous cinq à six mois. Est-ce que cela signifie que nous allons devoir rester ici encore des années ?

– Que devons-nous faire pour être libérés avant 2035 ?

Comme toujours, je dois d'abord assurer la traduction à l'intention des surveillants. Je réponds alors aux prisonniers :

– Si vous suivez toutes les instructions qu'on vous donne, si vous obéissez et continuez à manger de la viande de porc et vous conformez aux ordres du Parti, vous sortirez plus vite.

Est-ce seulement la vérité ? Durant les cinq mois que je passerai dans le camp, je ne verrai personne en sortir. Plus tard, à Aksu, je ne croiserai aucun ami, aucune connaissance revenue des camps, même après plusieurs années de détention.

Ceux qui, au bout du compte, ne sont pas envoyés au travail forcé, ne sont plus que l'ombre d'eux-mêmes. Les détenus libérés sont fondamentalement transformés. Et j'ai beau vouloir y croire, je ne pense pas qu'ils soient nombreux à survivre après leur libération. La pression physique et psychique constante a eu raison de leur goût de vivre. Les âmes brisées vivent dans un état de peur permanente. Le moindre éclat de voix les affole, un rien déclenche un stress insoutenable. La sous-alimentation, les mauvais traitements, les infections et la prise de médicaments forcée créent chez les prisonniers, déjà traumatisés, de graves conséquences physiques et psychologiques. La plupart sont transformés en robots, pilotés à distance par l'État.

Quels morts ?

D'autres documents ne sont pas destinés aux cours. Il arrive que les surveillants présents dans la pièce n'aient même pas le droit d'en connaître le contenu. Mais on me fait lever en pleine nuit pour les lire en silence, comme c'est le cas pour le « document numéro 21 ». Là encore, des officiers scrutent mes réactions à mesure que je prends connaissance de son contenu. Mais j'ai appris de mes erreurs : je peux lire n'importe quelle atrocité et conserver un air impassible. « Les cadavres des prisonniers morts dans les camps doivent disparaître sans laisser de trace. » Tout cela rédigé dans un jargon administratif, comme s'il s'agissait de vider les poubelles. On ne doit pas pouvoir reconnaître les séquelles des tortures sur les corps sans vie.

Quand un prisonnier est tué ou meurt pour une autre raison, rien ne doit filtrer. Il est strictement interdit de prendre en photo ou de filmer les cadavres. Pour les familles, il faut trouver des excuses plausibles. Dans certains cas, il est conseillé de tout bonnement taire la mort du prisonnier.

Durant ma détention, je ne les vois pas procéder à des exécutions. Je remarque en revanche, comme d'autres, de mystérieuses disparitions, des prisonniers gisant sur le béton, à demi morts. Personne ou presque ne ressort vivant des camps.

Quand un détenu meurt, seuls quelques agents ayant accès à ce niveau d'information sont mis au courant. Seuls eux connaîtront les vraies raisons du décès. Il est naturellement hors de question que j'en parle dans mes cours : les prisonniers ne doivent rien savoir de l'issue certaine qui les attend. Ils risqueraient de ne plus se laisser faire, seraient pris de panique.

Mas pourquoi me mettre, moi, dans la confidence ? Je n'y comprends rien. L'officier me tend une feuille dactylographiée et un stylo :

– Signe ça !

En le faisant, je déclare avoir pris connaissance des documents. Je découvre qu'on me fait aussi assumer l'entière responsabilité du contenu qu'ils renferment. Si les événements devaient mal tourner, ils auront ainsi de quoi justifier ma condamnation à mort. La mise en œuvre de ces directives ne dépend pas du tout de moi, mais je serais le premier fusible à sauter au besoin.

En fin de journée, chaque camp est sommé de rédiger un compte rendu qui sera envoyé à Urumqi. C'est là que se trouvent les bureaux secrets de l'administration centrale, la « plateforme opérationnelle commune intégrée ». On y conserve les informations remontées des camps, les ADN des prisonniers, leur passeport, leur numéro d'identité et une quantité de données complémentaires. C'est aussi là que sont envoyées les directives émanant de Pékin, avant qu'elles ne soient diffusées dans chaque camp.

Le document que je viens de signer sera dans la foulée, à n'en pas douter, transmis à Urumqi.

L'heure de la douche

Avec le temps, les vêtements collent au corps des prisonniers. Ils sentent la crasse et la transpiration, mais n'ont le droit de se laver qu'une fois par mois, voire tous les deux mois. En tant qu'employée, je suis autorisée à me laver une fois par semaine ou toutes les deux semaines.

Deux surveillants, des hommes, mitraillette au poing, m'escortent jusqu'à la porte de la salle d'eau commune. Parfois, ils restent devant la porte, le reste du temps ils m'accompagnent à l'intérieur. La pièce est sommaire. Des rideaux en plastique séparent les douches. Je suis toujours seule – exception faite des deux gardes. Aucune autre femme n'entre ou ne sort. Personne ne doit m'approcher de trop près. L'eau ne coule pas plus de deux minutes. Les prisonniers ont-ils, comme moi, droit à de l'eau chaude ? J'en doute.

Je ne remarque pas tout de suite les caméras. Un soir, alors que je suis de corvée de ménage, j'entre dans la salle de vidéosurveillance pour y laver le sol. Je vois alors deux employés chinois se rincer l'œil devant les images de femmes et de jeunes filles sous la douche. J'entends leurs rires gras, leurs blagues de mauvais goût. « Hé, mate celle-là ! » Tandis que je passe la serpillière, je les vois zoomer sur différentes parties de l'anatomie de ces femmes, leurs seins, leurs parties intimes. Certaines jeunes filles ont visiblement déjà compris ce qui se trame et prennent leur douche à moitié habillées, se hâtant de se laver les cheveux, rien de plus.

Quand revient mon tour, je m'efforce d'en montrer le moins possible. Je relève prudemment la tête et examine le plafond afin de repérer la position des caméras. Les objectifs sont si petits qu'il est facile de ne pas les remarquer.

Liste des pays les plus dangereux au monde

Un jour, en « cours », je dois parler des États-Unis, l'ennemi numéro un de l'empire du Milieu. Le Parti a établi une liste des vingt-six États qu'il considère comme les plus dangereux au monde. Les États-Unis occupent donc la première place. Viennent ensuite, dans l'ordre, le Japon, l'Allemagne ou le Kazakhstan – je ne sais plus lequel était devant. Quiconque a le moindre contact avec l'un de ces pays devient lui aussi un ennemi de la nation. Cette liste n'est un secret pour personne. Le Parti la sort de son chapeau dès que c'est nécessaire, pour justifier une arrestation par exemple. Face aux prisonniers, je vante les mérites du Parti « si généreux et si sacré », avant de rappeler à quel point « certaines nations, et en premier lieu les États-Unis, sont haïssables. »

Les États-Unis, dont la politique étrangère est systématiquement dirigée contre le peuple chinois, sont des coupables tout désignés. Les Américains veulent diviser le pays. Je suis à la lettre le message que m'a transmis la direction du camp. Les Chinois torturent les musulmans ? La faute aux États-Unis ! Mais oui : ils sont à l'origine de leurs mauvaises pensées, de leurs comportements menaçants. D'après Pékin, les démocraties occidentales représentent un modèle à la dérive, menant à la crise et au chaos.

Code secret : souliers de paille, bottes en cuir

Les nuits suivantes, je reçois plusieurs messages secrets en langage codé :

1. Traitez d'abord les « souliers de paille », puis les « bottes en cuir ».

Les « souliers de paille » sont les gens ordinaires, bergers, fermiers, pêcheurs. Les « bottes en cuir » sont les fonctionnaires du gouvernement, dans l'administration, les écoles ou les services de sécurité, par exemple.

S'occuper des « souliers de paille » signifie faire des autochtones de bons petits Chinois. Celui qui refuse de s'y plier se voit « retirer ses chaussures » avec violence.

Je ne suis pas sûre de savoir à quoi sert d'avoir des codes secrets. Les voies du Parti sont impénétrables. J'imagine que le contenu de ces messages, qui passent de main en main, doit être vaguement crypté afin de ne pas pouvoir être tout de suite compréhensible.

J'ai suivi des études supérieures et parviens plus rapidement que d'autres à saisir les métaphores qu'ils contiennent. C'est pour cela qu'ils font appel à moi.

2. Séparez les foyers en trois groupes : principaux, communs et dignes de confiance. Ainsi sont désignés les différents degrés de menace. Les foyers « dignes de confiance » sont ceux des Chinois, tranquilles et à l'abri des foudres de l'État. Les autres sont ceux dans lesquels vivent des musulmans qui doivent, selon Pékin, subir un lavage de cerveau. Les foyers « communs » sont ceux dans lesquels ne vivent a priori qu'une ou deux personnes « suspectes ». Ceux qui vivent dans les foyers « principaux » doivent tous finir enchaînés.

Après avoir étudié le contenu de ce nouveau message, je rends la feuille à l'agent qui me l'a soumise. Il sort son briquet et la fait brûler.

La chambre noire

Durant les « cours », les prisonniers sont nombreux à se gratter jusqu'au sang et à gémir. Je ne sais dire si un mal les ronge ou s'ils sont devenus fous. Tandis que je débite mon discours, sans m'écouter moi-même parler de notre très dévoué patriarche Xi Jinping – celui « qui, par ses mains, transmet la chaleur de l'amour » –, il arrive que des « élèves » perdent conscience et s'écroulent.

Nous, les êtres humains, possédons un « interrupteur » cérébral qui s'active en cas de menace imminente et provoque en nous un court-circuit. Lorsque nos sens ne sont plus en capacité d'absorber les douleurs à répétition, le cerveau coupe tout. Pour ne pas perdre la raison lorsque la peur devient insoutenable, nous perdons connaissance.

Les gardes appellent alors leurs collègues postés devant la salle. Ils entrent dans un grand fracas, attrapent le prisonnier inconscient par les bras et le traînent par terre comme une poupée de chiffon. Parfois, ils ne se contentent pas d'évacuer les détenus tombés à terre, ceux qui sont malades ou devenus fous ; la porte s'ouvre brusquement, des hommes lourdement armés entrent dans la salle de classe et en ressortent avec un prisonnier. Peu après, les murs résonnent de ses cris de douleur. Ces hurlements et appels à l'aide me glacent le sang, me mettent en état d'alerte. La séance de torture se prolonge. La lumière s'éteint en moi.

Il n'y a rien de plus effroyable que ces cris.

J'ai vu de mes propres yeux les appareils de torture de la « chambre noire ». Les chaînes aux murs. Certains prisonniers sont attachés, par les pieds et les mains, à une chaise dont l'assise est jonchée de clous, pointe vers le haut. Ils sont nombreux à ne jamais en revenir. D'autres sortent en titubant, les vêtements tachés de sang.

Parfois, les gardes me demandent de les suivre en cellule afin de traduire leurs propos ou ceux des prisonniers. Certains gisent au sol, incapables de bouger, détruits par la séance de torture qu'ils viennent de subir.

Comment je sais ce qui se trouve dans la chambre noire ? C'est très simple : j'y ai moi-même été torturée.

La conspiration : rencontre avec une vieille bergère

Une nuit de janvier 2018, un groupe de nouveaux prisonniers intègre le camp. Parmi eux, une grand-mère kazakhe avec une petite tresse grise, une humble bergère venue des montagnes. On devine qu'elle a été enlevée par surprise. Les policiers ne lui ont pas même laissé le temps d'enfiler ses chaussures. Elle est en chaussettes. Elle a quatre-vingt-quatre ans.

Elle regarde partout autour d'elle, cherchant désespérément de l'aide. Quand elle aperçoit mon visage rond entre les deux surveillants impassibles, elle se rue sur moi et s'accroche à mon cou :

– Je t'en supplie, tu es kazakhe ! Tu dois m'aider ! Sauve-moi ! Je n'ai rien fait, je suis innocente ! Sauve-moi, je t'en prie !

Je ne m'y attendais pas et ne sais comment réagir. Je suis épouvantée, mais reste immobile. Elle pleure, elle tremble de froid, de peur. J'ai peut-être, l'espace d'une seconde, passé mes bras autour d'elle. Je ne m'en souviens plus, tout s'est passé si vite. Une chose est sûre : ma réaction est une infraction au règlement.

L'instant d'après, les gardes l'attrapent. D'autres me saisissent par le bras et me traînent jusqu'à la chambre noire. La seule pièce de l'étage sans caméras : pas d'image, pas de preuves des atrocités commises. Je suis soupçonnée de conspiration.

L'antre de la cruauté

Cette pièce d'environ vingt mètres carrés ressemble effectivement à une chambre noire. Le bas des murs est grossièrement peint, comme maculé de boue. Au milieu trône une table longue de trois ou quatre mètres, sur laquelle sont posés des appareils et des instruments de torture en tous genres.

Dispositif à électrochoc, matraques de police de différentes tailles et formes : épaisses, fines, longues, courtes ;

barres de fer, qui servent à maintenir les mains et les bras des prisonniers dans leur dos et dans différentes positions, le but étant de générer le plus de douleur possible.

Aux murs, les armes et instruments semblent tout droit sortis du Moyen Âge : des tenailles pour arracher les ongles des mains et des orteils, un long bâton muni d'une pointe, lance de fortune qu'on enfoncera dans la chair humaine.

Le long d'un mur, plusieurs chaises pour différents usages : chaise électrique, chaise en métal avec barreaux et ceintures pour empêcher la victime de bouger, chaise en fer au dossier percé de trous pour faire passer les bras au-dessus de l'articulation des épaules. Mon regard balaie les murs et les sols. Du ciment brut. Gris et sale, répugnant, inquiétant. La cruauté vit ici, elle se nourrit de notre douleur.

Je suis persuadée que je vais mourir avant le lever du jour.

Deux hommes se tiennent devant moi. Le premier porte une cagoule noire qui lui masque le visage, des bottes lacées en cuir noir épais. C'est un Chinois, un Han, je le devine à son accent. C'est donc lui qui va mener l'interrogatoire. La première question qu'il me pose, puis me répète à l'envi est :

– Quelle erreur as-tu commise ?

Il attend des confessions, je dois me dénoncer alors même que je n'ai rien fait. Son collègue porte un uniforme de policer – pas de masque, mais un appareil à électrochoc dans la main.

J'ai peur qu'ils m'attachent au tabouret avec les clous ou m'entaillent la peau au scalpel. Mais non, ils ont choisi pour moi la chaise électrique. Ils fixent sur mon corps une longue tige métallique, de telle sorte que je ne peux presque plus bouger.

– Que t'a dit la bergère ? Comment justifies-tu ton comportement ? Tu la connais ?
– Elle m'a suppliée de l'aider.
Je veux sauver ma peau, mais ne veux pas accabler plus encore cette vieille dame. Je veille donc à ne pas traduire la phrase suivante : « Je suis innocente ! » Aucun des Chinois ne comprend le kazakh, mais si je traduis telles quelles les paroles de la bergère, mes bourreaux se montreront encore plus durs avec elle. Dans ce camp, il faut avouer ses fautes, ne surtout pas nier sa culpabilité.

Mon corps est soudain parcouru de spasmes, il tressaille comme s'il ne m'appartenait plus. Je reçois des coups de toutes parts. Ma tête s'écroule, je vois les bottes noires.

Je remonte le menton, lentement, très lentement.
– Tu es une conspiratrice ! Tu mens ! hurle l'homme masqué.

Ils déplacent les électrodes sur mes épaules, ma tête, mes mains, jusqu'à ce que je m'effondre.

Plus je mets de temps à répondre, plus je continue de nier, plus ils augmentent la charge électrique. Je dois « avouer » ma culpabilité.

– Oui, cette femme est une ancienne connaissance. Elle m'a demandé de passer un appel pour elle, de prévenir ses proches que la porte de son chalet est restée ouverte.

Chaque phrase que je prononce me demande un effort surhumain.

Mes bourreaux n'ont aucune once d'humanité en eux. Ils sont comme des chiens malades attachés à une chaîne, prêts à mordre, bestiaux. Ces hommes ne nous considèrent pas comme des êtres humains, mais comme des animaux de laboratoire.

Le choc des décharges électriques me faire perdre conscience à plusieurs reprises. Je lis sur leur visage la pleine satisfaction qu'ils ressentent à faire souffrir un autre être humain. Ils en rigolent. Plus ils m'entendent crier de douleur, plus leur joie redouble. Ils me maltraitent avec un plaisir évident.

La voix du mystérieux inconnu, ce jour-là dans le taxi, résonne en moi : « Si quelqu'un te fait du mal, ne lui montre pas ta douleur. » Elle se mêle à la voix de mon père. Ces voix viennent de loin, de très loin.

Alors même que j'endure le pire, que le sang bat violemment dans mes tempes et mes oreilles, que le monde plonge dans un brouillard gris foncé, je répète inlassablement :

– Cette femme est une ancienne connaissance.

Je tente à chaque fois de relever la tête et de crier le moins possible. Mes bourreaux se désintéressent de moi, j'échappe à d'autres sanctions.

Trois heures plus tard, à peine me suis-je allongée par terre dans ma cellule que je sombre dans l'obscurité la plus totale, comme si la nuit était venue m'enterrer dans son funeste linceul.

L'instant d'après, on cogne à ma porte :

– Debout !

Chaque mouvement me fait l'effet d'un coup de poignard, mais il faut bien que je me lève pour faire mon travail. Sinon, ils auront une raison toute trouvée de me torturer, encore, avec la mort certaine pour issue.

Tenir bon

Cette nuit passée dans la chambre noire m'a durablement traumatisée, je ne suis désormais que peur et stress. Je me sens étrangère à moi-même, ailleurs, différente. Je parviens péniblement à mettre un pied devant l'autre. Mes jambes sont de plomb, les soulever me cause les pires douleurs. J'assure quand même les cours. Ma tête bourdonne, le vacarme est assourdissant.

Un agent entre dans la salle, interpelle la vieille bergère, l'accuse du plus impardonnable des crimes :

– Tu es une espionne, tu as appelé l'étranger depuis ton téléphone portable !

Abasourdie, elle se défend de toutes ses forces. Les gardes conduisent cette femme de quatre-vingt-quatre ans dans la chambre noire, lui arrachent un à un les ongles des mains. La fois suivante, lorsque le surveillant l'apostrophe : « Pourquoi es-tu ici ? », elle s'efforce de répondre, dans un chinois hésitant :

– J'ai appelé l'étranger depuis mon téléphone portable.

Cette vieille dame au mode de vie rudimentaire n'a jamais possédé de téléphone portable. Elle n'aurait même pas su s'en servir.

En raison de ma proximité présumée avec elle, je suis, après la torture, privée de nourriture pendant deux jours.

Ma flamme de vie a vacillé, menacé de s'éteindre, mais jamais je n'ai perdu l'espoir de sortir un jour de cet enfer. Jamais !

Pour me faire tenir, la nuit, je m'imagine avec mes enfants. Nous sommes au Kazakhstan et partons nous promener. Je n'ai pas vu Ukilay et Ulagat depuis un an et demi. Cette séparation me brise, une main géante s'est refermée autour de mon cœur et l'écrase sans relâche.

Allongée sur le béton froid, je me retourne sans cesse, agitée, jusqu'à ce que la voix de mon père me parvienne : « Reste forte, ma fille. » Soudain je m'immobilise, seules mes lèvres bougent : « Oui. Quand tout ira mieux, papa, je voyagerai à l'étranger avec mes amours. Nous vivrons de précieux moments de liberté. »

Mourir ? Hors de question. Je veux revoir mes enfants, ne serait-ce qu'une fois. Et je suis bien décidée à sortir de ce camp, d'une manière ou d'une autre, pour témoigner aux yeux du monde des crimes commis ici.

En temps normal, il y a d'abord un procès, un jugement, une peine de prison, puis une libération. Mais ici ? Non. On ne sait pas si on sortira un jour de ce camp – qu'importe qu'on soit innocent. Ils se moquent des lois, les internements sont systématisés : il s'agit du plus grand crime contemporain contre l'humanité.

Mois après mois, un nouvel espoir me permet de survivre : celui d'une protestation unanime de la communauté internationale le jour où les atrocités perpétrées au Turkestan oriental seront révélées. Les démocraties comprendront qu'elles sont à leur tour menacées. Je m'imagine des chefs d'État interrogeant Pékin sur sa politique inhumaine, mettant un terme à toute cette horreur pour faire de la planète un lieu plus vivable.

Ces pensées me portent.

Stérilisation et mort à petit feu

Lorsque je reprends mon service de surveillance nocturne, une longue queue de prisonniers attend devant l'infirmerie.

– C'est juste une vaccination, répètent les infirmières pour ne pas qu'ils paniquent ou se débattent.

Le médecin y va de son couplet :

– Il s'agit d'une mesure préventive contre les maladies contagieuses.

Mais ils n'en disent pas plus et enfoncent leurs aiguilles dans les épaules des détenus. Certains s'y opposent, pris de peur :

– Je ne veux pas d'injection !

Deux aides-soignants immobilisent alors le rebelle, pendant que l'infirmière plante sa seringue dans la chair ainsi offerte. Puis deux gardes l'emportent, direction la chambre noire.

S'il s'agit d'une mesure préventive, pourquoi n'en prennent-ils pas d'autres, bien plus simples à mettre en œuvre et plus efficaces ? Pourquoi ne désinfectent-ils pas les cellules, par exemple ? Pourquoi laissent-ils tant de personnes pourrir entre quatre murs dans leur urine et leurs excréments ?

Presque tout le monde est déjà malade dans ce camp ; les dossiers minutieusement renseignés permettent à l'administration de connaître l'état de santé précis de chaque détenu. Pourquoi donc renouveler le « vaccin » chaque mois ? S'ils tiennent vraiment à aider les malades, pourquoi leur refusent-ils toute prise en charge médicale ou mesure de soulagement ?

Comment expliquer qu'ils ne viennent pas en aide à cette détenue que les suites de son opération du cerveau font souffrir le martyre ? Qu'ils laissent une jeune fille diabétique allongée toute la journée dans sa cellule s'éteindre sous leurs yeux, en lui refusant catégoriquement ses médicaments ? Je ne sais pas ce qu'elle est devenue. Lorsque je suis sortie du camp, elle gisait toujours au sol, dans l'antichambre de la mort.

Extermination programmée

Quelque temps plus tard, c'est à mon tour de devoir avaler des médicaments.

– C'est bon pour toi et ça permet de contenir la propagation des maladies, m'explique le médecin.

Il s'agit d'un gros cachet, que je dois prendre chaque semaine sous le regard attentif de Xiao Chen, l'infirmière. Ai-je le choix ?

Après la première prise, mon estomac me lance et je souffre de vertiges. Après la deuxième, j'ai de violentes nausées et dois me retenir à chaque instant de vomir. La jeune infirmière chinoise remet en place sa casquette de camouflage et me regarde avec pitié. Elle est en charge de la distribution des médicaments. Long visage, corps frêle, fort caractère.

Lorsqu'elle se retrouve un jour derrière moi dans la queue pour les cuisines, elle me murmure à l'oreille :

– N'avale plus ! Poison.

La fois suivante, je m'exécute docilement devant elle et les caméras, puis, tandis qu'elle coche sa feuille, recrache discrètement le médicament et le fais disparaître dans la poubelle à mes pieds. C'est précisément pour éviter ce genre de contacts humains que la direction du camp veille à assurer une rotation permanente du personnel.

Les employés ne doivent pas travailler ensemble trop souvent afin d'éviter toute solidarité. La Chinoise qui vient de m'aider est en poste à mon étage depuis mon arrivée et me connaît depuis des semaines, puisqu'il me faut régulièrement ranger et archiver des dossiers, et me tenir à sa disposition. Qu'il y ait encore, parmi le personnel du camp, des Chinois assez courageux pour s'autoriser des élans amicaux me remplit de joie.

Peut-être lui dois-je aussi de ne pas avoir été « vaccinée » comme l'ont été les autres ?

Cela ne s'arrête pas là pour les Kazakhs dans ce camp. On nous administre toute une série de médicaments. Certains prisonniers serrent les dents, scellent leurs lèvres, d'autres pleurent :

– Je ne veux pas prendre de cachets.

Mais personne ne les écoute. Les aides-soignants leur ouvrent brutalement la bouche et leur font avaler les médicaments de force.

Beaucoup de femmes n'ont plus leurs règles. Peut-être cherchent-ils à nous rendre stériles, à nous empêcher

de nous reproduire ? L'infirmière confirme un jour mon observation :
– Elles ne pourront plus avoir d'enfant.

D'autres médicaments plongent les prisonniers dans une profonde apathie, cerveau vide, plus aucun sentiment ni besoin. La famille ? La vie d'avant ? Rayées de la carte. Et puis, il y a ceux qui empoisonnent leur corps, lentement, insidieusement.

Un soir, je suis de corvée de ménage à l'infirmerie et ramasse les poubelles quand Xiao Chen me demande en passant :
– Je peux jeter ça ?

Elle me tend alors un petit rouleau de papier sur lequel je devine une inscription. Je dois faire preuve d'une extrême prudence car un surveillant est posté non loin de moi.

Au moment de sortir le sac-poubelle, je saisis le papier, le cache dans ma chaussure et repars dans ma cellule sans être inquiétée. Allongée sur ma bâche en plastique, je glisse la couverture par-dessus ma tête, comme je le fais souvent pour m'épargner la lumière des néons au moment de dormir. Les mains tremblantes, je déroule le papier : « Ne prenez pas de médicament, pas d'injection. Danger de mort ! »

Ils ne conduisent pas sur nous d'essais cliniques. Ils ne cherchent pas seulement à nous insensibiliser ou à nous rendre fous : ils veulent nous exterminer. L'instant d'après, je place le papier dans ma bouche, le mâche et l'avale.

Les femmes sont toujours les premières victimes

Les jours se suivent, et toujours ces cris en provenance de la chambre noire. La torture peut venir à bout du plus vaillant des hommes. Mais les plus durement touchées sont les femmes et les jeunes filles. Quand je fais le ménage, j'observe les gardes qui sortent des cellules les plus jeunes et jolies filles du camp. Elles ont pour la plupart autour de dix-huit ans.

Comment peuvent-elles se défendre ? Crier ? Pleurer ? C'est la promesse d'une séance de torture. Les cadres de l'administration peuvent disposer de nos corps comme bon leur semble. Pékin leur a même fourni une autorisation spéciale : elle leur garantit l'impunité totale, la possibilité de brutaliser les prisonniers, mais aussi de les tuer.

Tandis que je nettoie les bureaux ou rédige mes comptes rendus, j'écoute attentivement ce qui se dit entre les employés au sujet des nouvelles directives concernant la torture :

– Ça fait du bien de savoir que la torture ne nous vaudra aucune sanction, c'est écrit ici noir sur blanc.

Deux autres demandent confirmation :

– Attends, tu es sûr ?

Leur camarade hoche frénétiquement la tête :

– Mais oui ! On est tranquilles. On fait ce qu'on veut.

Lorsque je surprends de telles conversations, je m'efforce de les mémoriser, de bien comprendre de quoi il retourne. Ces hommes sont sans peur et sans pitié. Il n'y a rien de pire qu'un homme qui se sait au-dessus des lois. Aucun procès n'attend ces meurtriers qui s'adonnent ici à leurs fantasmes pervers et sadiques. Ils n'auront aucun compte à rendre.

Les jeunes filles enlevées après le coucher du soleil ne sont reconduites en salle de cours que le lendemain matin. Le visage blême, l'air hagard, aux abois. Certaines ont la peau abîmée, les yeux rouges et gonflés. Leur fatigue extrême ne cache rien des horreurs qu'elles ont subies, des ravages que la nuit a faits sur elles.

L'une de ces jeunes filles arrive un jour dans la salle une demi-heure après le début de la leçon, le regard absent, les bras ballants. Elle ne s'assoit pas sur son tabouret, n'attrape pas son crayon, alors que les autres sont déjà en train de prendre des notes afin de ne pas perdre de points. Les gardes lui hurlent dessus :
– Assieds-toi !
Mais elle en est incapable. Je dois moi aussi l'interpeller :
– Toi, jeune fille numéro douze, prends place !
Elle ne réagit pas, mais articule quelques mots :
– Je ne suis plus une jeune fille.
Les gardes l'emmènent en salle de torture.
Quand le jour se lève, personne ne sait comment il se terminera. La vie de chacun peut basculer en un instant dans une horreur indescriptible, pire encore que celle subie au quotidien. Quel supplice nous attend ? Quelles images s'imprégneront en nous comme du barbelé, nous broyant intégralement ?

Dernier test

Fin janvier 2018, près de deux cents prisonniers, tous enchaînés, sont rassemblés dans une grande salle que je n'avais jamais vue jusque-là. Les employés, nombreux, sont assis en plusieurs demi-cercles, les uns derrière les autres, sur des chaises en plastique. Je suis tout derrière et, comme les détenus, je ne sais rien de ce qui nous attend.

Un homme cagoulé de noir pénètre dans la salle, avise une jeune fille et lui demande de reconnaître ses crimes devant tout le monde. Elle n'est pas là depuis longtemps, elle a le crâne rasé, mais conserve quelques traces de bonne santé. Elle doit avoir vingt ou vingt et un ans.

Comme demandé, elle expose ses méfaits, en chinois :

– Lorsque j'étais en troisième, j'ai envoyé un SMS à une amie pour lui souhaiter de passer de bonnes fêtes. C'était pour un événement religieux. J'ai commis un crime. Je ne le referai plus jamais !

Comme les chrétiens se souhaitent un joyeux Noël ou de joyeuses Pâques, les musulmans s'échangent des vœux lors de fêtes religieuses. En fouillant dans son téléphone, les cadres du Parti avaient retrouvé son message, envoyé des années plus tôt.

– Allonge-toi !

L'assemblée, horrifiée et médusée, tend le cou pour observer la scène. Que se passe-t-il ? La jeune fille ouvre de grands yeux et s'exécute sans rien y comprendre. Deux hommes, cagoulés eux aussi, contraignent ses mouvements. L'un d'eux lui baisse violemment le pantalon avant de déboutonner le sien.

– Non !

La jeune fille crie et tente de se redresser en dissimulant son intimité autant qu'elle le peut. Mais l'homme cagoulé la plaque au sol de tout son poids. Prise d'une indicible panique, elle se tourne vers nous et hurle :

– Aidez-moi, je vous en supplie, aidez-moi !

Au-dessus d'elle, l'homme se met à haleter.

Nous demeurons tous immobiles, comme pétrifiés, en état de choc. Le sang bat dans mes tempes, mes pensées se précipitent dans ma tête : « Fuis, Sayragul, ne reste pas ici ! » Mes yeux paniqués balaient la pièce à la recherche d'une aide quelconque, d'une issue. Mais toutes les portes sont closes. Partout des gardes, épiant nos réactions comme des charognards aux aguets.

Certains prisonniers s'effondrent, pleurent. Les gardes les harponnent et les traînent hors de la salle. Je comprends pourquoi nous sommes là : c'est un test. Ils veulent savoir s'ils nous ont guéris de nos « pensées

religieuses détraquées » et inculqué les bonnes valeurs, celles du Parti.
– Aidez-moi ! S'il vous plaît !
Il n'y a rien de pire que d'assister, impuissante, à un tel acte de barbarie. C'est être amputé sans aucune anesthésie. Ceux d'entre nous qui paraissent affectés par la scène trahissent, selon la direction du camp, un sentiment religieux ou nationaliste les liant à leurs compatriotes kazakhs. « Reste calme, Sayragul, reste calme... »

Nous devons nous montrer impassibles tandis que la jeune fille perd connaissance sous l'effet de la peur et de la douleur. Lorsque le premier homme a fini et remet son pantalon avec l'air satisfait d'une hyène repue, le second, cagoulé lui aussi, se place à son tour au-dessus de ce corps meurtri, inanimé.

Certains prisonniers ne peuvent plus se contenir, ils s'avancent et hurlent :
– Pourquoi nous martyrisez-vous ainsi ? N'avez-vous pas de cœur ? Vous n'avez pas de fille, de sœur, de nièce ?

La jeune fille a repris connaissance, les hommes sont emmenés sous ses cris de détresse, jusqu'à ce qu'elle renonce, jusqu'à ce que le vide se fasse en elle tandis qu'un troisième homme cagoulé se glisse entre ses cuisses en sang.

Une goutte de sueur perle sur ma tempe. La jeune fille n'émet plus que des râles sourds. Elle est leur proie, ils peuvent faire d'elle ce qu'ils veulent, l'anéantir. Des prisonniers détournent le regard, baissent la tête. Les gardes les font tous sortir. Aucun n'est jamais revenu.

Après cet épisode, je suis incapable de trouver le sommeil. Je suis en proie à une agitation permanente. Chaque soir, je tire la couverture sur mon visage et enfonce ma tête dans le plastique, afin que personne ne me voie. Je respire par saccades. Je n'arrive plus à penser, à avoir les idées claires. Dès que mes paupières tombent, un sursaut brutal secoue mon corps. Je revois ce visage tordu par la peur, j'entends les appels à l'aide.

Mais personne ne peut venir à son secours. Personne.

Une fois dehors, il me faudra des mois avant de pouvoir raconter cette scène. J'ai l'impression de la revivre une nouvelle fois. Je ne pourrai jamais l'oublier, elle est gravée dans ma chair.

Plus tard, un imprévu m'attend.

CHAPITRE 7
PLUTÔT FUIR QUE MOURIR

Mars 2018 : sortie du camp

Aussi immobile qu'une statue, je prends place à minuit parmi les autres surveillants, le long du mur. J'observe le ballet des officiers qui traversent le hall pour disparaître dans la pièce où j'ai été conduite le jour de mon arrivée. Quelques minutes plus tard, un garde vient me chercher et me fait signe d'y entrer. Que me veulent-ils ? Je m'attends toujours au pire.

Assis derrière son bureau, un officier que je ne connais pas vocifère quelque chose :

– Ta mission ici est terminée ! Tu rentres chez toi aujourd'hui et reprends ton poste de directrice au jardin d'enfants. Tu diras à tes collègues que tu reviens d'un centre de rééducation.

Rentrer chez moi ? Je n'en crois pas un traître mot. Ils vont m'envoyer dans un nouveau camp. L'homme plisse les yeux et me poignarde du regard :

– Tu ne raconteras jamais, tu m'entends, jamais ce que tu as vu ou entendu ici. N'oublie pas ton contrat.

Celui que j'ai signé à mon arrivée. Il est posé sur la table en guise d'avertissement. Il appuie son index si fort sur le papier que son ongle devient tout blanc. Il lève le menton vers moi :
– Compris ?
Je me mets au garde à vous :
– Compris !
Il se lève et me suit comme une mouche jusqu'à la porte.
– Rends ton uniforme, remets tes vêtements et fais ton sac.

Il est impossible qu'ils me libèrent avec tout ce que je sais. « Que va-t-il t'arriver, maintenant, Sayragul ? » J'ai à peine enfilé mes anciens vêtements et récupéré mon téléphone portable qu'on me glisse un sac noir sur la tête.

Comme à mon arrivée en novembre dernier, nous passons, mais en sens inverse, plusieurs postes de contrôle. On ouvre et ferme de nombreuses portes, puis, soudain, la brise printanière me caresse les mains – l'espace d'un instant, le temps qu'on m'appuie sur la tête pour me faire asseoir sur la banquette arrière d'une voiture.

Je ne verrai jamais le bâtiment de l'extérieur. Je ne sais pas exactement où il se trouve, mais je sais qu'il existe des cartes et images satellites qui confirment la présence de plusieurs camps dans cette circonscription.

Ils vont me faire la peau au prochain coin de rue, c'est certain. Mais avant cela, ils vont me violer...

Lorsqu'ils ôtent enfin le sac noir, je peine à croire ce que je vois. Nous sommes fin mars, il peut être 4h du matin et, devant moi, se trouve notre maison.

– Demain, tu retourneras comme à ton habitude au travail, m'ordonne le conducteur, avant d'ajouter : Et rappelle-toi ce qui est écrit dans ton contrat. Jamais rien ne devra sortir de ta bouche.

Condamnée à l'exil

J'arpente mon salon, prise dans une sorte de transe, m'assois sur une chaise dans la cuisine, y reste jusqu'aux premières lueurs du jour. Des lueurs grises. Je tourne et retourne la même question dans ma tête : « Et maintenant, que va-t-il se passer ? » Je suis extrêmement tendue et ne cesse de me répéter que quelque chose de terrible m'attend.

Lorsque je vois, après tout ce temps, mon reflet dans le miroir, je prends peur. Mon visage est un masque cireux, je n'ai que la peau sur les os.

Je me maquille, applique du mascara sur mes cils, du rouge sur mes lèvres. Puis je choisis mes plus beaux vêtements : les employés de l'école doivent croire que je reviens d'un long séjour de rééducation dans une grande ville de la province. C'est la version que leur ont servie, tout ce temps, les cadres du Parti. Personne ne doit savoir d'où je viens, sinon je suis morte.

« Mais tu as perdu tellement de poids ! »

Les employés sont nombreux à m'entourer, heureux de me revoir, surtout les jeunes filles.

– C'est super que tu sois enfin de retour parmi nous !

Les questions fusent :

– Tu étais dans quelle ville ? Il s'est passé quoi là-bas ? C'était intéressant ?

Leurs regards inquiets se posent sur mes vêtements, dans lesquels je flotte.

– Mais tu as perdu tellement de poids ! Comment ça se fait ?

Je balaie la question d'un geste de la main :

– Ah, c'est juste que je n'avais pas vraiment le temps de manger, il y avait beaucoup trop à faire !

J'ai perdu plus de dix kilos. J'essaie de masquer, tant bien que mal, ma confusion et mon état de faiblesse.

Je leur promets de reprendre la conversation plus tard, expliquant que le long voyage m'a fatiguée et qu'une masse de travail m'attend au bureau.
– Après, on pourra se prendre un moment, je vous dirai tout ce que j'ai vu.
Pour l'heure, cela suffit amplement.
Le lendemain matin, je me rends au travail à pied, souris à tout le monde, comme je le faisais avant. Mais j'ai la tête comme dans du coton. En chemin, je croise un Kazakh qui occupait autrefois un poste important dans l'école. Il secoue tristement la tête :
– Comment parviens-tu à toujours te relever ? À ta place, je me serais déjà jeté du haut du bâtiment.
Comme tous les autres, il devine que je viens de passer cinq mois dans un camp et que j'ai toujours une corde autour du cou.
Dans l'après-midi, plusieurs membres du rectorat s'invitent dans mon bureau. Ils m'expliquent que je dois immédiatement démissionner de mes fonctions de directrice.
– Vous allez attendre chez vous de recevoir vos nouvelles instructions.
Le reste de la journée, mon cœur cogne contre mes tempes. Quelqu'un m'a-t-il dénoncé ? À quoi jouent-ils ? Je passe en revue chacune de mes rencontres, chacun de mes échanges depuis mon retour. Je suis paniquée à l'idée que quelqu'un m'ait prise en faute.
Je me le répète : « Ils n'ont rien à me reprocher », et attends, résignée. Vers 21h, deux policiers font irruption chez moi, m'enfoncent un sac noir sur la tête et me font monter dans leur voiture. Quelques minutes plus tard, je me retrouve enfermée dans une cellule du commissariat. Un agent monte la garde, adossé au mur, attendant qu'un autre arrive, une heure plus tard. Ils discutent devant les

barreaux de ma cellule. Le dernier arrivé pose les questions, l'autre se tait. Ils sont tous les deux, à n'en pas douter, des services secrets. J'en suis persuadée, je ferai bientôt partie des prisonniers du camp.

– Il est temps de nettoyer un peu la région de ces personnes aux deux visages, tu ne crois pas ?

Il parle des gens comme moi.

– Tu es l'une des pires traîtresses qui soit, même si tu t'es attiré la confiance de tous. En réalité, tu portes un masque. D'un côté, tu montres un bon visage chinois. De l'autre, tu as un comportement répugnant de Kazakhe !

Quel délit ai-je commis ? Quelque chose a dû m'échapper, mais quoi ? Je suis assommée.

– À ce jour, tu n'as ni fait revenir ta famille ni entrepris de te séparer de ton mari. Cela signifie que tu as encore beaucoup de sympathie pour nos ennemis de l'étranger.

J'ai toujours refusé de divorcer. Ils ne m'auraient de toute façon pas laissée en paix.

Pendant la première demi-heure, je tente désespérément de répondre à leurs accusations :

– Je n'ai plus aucun contact avec ma famille. Et je ne comprends pas ce que vous me reprochez exactement.

La bouche de cet homme se tord en un rictus haineux, je suis, à ses yeux, un simple cafard qu'on écrase d'un coup de talon.

– Comment peux-tu nous faire une chose pareille, toi qui es membre du Parti et qui occupes de hautes fonctions ?

Dans un geste théâtral, il me fait signe que cela ne sert à rien de répondre.

– Tu as urgemment besoin d'être rééduquée. Il faudra au moins trois ans pour te remettre les idées en place.

Les jours qui suivent, je dois assurer la passation au jardin d'enfants.

– Règle ton départ et attends nos instructions. Nous viendrons te chercher.

Je ne ressens plus rien. Rien d'autre qu'un sentiment de rébellion, de rage et de dégoût envers ce parti et ce gouvernement qui veulent nous « guérir » en nous faisant disparaître. Une chose est sûre : je ne ressortirai jamais vivante de ce camp.

Le soir, je titube sous la douche. J'ai mal partout, au dos, aux genoux, aux pieds. Mon cœur bat trop vite, la peur me noue l'estomac, je peine à respirer. Quand le gyrophare d'une voiture de police teinte de bleu les murs de ma maison, je me raidis, je deviens une bête aux abois. Je n'ai attrapé aucune maladie dans le camp, mais je suis brisée. L'eau chaude coule sur mon corps, je sors de ma torpeur : « Ce n'est pas un cauchemar, Sayragul, c'est la réalité. »

Plutôt fuir que mourir

Cette nuit-là, je passe, telle une somnambule, d'une pièce à l'autre. Dans la chambre des enfants, j'ouvre les armoires et enfonce mon visage dans leurs vêtements. Les sanglots viennent, bruyants, irrépressibles. Je m'assois sur le lit, les poings serrés, puis me roule en boule, accrochée à ces bouts de tissu.

C'est la première fois depuis très longtemps que je peux manifester des sentiments, des émotions. Le barrage vient de céder, ils sortent après avoir été enfermés à triple tour. Les images insoutenables rejaillissent : les chaînes aux pieds des prisonniers, leurs corps torturés, le regard terrifié de la jeune fille allongée au sol. « Aidez-moi, je vous en supplie ! »

Je pleure et crie jusqu'à me sentir anesthésiée.

Le lendemain matin, je n'ai plus une seule larme en moi. Je prends alors une décision, la plus importante de toutes : « Je vais fuir au Kazakhstan ! » Je sais pertinemment que tout ce que je vais entreprendre à partir de maintenant peut m'envoyer directement au camp. Je dois faire vite. Plus vite que les agents de sécurité à mes trousses.

Mon écran de téléphone indique que ma mère, mes sœurs et mes frères ont plusieurs fois cherché à me contacter durant ces derniers mois. Aucun d'eux n'a su que j'étais dans un camp. Comme tous les autres, ils ont plus ou moins avalé l'histoire de ma « rééducation » dans une autre ville. Ils me manquent terriblement, mais je n'ai pas le droit de les appeler. Je ne veux pas leur causer le moindre tort.

Je commence par vouloir récupérer mon passeport, mais je n'ai aucune idée de l'endroit où sont conservés ceux des fonctionnaires de l'éducation. Le lendemain, je me rends au commissariat et pose tout simplement la question. Haussement d'épaules :

– Aucune idée.

Je pense à une connaissance, un Chinois. Peut-être en sait-il plus ? Je compose son numéro :

– Sais-tu comment je peux récupérer mon passeport ?

Il est nerveux et me répond à voix basse :

– N'aborde pas ce genre de sujet avec moi ! Sinon on va me couper la tête, et après ce sera ton tour.

Il raccroche.

Je crois que je vais devoir renoncer à mon passeport... Je trouverai bien une idée pour réussir à passer la frontière. Je ne dois pas perdre de temps, il me faut partir d'ici aussi vite que possible. Je tourne au coin de la rue, une voisine, de retour du travail, me fait signe :

– Je n'ai plus aucune nouvelle de mes enfants. Ça fait six mois que j'essaie d'obtenir un droit de visite.

Elle essuie les larmes qui lui coulent sur les joues. Ses fils sont en prison depuis 2016. Elle presse son mouchoir sur ses yeux.

– Je veux juste savoir s'ils sont encore en vie.

Que lui répondre ? Je lui pose une main affectueuse sur l'épaule :

– Ils vont bientôt être libérés, c'est certain.

Mais nous savons l'une comme l'autre que rien n'est moins sûr.

En rentrant chez moi, je reçois un appel. C'est une connaissance, un jeune Kazakh qui travaille dans la police.

– Tu dois me prêter un peu d'argent. Trente yuans[8], tu peux ?

Je m'étonne de sa demande et du petit montant qu'il évoque.

– J'ai vraiment besoin de cet argent, Sayragul.

L'urgence dans sa voix met fin à tout questionnement.

– Je suis en patrouille, là, mais on peut se retrouver dès que je rentre.

Comme convenu, je l'attends en périphérie de la ville. Il est assis au volant de sa voiture de police, dont la vitre avant est baissée. Sur la banquette arrière, ses deux collègues chinois discutent. Ils ne comprennent pas un mot de kazakh. Le jeune homme pose son coude sur le rebord de la fenêtre, l'air décontracté. Il prend l'enveloppe que je lui tends et me fais signe d'approcher. Il me souffle alors :

– Dans les prochains jours, soixante-dix personnes vont être arrêtées et envoyées au camp. Ton nom figure en troisième position sur la liste.

Il a fait ça pour me protéger.

---

8. 3,80 € (1 yuan équivaut à 0,13 € environ).

Au jardin d'enfants, imperturbable, je continue d'assurer la passation de poste auprès des nouveaux employés. Je souris à tout le monde, faisant semblant de ne pas remarquer les visages effrayés de me voir si maigre, et trie mes papiers comme je l'ai toujours fait, avec soin et efficacité.

Il y a quelques jours encore, j'étais le témoin direct de la noirceur insoupçonnée de l'âme humaine.

Rien de tout cela ne transparaît tandis que je m'active au bureau. Je donne le change, je continue de travailler pour ne pas éveiller les soupçons. Dès que j'ai une minute à moi, j'avance dans les préparatifs de mon départ. Je me sais épiée, traquée.

À la frontière, pour pouvoir traverser la zone de libre-échange, il faut impérativement posséder une autorisation en bonne et due forme. Dans l'urgence, je rappelle le Chinois que je connais de longue date :

– Je t'en supplie, aide-moi ! J'ai besoin d'une autorisation pour traverser la zone de libre-échange.

Cette fois-ci, il me communique le numéro d'un Ouïgour, avant de mettre fin à la conversation.

Le soir, une fois rentrée chez moi, j'appelle cet inconnu. Ma demande le met immédiatement en tension.

– Qui t'a dit que je pouvais t'aider ? C'est très dangereux !

Je lui donne le nom du Chinois et lui promets dans la foulée :

– Je te paierai la somme que tu veux en échange de cette autorisation.

Je le rappelle plusieurs fois avant qu'il ne me donne enfin son accord.

– Ça te coûtera quarante mille yuans[9]. Appelle-moi quand tu seras à la frontière.

---

9. Un peu plus de 5 000 €.

– D'accord, mais comment...
Il a raccroché.

Le troisième ou quatrième jour, je ne sais plus, je rentre de ma longue journée au jardin d'enfants et me prépare quelque chose à manger. Je mets la table et allume la radio. Je choisis une station musicale chinoise et monte le volume pour que les policiers postés devant chez moi l'entendent. Avant cela, j'ai pris soin d'ouvrir les fenêtres en grand. De l'extérieur, la scène est des plus banales, celle d'une femme menant une vie tout à fait normale, de retour chez elle et désireuse de se détendre après une longue journée de travail.

J'enfile une veste chaude, glisse de l'argent et ma pièce d'identité dans la poche intérieure et m'approche de la fenêtre...

Il est près de minuit, le 4 avril 2018.

En fuite

La musique me suit tandis que j'enjambe le rebord de la fenêtre et saute dans le jardin. Protégée par l'obscurité, je traverse d'un pas rapide la cour des voisins pour rejoindre la rue suivante, où j'évite la lumière des lampadaires et tente frénétiquement d'arrêter un taxi. Ils passent tous devant moi sans ralentir.

Je tremble à chaque voiture qui approche. Je me retourne nerveusement : m'a-t-on suivie ? Un chauffeur de VTC s'arrête enfin. C'est un Chinois.

– Tu vas où ?

J'ai déjà ma réponse :

– Je suis malade, je dois aller à l'hôpital de Ghulja.

De là, la frontière ne sera plus très loin. Je lui propose une belle somme en échange du trajet. Ma requête n'a cependant rien de surprenant : les chauffeurs sont habitués à voir des patients quitter Aksu dans la nuit pour être à l'heure quand ils ont un rendez-vous médical le matin à Ghulja. Il ne s'étonne donc pas de trouver une Kazakhe dans la rue à cette heure tardive, sans valise ou autres affaires. Je n'ai pas même emporté de sac à main. À cette heure, le trajet devrait durer cinq à six heures. J'arrête de respirer dès que nous croisons un poste de contrôle.

Ma fuite va-t-elle s'arrêter ici ? Le chauffeur baisse sa vitre, sort la tête, explique que les papiers du véhicule sont en règle et qu'il me conduit à l'hôpital de Ghulja. Je n'ai pas de passeport, mais je lui tends ma pièce d'identité. Il est tard et les policiers sont, par chance, bien trop fatigués pour faire des excès de zèle. Ils nous font signe de poursuivre notre chemin.

Je veux éviter toute question de la part du chauffeur, je penche donc la tête en arrière et fais semblant de dormir durant le trajet. La tension pèse de tout son poids, un sentiment d'oppression me gagne à mesure que les heures passent. Je ressasse les pires scénarios possibles. Le Ouïgour m'a demandé de le contacter dès que je serai à la frontière. Mais s'il ne répond plus ? Et cette voiture qui nous suit, n'est-ce pas celle des services secrets ? Ils m'ont sûrement géolocalisée en bornant mon téléphone ! J'ai d'ailleurs très envie de le jeter par la fenêtre, mais j'en ai encore besoin pour contacter cet intermédiaire.

Au Turkestan oriental, les agents des services de sécurité rassemblent, sur ce qu'ils appellent une « plateforme d'intégration », l'ensemble des informations que recèle notre téléphone portable ainsi que les données fournies par exemple par les caméras de surveillance ou d'autres administrations. Tout est passé au peigne fin.

Mais ils me croient sûrement paralysée par la peur après tout ce qu'ils m'ont fait subir. Ils m'imaginent prise au piège comme une souris attendant, immobile, l'arrivée du serpent et de sa morsure fatale. Je me rassure en me disant qu'ils ne me croient pas capable de fuir.

Le chauffeur me dépose devant l'hôpital, sa voiture disparaît dans la circulation. Je monte dans le prochain taxi privé qui se présente, direction la ville frontalière de Khorgos. Mes quatre prochains chauffeurs seront ouïgours et chinois du Dongan. Les trajets se font en silence, chacun est perdu dans ses pensées. Encore deux heures de trajet, encore un contrôle de police. Lorsque nous arrivons enfin à la frontière, je suis trempée de sueur.

C'est ici, dans ce grand bâtiment de béton, que Uali, les enfants et moi nous sommes dit au revoir. Khorgos est une plaque tournante du commerce entre l'Orient et l'Occident, située le long de l'une des « nouvelles routes de la soie ». Des trains y sont chargés de containers venus de Chine et à destination de l'Europe, terminus Duisbourg, en Allemagne. Le transport de marchandises ne passe pas par le Kazakhstan. Tout le monde se presse ici, dans cette zone de libre-échange à cheval entre la Chine et le Kazakhstan, pour acheter et vendre. Face à un mur, le téléphone collé à l'oreille, j'attends que le Ouïgour décroche.

– Allô ?
– Je suis arrivée.
– OK. Fais-moi le virement des quarante mille yuans.

Je n'ai d'autre choix que de faire confiance à ce parfait étranger. J'effectue donc le virement avec ma carte bancaire depuis un distributeur automatique. Il ne fait aucun doute que nos transactions bancaires sont observées de près à Asku, les débits, les crédits. Mais ils ne peuvent pas tout vérifier en temps réel, c'est impossible. Le temps qu'ils découvrent ce virement, j'aurai quitté le territoire. C'est du moins ce que j'espère.

– J'ai fait ce que tu m'as demandé.
– OK. Prends ta pièce d'identité.
Il me dit d'écrire dessus le caractère chinois « obligation ». Avec cette mention sur ma pièce d'identité, je dois me rendre à un guichet bien précis, ne rien dire, ne rien faire. « Reste calme Sayragul, reste calme. » Je dois être blême, avec toujours ce léger sourire plaqué sur mon visage.

Au guichet, l'employé me dévisage, feuillette ma pièce d'identité, examine le signe écrit de ma main, me dévisage de nouveau. Mes forces me quittent, le sang pulse dans mes tempes. Va-t-il me dénoncer ? Appeler la police ? Vais-je finir dans la chambre noire ? Sans dire un mot, il me tend mon autorisation de passage en zone de libre-échange.

J'ai réussi ! Grâce à Dieu, je suis encore vivante ! Je me laisse porter par le flot des chalands comme si j'étais l'une des leurs. Pour passer au Kazakhstan, je dois d'abord changer mes yuans en tenges, la monnaie kazakhe. « Et s'ils essaient de m'arnaquer ? » Je regarde autour de moi à la recherche d'une personne qui m'inspire confiance. Je vois, un peu en retrait de la foule, un homme à la barbe blanche.

– Pourriez-vous m'échanger des yuans contre des tenges ? J'ai besoin de pouvoir vous faire confiance, j'ai une famille et des enfants à nourrir.
– Je suis un homme respectable. J'ai moi-même une famille et des enfants.

Je lui tends les derniers cinq mille yuans que je possède, contre lesquels il me donne quatre-vingt-dix mille tenges – la moitié de leur valeur, apprendrai-je plus tard. Comme je lui fais confiance, je repars avec le sourire.

Où se trouve la borne des taxis partagés à destination du poste-frontière ? J'accoste des personnes chargées de sacs de shopping :

– Je dois me rendre au Kazakhstan, est-ce que vous aussi ?

Hochement de tête :

– Tu peux te joindre à nous si tu veux.

Pleine d'une assurance dont je me persuade plus qu'autre chose, je retire la batterie et la carte SIM de mon téléphone avant de les jeter dans la première poubelle que je vois. Puis je monte dans le premier taxi libre qui se présente à nous. Le trajet doit durer une dizaine de minutes. Après cela, je continuerai seule mon chemin. Nous voici bientôt au poste-frontière.

Une fois descendue de voiture, je regarde les gens faire la queue, puis présenter leur passeport à un garde-frontière. Je les envie, tout a l'air si simple pour eux. L'instant d'après, ils sont au Kazakhstan.

Comment vais-je m'y prendre, maintenant ?

La barrière

J'ai repoussé cette question jusqu'au dernier moment, espérant trouver une solution le moment venu. Ce n'est pas le cas. J'ai devant moi un garde-frontière armé, une barrière et un énorme point d'interrogation. Je tourne en rond pendant dix minutes comme un animal pris en cage. Comment vais-je passer ?

J'aperçois à l'un des guichets un vieux Kazakh qui, hissé sur la pointe des pieds, sacs et valises entre les jambes, négocie par une fenêtre avec l'un des employés. Je me retourne : il n'y a personne derrière moi. Le garde-frontière paraît passablement énervé. Il consulte à plusieurs reprises l'horloge au mur, semblant vouloir se débarrasser au plus vite du vieil homme. Je devine qu'il attend la relève pour rentrer chez lui.

Condamnée à l'exil

Il tourne le dos pour prendre un papier ou donner un coup de tampon sur ceux du Kazakh. Je me penche alors, courbe le dos pour me faire aussi petite que possible et passe sous la fenêtre, derrière le vieux monsieur.

Me voici de l'autre côté! Plusieurs portes me font face. Je m'attends à voir un policier sortir des bureaux pour m'arrêter. J'accélère le pas et avance sans me retourner. Une voix appelle: «Taxi! Taxi!» Je respire enfin. Je retenais mon souffle depuis vingt-quatre heures. «Dieu soit loué! Je suis vivante! Je suis au Kazakhstan!» Je prends plusieurs longues inspirations. J'étais jusque-là sur pilote automatique. Je me place dans la queue pour les taxis et laisse doucement mon esprit revenir à la réalité.

– Je vais à Baidebek, dis-je en prenant place dans le véhicule.

C'est dans ce village, sur la route d'Almaty, que vit la famille de Uali. Le chauffeur m'explique qu'il me faudra passer par Zharkent. Je change donc de taxi à l'arrêt suivant. Une fois installée, je sors de ma poche un papier, que je déplie avec précaution. C'est le numéro de téléphone de Uali. Il ne m'a jamais quittée lorsque j'étais encore à Aksu.

– Je peux emprunter votre portable, s'il vous plaît?

J'ai la voix qui tremble. Les mains aussi, quand je compose, dans un geste qui me semble presque irréel, le numéro de mon mari. Il décroche.

– Allô?
– C'est Sayragul. Je suis au Kazakhstan.

J'ai prononcé ces mots de la façon la plus anodine possible. Je suis tellement nerveuse que j'ai peur d'exploser. Je ne dois rien montrer de mon agitation, je ne veux éveiller aucun soupçon.

Uali tombe des nues.

– Quoi ? Comment as-tu pu obtenir un passeport ? Nous ne nous sommes pas parlé depuis presque deux ans. Je m'empresse d'enchaîner :
– Je suis dans le taxi, je serai bientôt à la maison.

Dans un grand éclat de rire, mon mari me dit de m'arrêter au niveau du marché aux pommes. Il viendra me chercher.

5 avril 2018 : les retrouvailles

Je descends à l'arrêt indiqué par Uali. Le jour touche à sa fin et les commerçants commencent à fermer boutique, mais les rues sont encore très animées. Je lance des regards prudents autour de moi. Ici, tout le monde se connaît. Un visage étranger se fait très vite remarquer. Il est de notoriété publique que les villes et villages kazakhs grouillent d'indicateurs chinois.

Un homme préside au destin de ce pays : le tout-puissant Nursultan Nazarbaïev, qui n'hésite pas à faire enfermer ses opposants ou à les liquider. Sa devise ? « D'abord l'économie, après la politique. » La Chine et le Kazakhstan entretiennent d'excellents rapports commerciaux, surtout depuis le lancement du projet international des nouvelles routes de la soie. Le pays s'est lourdement endetté auprès de son voisin chinois. Ce rapport de dépendance permet à Pékin de rapatrier selon son bon plaisir tous les musulmans ayant fui le Turkestan oriental. J'ai toutefois du mal à comprendre ce lien si particulier qui unit ces pays alors même que le Kazakhstan figure la liste chinoise des « pays les plus dangereux au monde ».

J'ai peur d'être dénoncée et veille à adopter un comportement tout à fait normal, comme si je venais faire mes courses ici tous les jours. J'ai pourtant le souffle court, la mâchoire tendue, le corps en alerte, simplement parce que des passants viennent de me frôler le bras. « C'était qui ? Des espions ? »

Uali avance vers moi tout sourire, les yeux brillants. Alors qu'il m'enlace, je me contente de lui poser une main amicale sur le bras et de le saluer avec la cordialité distante d'une lointaine connaissance.

– Ne parlons pas ici, rentrons d'abord à la maison.

Je lis tour à tour, dans son regard, une joie immense et une peur sans nom. Il comprend tout de suite qu'il y a un problème.

Sans échanger un seul mot, nous marchons pendant un quart d'heure pour rentrer à la maison. Je regarde droit devant moi, ce qui compte, c'est de faire vite. Quelqu'un peut à n'importe quel moment me barrer la route et me passer les menottes.

Nous tournons dans notre rue, j'aperçois Ukilay et Ulagat qui attendent impatiemment devant un portail métallique. Ils s'élancent vers moi :

– C'est moi qui la prends dans mes bras en premier !

– Non, c'est moi !

Nous refermons le portail derrière nous. À l'abri des regards, nous entrons dans la maison, alternant entre rire et larmes. J'ouvre grand les yeux pour admirer mes enfants :

– Vous avez bien grandi !

Je les attire à moi. Plus jamais, je ne relâcherai mon étreinte. Plus jamais.

La dernière fois que je les ai vus, c'étaient encore de petits enfants aux joues rebondies. Mes grands enfants ont aujourd'hui treize et neuf ans. En cet instant, j'oublie toute la douleur des jours, des mois et des années passés. Je serre mes enfants contre mon cœur.

Nous ne fermons pas l'œil de la nuit, nous sommes bien trop excités par les retrouvailles. Ces heures ensemble

ne sont que câlins, bisous et discussions légères. Les enfants restent collés à moi. Le soleil se lève :
– Il va bientôt falloir aller à l'école.
Mais ils ont tous les deux peur que je disparaisse à nouveau en leur absence.
– S'il vous plaît, on peut rester à la maison aujourd'hui ? Rester avec maman.
Je secoue doucement la tête.
– Non, il ne faut pas vous faire remarquer. Et surtout, surtout, ne dites à personne que votre mère est revenue.

Pendant qu'ils préparent leur cartable, j'arpente, comme dans un rêve, la maison et son grand jardin planté de pommiers. Au-delà se dessinent les sommets des Trans-Ili Alataou. Mais je ne peux savourer longtemps la beauté du paysage.

Pendant plusieurs jours, je tâche de me faire la plus discrète possible, sachant pertinemment qu'ils finiront par me retrouver.

Nerveuse

Les premiers temps, j'évite à tout prix de repenser aux mois qui viennent de s'écouler. Je ne veux pas me souvenir, je ne veux pas réveiller cette plaie béante en moi. Je ne veux pas que la souffrance me rattrape. J'ai beau vivre désormais avec les miens, je demeure, dans mon corps, prisonnière du camp. Il va me falloir du temps, beaucoup de temps, pour me retrouver, comprendre où et qui je suis. Analyser cette nouvelle situation. Je n'arrive toujours pas à réaliser que j'ai passé la frontière.

Durant les interrogatoires que j'ai subis, les agents des services secrets ne se sont pas privés de me dire que « le gouvernement a les moyens de faire revenir tous les fuyards partis au Kazakhstan. » La Chine a le bras long, très long. Et son emprise sur le pays voisin est grande : « Nous pouvons faire ce que nous voulons de vous, les Kazakhs ! » Ces menaces sont une corde à mon cou. Elle se resserre, je le sais.

J'attends que nous soyons seuls pour annoncer à Uali que j'ai passé la frontière de façon illégale. Il m'écoute attentivement, se passe la main dans la nuque, se noue les mains dans le dos, réfléchit. Il est plongé dans ses pensées :
– Qu'allons-nous faire s'ils se mettent à ta recherche ?

Il m'est très difficile, presque impossible, de trouver les mots pour décrire à mon mari ce que j'ai vécu loin de lui. Pour lui raconter que j'ai passé une semaine chez un Chinois célibataire dans le cadre de la campagne « Devenir une seule famille ». Je n'y parviens qu'au quatrième jour. Ce n'est pourtant un secret pour personne, tout le monde sait au Kazakhstan que nous avons été contraints de dormir chez des Chinois. Je lui explique comment je m'y suis prise pour éviter le pire. Je refuse qu'il se fasse des idées, comme d'autres ici au sujet d'une fille, d'une cousine, d'une sœur... Je ne pense pas à ma peine, mais à la culpabilité que ces visites nocturnes ont imprimée sur moi, malgré moi.

Puis je m'éteins, me retire en moi-même. Je suis là, mais absente, et je perçois combien cela affecte Uali.
– Parle ! Dis-moi ce qui se passe !

Il enveloppe ma main froide dans les siennes. Je lève les yeux vers lui et parviens enfin à bouger les lèvres :
– J'ai été envoyée au camp.

Je l'ai dit. Enfin. J'ai un poids en moins sur le cœur – comme les fois où j'ai recraché mon cachet dans la poubelle de l'infirmerie.

Depuis 2017, des bruits courent au Kazakhstan sur les crimes commis par la Chine contre son propre peuple.

L'oppression, la torture, les exécutions. Ces exactions ne sont pas restées secrètes bien longtemps. Mais l'entendre de la bouche de son épouse... Uali est blême, je le vois heurté, choqué.

– Ce n'est pas possible... Comment un État aussi moderne que la Chine peut-il se montrer aussi brutal et primitif?

Je suis incapable d'aborder le sujet sans pleurer. Quand il apprend de ma bouche que des enfants et des personnes âgées sont aussi internés dans ces camps, mon mari fond à son tour en larmes.

Nous n'avons pas vraiment le temps de nous apporter du réconfort mutuel. Même chez moi, je demeure une fugitive. Des amis, clients et connaissances viennent rendre visite à Uali. Je me cache à chaque fois. Personne ne m'a encore vue, mais il nous sera impossible de tenir longtemps dans cette maison de plain-pied qui ne comporte que quatre pièces.

Quelqu'un remarquera bientôt ma veste, une tasse en plus, une ombre. Je serai tôt ou tard dénoncée. Ma famille et moi sommes dans une impasse. Un labyrinthe : quel chemin prendre? Quel pied poser, et où? Nous devons réfléchir à tout, tout le temps. Une mauvaise décision, et c'est l'échafaud qui m'attend. Notre quotidien tourmenté ne nous laisse aucun répit.

Les services secrets chinois peuvent surgir à tout moment pour m'arracher à ma famille. Ulagat et Ukilay se donnent du mal pour cacher aux autres ma présence. Comme moi, ils sursautent à présent quand on sonne à la porte. Dès que nous sommes ensemble, ils s'agrippent à moi et secouent la tête :

– Non! Personne ne pourra nous séparer de toi! Nous te protégeons. Tant que nous sommes avec toi, tu n'as pas de souci à te faire.

Les enfants craignent par-dessus tout qu'on vienne m'enlever pendant qu'ils sont à l'école.
– On ferait quoi, dans ce cas ?
Mon fils de neuf ans se ronge les sangs en se posant des questions impossibles. Des questions sans réponse. Uali se fait des cheveux blancs, littéralement.
– Est-ce qu'il y a une autorité vers laquelle nous pouvons nous tourner pour déclarer ta présence sur le sol kazakh ? À qui pouvons-nous faire confiance ? Où trouver de l'aide ?
Je lui fais remarquer que tout sera plus simple si je déménage.

À qui faire confiance ?

Nous avons enfin trouvé le courage de mettre le frère de Uali dans la confidence. Il propose tout de suite de m'accueillir. Il ne vit qu'à une heure de chez nous, mon mari et mes enfants viennent me voir tous les deux jours.
– Il faut que tu prennes contact avec Serikzhan Bilashuly, m'explique mon beau-frère.
Il est une terre d'asile à lui tout seul pour les Kazakhs de nationalité chinoise. Si nous ne pouvons pas faire confiance au président d'une association comme Atajurt, c'est qu'il n'y a plus d'espoir. Tous les jours, Serikzhan Bilashuly mène des entretiens, abonde de témoignages qu'il reçoit et s'en sert comme preuves des violations systématiques des droits de l'homme au Turkestan oriental. Internet est son principal vecteur de communication. Ce fervent défenseur de son prochain vient lui-même du Xinjiang. Cet homme est déjà intervenu plusieurs fois à la télévision, en donnant toujours son numéro de téléphone en fin d'émission. Quiconque

souhaite ou a en sa possession des informations sur les camps de concentration est invité à le contacter.

Mais nous avons tellement peur que nous hésitons à lui accorder notre confiance. Un jour, cela me revient tout à coup :

— J'ai déjà entendu parler de lui !

Les informations concernant son association avaient à l'époque été censurées par les autorités : la fameuse croix rouge, accompagnée de menaces si quiconque cherchait à le contacter.

Peu après, nous composons le numéro de Serikzhan Bilashuly, dont les bureaux se trouvent à Astana[10]. Il ne répond pas. Nous essayons à plusieurs reprises de le contacter par courrier, puis via WhatsApp. Il est sollicité de toutes parts et ne répond pas.

Installée dans l'appartement de mon beau-frère, je passe mes journées cachée dans ma chambre et n'ose même pas mettre un pied dehors. Je me sens comme face un mur. J'ai du mal à accepter la proximité physique, je ne veux rien ressentir. J'ai pourtant déjà mal partout.

Je suis chez mon beau-frère depuis moins d'une semaine quand je tombe malade. Je ne parviens plus à me lever ni même à m'asseoir dans mon lit. Mon dos, mon estomac, mes intestins me font souffrir le martyre. Mon corps ne fonctionne plus. Uali et son frère m'emmènent en toute hâte dans une clinique privée, où un minimum d'informations personnelles nous sont demandées. Ce qui compte, c'est que le patient paie. C'est encore le meilleur choix pour une fugitive comme moi.

Pendant un mois, les médecins et infirmières me soignent à grands coups de médicaments et de physiothérapie. Pendant ce temps, Uali se démène pour trouver de l'aide.

---

10. Capitale du Kazakhstan.

Au bout d'un moment, je parviens à me tenir assise quand les enfants viennent me rendre visite.

– On te ramène à la maison, m'annonce mon mari une fois que j'ai recouvré un peu de forces.

Les médecins rechignent à me laisser partir et me demandent de venir faire un examen de contrôle dans un mois.

Je sors de la clinique le 19 mai 2018.

Le 21 mai, ils viennent me chercher. Je suis alitée, littéralement shootée aux antidouleurs et incapable de me défendre. J'entends du bruit à la porte.

– Les Chinois cherchent ta femme, ils veulent la récupérer, annoncent des inconnus à Uali avant de le pousser sur le côté comme un vulgaire objet. Nous venons la prendre.

Mes mains tremblent tandis que je boutonne mon chemisier et mon pantalon. Mon mari et ma fille sont épouvantés, mon fils hurle :

– Maman ! Laissez ma maman !

Les deux hommes travaillent pour les services de sécurité de l'État. Ils sont habillés en civil : jean, chemise, blouson en cuir. Ils ont la trentaine. Le premier a la peau mate, il est de taille moyenne. Le second est un peu plus trapu, la peau blanchâtre.

– Où l'emmenez-vous ? Que reprochez-vous à ma femme ? Avez-vous des preuves ? Montrez-moi vos papiers, un mandat d'arrêt.

La réponse est lapidaire :

– Non.

Pendant que j'enfile ma veste en essayant de ne pas m'écrouler, je les supplie de me laisser prendre mes médicaments avec moi.

– Tu n'en as pas besoin. Si tu coopères, tu seras de retour chez toi ce soir.

Ils mentent.

Les services secrets kazakhs

Une voiture banalisée est garée devant la maison. Je dois y monter. Je regarde par la vitre, je vois Uali et les enfants postés devant le portail. Mes petits pleurent toutes les larmes de leur corps.

Nous roulons pendant longtemps. Le type assis à côté de moi passe un appel :

– C'est bon, on l'a !

Je m'agite et leur demande ce qu'ils me veulent.

– Dis simplement la vérité, expose les faits aussi précisément que possible et tout ira bien. Ce soir, tu seras avec ton mari et tes enfants.

Je les crois, car ils ne me crient pas dessus. Ils parlent d'un ton posé, mesuré. Et puis ils sont kazakhs, comme moi. Et s'ils prévoyaient de me garder plus longtemps, ils m'auraient laissée emporter mes médicaments. Je soupire, soulagée :

– Bon, très bien. C'est ce que je vais faire, alors.

Après environ deux heures de route, le conducteur s'arrête devant une ferme avec sa grange à foin. Deux ou trois hommes sont installés sur des sièges de fortune dans le jardin. Ils discutent. L'un d'eux porte un uniforme militaire. Ils nous suivent dans une petite salle d'interrogatoire, où l'on me fait prendre place à une table en bois, aux côtés des hommes qui sont venus me chercher. Un autre homme nous rejoint, la cinquantaine, énorme, la panse aussi grosse que s'il avait caché un sac de farine sous sa chemise. Les autres se tiennent en retrait et ne me lâchent pas du regard.

Les hommes qui m'entourent sont tous rasés de près, grands et bruns. Leur décontraction laisse penser qu'ils ont de la bouteille et que ceci n'est que la routine pour eux. Ils s'appellent par leurs prénoms et savent très bien ce qui est du ressort de l'un ou de l'autre.

Condamnée à l'exil

La peur me cisaille le ventre, j'ai la gorge nouée.
– Qui êtes-vous ?
Ils me dévisagent tous avec un dédain décomplexé, je vois un léger rictus se dessiner sur leurs lèvres.
– Ici, ce n'est pas toi qui poses les questions !
Une seule chose intéresse les trois hommes qui me font face :
– Comment as-tu réussi à passer la frontière ? Qui t'a aidée ?
Quand je leur réponds, ils ne me croient pas. Le gros, dont j'aperçois les veines saillantes au niveau des tempes, frappe du poing sur la table. Je tente de rester bien droite, impassible, et répète ce que je viens de dire, à savoir la vérité :
– Je suis passée en douce devant la guérite.
Ils n'en croient pas un traître mot :
– C'est impossible ! Donne-nous le nom de celui qui t'a aidée !
Je reste calme :
– Seul Dieu m'a prêté main-forte.
Ils s'agacent :
– Tu as perdu la tête ? Qui se cache derrière tout ça ?
À leurs mines sombres, je présume qu'ils s'étaient imaginé un tout autre scénario. Je tente à plusieurs reprises d'aborder le sujet des crimes perpétrés en Chine et me lance enfin :
– Il y a des camps d'internement au Xinjiang. Beaucoup. Nos compatriotes kazakhs y sont torturés. Vos proches, vos frères, vos sœurs. Nous devons faire quelque chose, ensemble ! Il le faut absolument. Écrivons au Président et demandons-lui son aide. Il faut que ça se sache, partout !
Mon discours les laisse totalement indifférents.
– Ce n'est pas la peine de nous raconter ça, on s'en fout. Essaie déjà de sauver ta peau, ce sera bien.

Une seule information leur importe : « Comment as-tu passé la frontière ? »

Le temps passe, bientôt viennent les menaces.

– Tu mens ! Si tu ne nous dis pas enfin la vérité, tu repars en Chine illico, c'est compris ?

Le gros bedonnant, celui au teint mat et le tout pâle réduisent de plus en plus la distance entre nous. L'un d'eux me gifle si violemment que je m'effondre et me retrouve par terre. Combien ai-je envie de m'y enfoncer, de m'y dissoudre... Je lève instinctivement les coudes pour me protéger la tête. Ils m'écartent les bras, je panique et suffoque, je cherche à aspirer un peu d'air. Ce sont des types brutaux, ils n'ont aucune pitié.

Ils font tout pour me faire cracher la vérité, leur vérité. Ils me frappent, me marchent dessus. Je suis incapable de dire si les autres hommes sont encore là où s'ils sont partis. Ma dignité vole en éclats, ils m'atteignent au plus profond de moi.

Mais qui perd le plus son honneur ? L'innocent ou celui qui le tourmente ? Celui qui dit la vérité ou celui qui préside à de telles horreurs ?

Après cela, ils m'enferment derrière une grosse porte métallique. Ce n'est pas une pièce, mais un grand hangar sans toit. Il se met à pleuvoir. Il fait froid, tout est vide. Le bâtiment est verrouillé de l'extérieur. Le monde me paraît soudain un lieu épouvantable, d'une extrême solitude. Je m'effondre sur le sol en béton. Le jour laisse place à l'obscurité.

Je ne suis plus qu'une dépouille.

Impuissante

Je me déteste, je maudis ma propre impuissance. Ma déception est à la hauteur de mes sentiments d'horreur, de colère et de confusion. Être ainsi humiliée

et maltraitée par les siens! Mon choc est immense. Je ne m'étais pas un instant imaginée dans cette situation et mon amertume est grande. Lorsqu'ils m'apportent mon dîner, je détourne la tête. Depuis trois jours, je ne m'alimente presque plus, n'avalant que quelques gorgées d'eau. Je n'ai même pas un seau à ma disposition pour me soulager, mais n'en ressens de toute façon pas le besoin.
– Sors de là, tu vas être interrogée.
Au troisième jour, ils m'enferment de nouveau dans le hangar. Je tente de me lever, je retombe puis parviens enfin – tout juste – à me tenir sur mes deux jambes. J'ai les joues en feu, ma vision est trouble. Une voix m'annonce que mon départ pour la Chine aura lieu dans deux heures. Comme si cela ne suffisait pas, l'homme qui vient de me parler ajoute:
– Et ton mari va être envoyé en prison pour complicité. Il a caché ta présence et n'en a pas informé les autorités.
Je pense qu'il en a fini avec moi, mais non:
– Et tes deux enfants vont être placés à l'orphelinat.
Je m'évanouis et tombe de ma chaise. Lorsque je reprends conscience, je constate que j'ai été déplacée. Il me faut un certain temps pour comprendre que je me trouve dans une ambulance vétuste, allongée sur un brancard, surveillée par un jeune homme.
Quand j'ouvre de nouveau les yeux, je suis dans un lit, au centre d'une petite pièce. Peut-être sommes-nous dans une clinique? Le jeune homme est toujours là. Quelques minutes passent avant qu'il ne s'adresse à moi:
– Ça y est, tu as retrouvé tes esprits?
Il consulte sa montre:
– Tu as perdu connaissance pendant presque vingt-cinq minutes.
Je tente de me lever pour m'en aller, mais j'en suis bien incapable. J'entends mon cœur battre dans mes

tempes. « Je dois partir ! » Ma tête est en alerte, mais je suis incapable de faire le moindre mouvement. Je suis comme paralysée. Après ce qui me paraît une éternité, je parviens enfin à bouger les bras et les jambes. C'est la fin de l'après-midi. Entre alors dans la pièce le trentenaire à la peau mate qui m'a déjà interrogée.

Hagarde, je l'observe sortir son téléphone de sa poche et l'agiter sous mes yeux. Il me montre des photos :
– Tu connais ce type ?
Ma poitrine se soulève et retombe :
– Oui, je le connais. C'est le frère de mon mari. D'où tenez-vous ces photos ? Pourquoi me les montrez-vous ? Que voulez-vous ?

L'homme range son téléphone avant de me répondre :
– Ça, tu n'as pas besoin de le savoir. De toute façon, dans deux heures, c'est retour en Chine pour toi.

Il quitte la pièce sans plus m'adresser la parole. Tout a déjà été organisé et je passe les deux heures qui suivent à visualiser mon retour en camp d'internement. « Bientôt, ta vie sera finie, Sayragul. » Finie. Je ne serai jamais enterrée, je vais disparaître sans laisser de trace, mon corps sera jeté au feu d'un crématorium.

À mon grand étonnement, les policiers me déposent plus tard dans un bâtiment administratif de Zharkent. Nous sommes le 23 mai 2018 et je suis conduite dans le bureau d'un juge qui me pose quelques questions avant de conclure :
– Le tribunal va maintenant décider si tu es renvoyée en Chine ou non.

Pourquoi fait-il si sombre dans cette pièce ? La tête me tourne, je ne distingue plus bien le visage de mon interlocuteur. D'où vient cette voix ? Où suis-je ?
– Ton cas doit être étudié. Tu devras être patiente, cela va prendre du temps.

Ma vue s'assombrit de plus en plus, je perds plusieurs fois connaissance.

Je suis envoyée en détention provisoire, placée derrière les barreaux.

En prison

Je n'ai toujours aucune idée de ce qui s'est passé. Après ma disparition, Uali et son frère remuent ciel et terre pour me localiser, sans parvenir à retrouver ma trace. Ni la police ni les employés administratifs ne sont en mesure de leur dire où je suis. Pris de panique, mon mari et mon beau-frère vont frapper à la porte de Serikzhan Bilashuly, président de l'association Atajurt.

– Ouvre, s'il te plaît, il y a urgence !

Sans attendre une seconde, il les emmène dehors, près d'une grande gare routière, et sort son téléphone pour enregistrer une vidéo de mon beau-frère s'adressant à tout le peuple kazakh :

– La Kazakhe Sayragul Sauytbay a été placée en camp d'internement alors qu'elle était innocente ! Elle a fui le Turkestan oriental pour se réfugier au Kazakhstan. Il y a deux jours, des hommes de main kazakhs l'ont enlevée. Sa vie est en danger ! S'il vous plaît, aidez-nous à retrouver Sayragul !

Le responsable de l'association poste la vidéo sur Internet : la nouvelle fait bientôt le tour du pays.

Mes amis finissent par reprendre leurs recherches. Partout sur Internet apparaissent des photos de moi, mon cas devient le principal sujet de conversation dans les rues et dans les foyers. « Où est donc cette femme ? Ses proches la cherchent, elle a disparu… » Mon histoire résonne dans le cœur de nombreux Kazakhs : ils ont eux-mêmes souvent perdu des proches dans les camps chinois. Ils partagent notre souffrance. Une femme est enfin parvenue à fuir, mais le gouvernement est prêt à la livrer en pâture aux Chinois, qui ne manqueront pas de la réduire au silence. L'indignation gagne bientôt tous les niveaux de l'administration et parvient aux oreilles de la classe politique. La population l'exhorte à agir. Les autorités ne peuvent plus détourner le regard, encore moins me remettre aux mains des Chinois. Grâce à cette vidéo, mon aller simple pour la Chine s'est transformé en procès. L'homme à la peau mate devra attendre...

Dans ma cellule de la prison de Zharkent, j'ai l'impression d'avoir en permanence la tête sous l'eau. Je la relève frénétiquement pour reprendre mon souffle et reperds immédiatement connaissance. Je suis au bord du gouffre. Il y a bien une caméra dans la pièce, mais personne ne semble prêter attention aux images qu'elle enregistre. Le matin, on me sert de l'eau tiède. À midi et en fin de journée, ils me font passer un repas. Lentement, très lentement, je sens la vie renaître en moi. « Uali sait-il où je suis ? Comment vont les enfants ? S'ils me renvoient en Chine, je suis morte. »

Hors des murs de cette prison se tiennent au même moment des conférences de presse. En très peu de temps, plusieurs associations et organisations se sont manifestées : elles m'apporteront, elles aussi, tout leur soutien. Un célèbre avocat a même pris contact avec Uali : il lui propose d'assurer ma défense. En cette fin du mois de mai, cet homme, Abzal Husman, m'apporte des vêtements, à manger et, surtout, une raison de vivre et de me battre. Cela dit, il travaillait pour la partie adverse, ce que je découvrirai plus tard.

3 juin 2018 : détention à Taldyqorgan, un oiseau et un esprit

Dix jours plus tard, on me transfère à la prison d'État de Taldyqorgan, où j'atterris en cellule avec

Condamnée à l'exil

deux meurtrières russes et une fraudeuse kazakhe. Cette dernière m'apprend que la première a poignardé un voleur et la seconde tué son mari violent. Dès que les gardes ont le dos tourné, ces deux Russes me bousculent et me malmènent. Je suis une proie facile, ni vivante ni morte, présente mais absente, perdue dans les limbes de l'inconnu.

Mon corps, mon cœur et mon âme paient un lourd tribut après les épreuves passées. Ici, un médecin veille à ma santé, me prescrit des médicaments et des injections, mais je continue de perdre connaissance régulièrement, dépassée certainement par ces sensations tout droit sorties du néant qui m'assaillent jour et nuit. Je ne vois plus aucune issue, je ne sais plus à quoi me raccrocher.

Je n'avale presque rien. Mes enfants me manquent tellement, comme si mon cœur avait été arraché, là, devant mes yeux. Un jour, un oiseau vient se poser devant le grillage de notre fenêtre. Avec la plus grande précaution, je dépose un petit bout de pain sur le rebord. Il l'attrape dans son bec et s'envole aussitôt. Cela me réchauffe le cœur de penser qu'il va nourrir ses petits avec ce morceau de mie. Les larmes coulent sur mes joues, je meurs à petit feu de ne pas voir mes enfants. Je suis seule dans ma cellule quand apparaît soudain une femme russe. Elle porte une longue robe légère, ses belles boucles blondes lui tombent sur les épaules. Je n'en demeure pas moins affolée :

– Qui êtes-vous ?

Silence.

Que me veut cette femme inquiétante ? Prise de panique, je me plaque au mur et appelle à l'aide. Elle me jette un regard glacial.

– Allumez la lumière, crie-t-elle avant de disparaître.

Elle vient de nouveau me rendre visite le lendemain, puis tous les autres jours. Elle s'accroupit parfois pour fouiller dans mon sac et regarder mes vêtements. La nuit, je la distingue clairement. La journée, elle me fait l'effet d'une ombre. Au bout d'un certain temps, je deviens amie avec elle.

De temps à autre, elle se poste derrière moi, je sens son souffle chaud dans ma nuque. Je finis par demander au surveillant qui, chaque matin, ouvre notre porte :

– Est-ce que toi aussi, tu la vois ?

Il croit en l'au-delà et me répond :

– C'est le fantôme d'une femme qui fut emprisonnée ici. Elle était innocente et s'est pendue dans cette cellule.

Parfois, elle essuie, de ses mains chaudes et pâles, mes larmes.

La lumière m'éblouit, les bruits sont assourdissants, mes lèvres tellement sèches. J'ai besoin d'avoir la confirmation de la Kazakhe qui partage ma cellule :

– Tu la vois, toi aussi ?

Elle en est convaincue :

– Cette femme apporte l'espoir. Tu seras bientôt libérée.

Aujourd'hui encore, son visage m'apparaît clairement. Notre cerveau recèle des pouvoirs insoupçonnés, qu'il met en action pour protéger notre âme.

Mon état de santé se dégrade cependant de jour en jour. Le 22 juin, je suis seule en cellule avec les deux Russes. La Kazakhe a été emmenée au tribunal pour son procès. Alors que je descends prudemment de mon lit, qui est celui du haut, elles me saisissent par les jambes, me font tomber et me rouent de coups. Mon crâne heurte le sol en béton et je sombre dans l'obscurité la plus totale. Plus aucune connexion nerveuse pour faire fonctionner mon cerveau, pour trouver une porte de sortie. Fuir ou résister ? Rien ne m'est possible. Je suis à terre, achevée.

– Elle est en train de mourir !

Condamnée à l'exil

Aux côtés des secours, un médecin se bat pour que je reste en vie. Il supplie l'administration pénitentiaire de m'envoyer sur-le-champ à l'hôpital. Il lui faudra trente-quatre minutes pour me faire reprendre connaissance. Je suis réveillée par une douleur vive au bras gauche. Où suis-je ? Les images défilent à toute vitesse devant mes yeux. Je vois des hommes me frapper de leurs poings, j'entends les cris de douleur de femmes autour de moi, je sens les tressaillements de mon visage. Il me faut attendre un long moment avant de pouvoir enfin retrouver la maîtrise de mes pensées. Je tente de lever une main : je constate qu'elle est en sang... et attachée au cadre du lit par une menotte. Dans mon autre poignet, un cathéter.

– Tu as bien failli y passer, commente un homme en uniforme et armé.

Je lève alors la tête et constate que je ne suis pas seule.

Réveil

Le médecin a rendu son diagnostic : commotion cérébrale, pression artérielle alarmante, activité cardiaque anormale. Je suis si faible que je parviens à peine à m'asseoir. Trois policiers me surveillent en continu ; deux d'entre eux ont une mitraillette. La porte est verrouillée de l'intérieur. De quoi ont-ils peur ? Que je prenne la fuite, dans mon état ? Que Pékin, le titanesque voisin, dirige sa rage contre eux ? Ils n'ouvrent qu'au personnel médical. C'est l'été, il fait chaud et lourd. À quatre dans cette pièce, nous manquons d'air et d'oxygène. Ils ne laissent entrer ni mon mari ni mes enfants, mais Uali attend le moment où les gardes iront, à deux, aux toilettes. Quand la porte s'ouvre enfin, il se précipite vers moi avec une assiette pleine et ressort aussitôt. Le troisième policier s'agite :

– Dégage !

Il déplace l'assiette loin de moi, si bien que je ne peux plus l'atteindre. Je me sens comme un chien au bout d'une corde trop courte. La rage monte en moi : je suis enchaînée comme une criminelle, trempée, incapable de bouger, de dormir ou de manger.

Quelques jours plus tard, mon état est stationnaire et je suis renvoyée en prison. Les nombreux colis que j'ai reçus de la part de mes soutiens accélèrent ma guérison : de quoi manger, me régaler même, des brosses à dents, du savon et des vœux de prompt rétablissement. Atajurt : le nom de cette association revient souvent. Ce Serikzhan Bilashuly consacre sa vie à la protection des siens, il veut sauver ceux que la domination chinoise a tenté d'anéantir.

Les détenus kazakhs me parlent de lui avec un enthousiasme non feint. Le soutien de toutes ces personnes me donne de l'espoir, et cet espoir me donne de la force.

À côté du camp d'internement chinois, la maison d'arrêt est presque luxueuse. Ici, on mange trois fois par jour, plutôt correctement, avec une promenade de dix minutes dans la cour. Je lève la tête pour apercevoir le ciel au-delà du grillage qui sert de toit à l'espace extérieur. J'ai aussi accès à la bibliothèque, dans laquelle je découvre des livres de droit. Le contenu est en kazakh, mais pas dans les caractères arabes habituels.

J'apprends rapidement à déchiffrer l'alphabet cyrillique, ce qui me permet de découvrir ce que dit la loi sur mon cas. Mon mari et mes enfants ont la nationalité kazakhe et je suis moi-même kazakhe : une extradition vers la Chine paraît compromise. En découvrant cela, je me mets à espérer.

Je passe un peu plus d'un mois dans cette maison d'arrêt et, deux jours avant mon procès, je suis transférée dans la prison de Zharkent, où j'ai déjà été incarcérée. Au dernier moment, je panique : « C'est pour mieux pouvoir me reconduire à la frontière ! »

Juste avant le procès, je sens le stress monter : voici peut-être venue pour moi l'occasion d'être enfin écoutée, entendue ! Sinon, ce sera la fin...

CHAPITRE 8

KAZAKHSTAN : PÉKIN, UN VOISIN AU BRAS LONG

9 juillet 2018 : début du procès
J'ai hérité de mon enfance et de mon père une vraie force de caractère, teintée de fierté. Je puise dans ces précieuses ressources pour ne pas céder à la panique. Cela m'aide beaucoup, en ce 9 juillet 2018, premier jour de mon procès devant le tribunal de Zharkent. Tout le Kazakhstan attend ce moment.

La salle d'audience n'est pas bien grande et peut accueillir une vingtaine de personnes, tout au plus. Ils sont plus de cent à s'y presser, parmi lesquels des défenseurs des droits de l'homme, et même des journalistes venus de l'étranger. D'autres encore patientent à l'extérieur. Bon nombre me voient comme un témoin de premier plan, la première à avoir osé parler des atrocités commises par le gouvernement chinois dans les camps, la première à avoir connu le système de l'intérieur. Un secret pourtant si bien gardé. Et la seule fonctionnaire kazakhe qui, malgré tout ce qu'elle savait, a pu fuir le plus grand État policier au monde.

La salle entière se lève au moment où les magistrats font leur entrée et prennent place. La juge est kazakhe, la procureure ouïgoure. Je suis postée derrière elles, menottée. Lorsque j'entre dans la pièce, l'agitation, les cris, les micros des journalistes m'effraient. J'entends qu'on me demande ici une interview, là de répondre à des questions. Puis je comprends que tous ces gens sont de mon côté, qu'ils me veulent du bien. « Comment pourrais-je être renvoyée en Chine alors que tout ce monde me soutient ? » Je m'encourage en silence : « Bats-toi Sayragul, bats-toi ! »

Les policiers m'escortent jusqu'à la petite cabine vitrée depuis laquelle je serai interrogée. La salle d'audience est en ébullition, le procès n'a pas encore commencé, les magistrats ouvrent leurs dossiers, sortent les documents. Durant ces cinq minutes d'attente, mes enfants se faufilent entre les adultes et accourent vers moi. Ulagat se hisse sur la pointe des pieds :

– Maman ! Tu m'as tellement manqué ! Je voudrais un bisou, s'il te plaît !

Mon fils est si plein d'espoir que j'en ai le cœur brisé. Voulant répondre à sa demande, je me penche, mais l'ouverture sous la vitre n'est pas assez grande pour laisser passer sa tête.

– Maman, prends ma main alors, comme ça, tu pourras faire un bisou dessus.

Il glisse son petit bras sous la vitre, j'avance pour pouvoir poser les lèvres sur ses petits doigts. Un journaliste immortalise ce moment ; son cliché fera le tour des rédactions internationales et deviendra célèbre.

– Silence !

Les membres du service d'ordre font revenir le calme et demandent à l'assistance de bien vouloir s'asseoir.

– Le procès va commencer !

Le greffier me demande de décliner mon identité et fait venir deux interprètes, respectivement de langue chinoise et russe. Cette dernière est de plus en plus utilisée par la justice kazakhe. Je ne comprends pas le russe, mais je viens du Xinjiang et tout le monde devine que je maîtrise le chinois. Les deux interprètes interviendront à tour de rôle. Mes nombreux soutiens ont su me redonner confiance en moi, en ma propre valeur. La peur me quitte d'un coup, la colère m'envahit et, d'une voix claire et forte, je m'exprime enfin :
– Je suis venue au Kazakhstan, car je considère ce pays comme étant le mien et, à ce titre, souhaite n'y parler qu'en kazakh, pas en chinois. Dans le cas contraire, je refuse de témoigner.

Le procès vient à peine de commencer qu'il est déjà interrompu. Un silence tendu s'ensuit, tout le monde est pris de court et les échanges grondent.
– Comment vont-ils régler le problème ?
– Elle est kazakhe, bien entendu qu'elle veut parler dans sa langue !

La juge se tourne vers moi :
– Vous faut-il vraiment un troisième interprète ?

Je maintiens ma requête et demeure imperturbable. L'assemblée est elle aussi en plein débat, mais tous tombent d'accord :
– Nous sommes au Kazakhstan. Ce procès concerne notre pays et ses habitants, il revêt une importance particulière pour nous tous. Il doit être mené en kazakh !

La procureure s'adresse à moi avec douceur et amabilité, comme l'aurait fait une avocate, et autorise même ma famille à venir me rendre visite en prison dans l'après-midi.

Une demi-heure plus tard, la séance est ajournée, le début du procès est reporté à une nouvelle date.

En famille dans ma cellule

Une foule s'est rassemblée dans la rue, certains sont même venus de loin pour me soutenir. J'éprouve une infinie gratitude à leur égard, je suis émue aux larmes, stupéfaite même. La présence de toutes ces personnes me redonne un peu foi en l'humanité et en la justice.

Peu après, deux surveillants me conduisent au parloir, où Uali et les enfants m'attendent et guettent mon arrivée. C'est la première fois que nous sommes réunis depuis mon arrestation deux mois plus tôt. Dix minutes nous ont été octroyées, dix minutes pour nous prendre dans les bras, parler. L'idée d'être à nouveau séparée d'eux m'est insupportable. Chaque seconde nous est précieuse.

Ukilay s'enquiert :
– Tu as fait quoi pendant tout ce temps ?
Puis c'est au tour de son frère :
– Tout s'est bien passé ? Tu as eu à manger ?
Uali se passe une main fébrile dans le cou :
– As-tu été violentée ou maltraitée ?
Ses yeux s'embuent.
– Tout va bien, j'ai juste été enfermée dans une pièce...

Je ne peux pas aller plus loin. Je dois rassembler toute la force qui me reste pour guérir – tout du moins essayer. Je tiens à ce que les enfants soient rassurés, qu'ils ne craignent rien. C'est aussi le meilleur moyen pour moi d'aller mieux.

Dehors, devant les portes de la prison, de nombreuses personnes font la queue, colis à la main. Les policiers secouent la tête :
– Seuls les proches sont désormais autorisés à remettre un colis pour Sayragul Sauytbay.

Et tous, alors, de déclarer qu'ils sont mes frères, mes sœurs, un cousin, une nièce, puis de déposer leurs colis aux pieds des agents.

Un policier entre dans ma cellule et me lance un clin d'œil:
– Eh bien, tu as là une très grande famille, dis-moi!

Je rougis et détourne le regard, craignant, par réflexe, d'avoir commis une faute:
– Non. Je n'ai rien demandé à personne.

Un peu plus tard, un autre agent s'adresse à moi:
– Tes bienfaiteurs sont issus de toutes les classes sociales. Il y a des riches et des pauvres, des jeunes et des vieux.

Depuis 2016, tous au Kazakhstan vivent dans l'inquiétude: « Comment se portent mes proches de l'autre côté de la frontière? Pourquoi n'ai-je aucune nouvelle d'eux? Que leur fait-on subir dans ces soi-disant centres de rééducation? » Mais leurs questions se sont heurtées aux murs gris et aux barbelés qui séparent le Kazakhstan du Turkestan oriental. Tous brûlent d'obtenir enfin des réponses.

Dans les rues, la population s'insurge: « Pourquoi retenez-vous l'une des nôtres prisonnière? Elle est innocente! Libérez Sayragul Sauytbay! Elle doit bénéficier du droit d'asile dans son pays! » Mais le gouvernement ressemble à un ver coupé en deux, avançant frénétiquement dans deux directions opposées. D'un côté, son peuple; de l'autre, son titanesque voisin, prêt à écraser le pays sous sa botte de cuir épais.

13 juillet 2018 : reprise des audiences

Le procès reprend quatre jours plus tard. Dans la voiture qui nous conduit au tribunal, les policiers s'enthousiasment:
– Regarde, tu n'as plus de souci à te faire! Toute la ville est derrière toi.

Les places, les parcs, les jardins, les rues sont bondés. Les gens me font signe, tous portent un tee-shirt frappé des mots « Libérez Sayragul Sauytbay ! » dans trois langues : en kazakh, en russe et en anglais.

L'association Atajurt vient de créer un précédent au Kazakhstan : l'organisation de manifestations de masse, pacifistes, qui éloignent pour l'heure le spectre d'une extradition. Dans un pays autocratique, il faut beaucoup de courage pour mener une telle action.

Nous ne sommes pas en Occident, les protestations à grand renfort de slogans et pancartes sont ici hautement réprimées. Une voix s'élève dans la foule :

– Nous voulons la vérité !

Ils sont des centaines à réclamer au gouvernement, dans un pacifisme total, un peu de compassion pour le peuple. En cédant à la pression exercée par Pékin, les autorités du pays craignent plus que tout de perdre la face. Et la menace que ces manifestations ne se transforment en révolte...

Cette fois-ci, en sortant de la voiture, je demande une faveur au policier qui m'escorte :

– Pourrions-nous, devant mes enfants, cacher mes menottes ?

Il s'exécute avec un sourire amical et m'attache les mains dans le dos de façon à faire disparaître les deux anneaux de fer sous mes manches. Devant la salle d'audience, ils sont encore plus nombreux que la première fois et les agents de sécurité jouent des coudes pour nous ouvrir un passage. « Sois forte ! Tu seras bientôt libre ! »

Le tribunal a répondu à ma demande : la présence d'un interprète russophone a été considérée comme superflue et le procès se tiendra en kazakh. Nous nous comprendrons bien mieux ainsi : la juge, moi et tous les autres. Chacun pourra suivre de près ce procès politique très médiatisé.

Le principal chef d'accusation établi à mon encontre est celui de « passage illégal de la frontière ». J'ai enfreint la loi et je dois avant tout justifier mon acte. Une opportunité unique de m'exprimer s'offre à moi. Je me redresse et regarde droit devant moi :

– La population du Xinjiang subit une oppression permanente. Il y a là-bas des camps d'internement, une vérité que les Chinois cachent en les nommant officiellement centres de rééducation. Les prisonniers y sont soumis aux pires traitements. Nous, les Kazakhs, ainsi que d'autres minorités musulmanes, y sommes victimes d'un génocide. Je le sais, car j'ai été enfermée dans l'un de ces camps sous un statut d'enseignante. Un système fasciste a été instauré, la tyrannie règne partout...

Je m'efforce de résumer la situation en moins de dix minutes, de décrire les faits qui se déroulent dans le nord-ouest de la Chine et la vie dans les camps.

– J'ai décidé d'en informer le monde entier et je suis, à ce titre, menacée de mort. La fuite était mon unique recours.

J'ajoute que nos passeports nous avaient été confisqués et que je n'avais aucun moyen de passer légalement la frontière. L'auditoire est sous le choc, certains restent muets, d'autres lèvent un poing vengeur, emplis de haine contre le Parti communiste et le gouvernement chinois.

– Ce n'est plus possible ! Libérez notre peuple des camps de concentration !

J'ai le souffle coupé : ces injonctions dans la foule ne valent à leurs auteurs ni emprisonnement ni torture. La juge se montre même compréhensive et laisse le temps à tous ces gens d'exprimer leur colère.

– Nous sommes en train de vendre notre âme et notre pays à Pékin !
– Pour nous remercier, ils nous volent notre liberté et nous oppriment !

En fin d'après-midi, l'audience est levée. Je n'ai pas le droit de revoir ma famille avant le 23 juillet et l'incertitude me gagne : va-t-on me renvoyer en Chine ? M'enfermer à vie dans une prison kazakhe ? Serai-je bientôt une femme libre ?

23 juillet : dernier jour de procès

Le dernier jour d'audience, je peine à croire ce que je vois : aux abords du tribunal, la foule est encore plus dense que les fois précédentes. Des journalistes et représentants politiques étrangers, ainsi que des membres d'organisations internationales, ont fait le déplacement.

La juge égraine les noms de ceux qui réclament ma libération : les Nations unies, Amnesty International, des ambassadeurs, à l'image de celui des États-Unis, de l'Italie ou de l'Allemagne, le Parlement européen, la Société pour les peuples menacés... Tous ont pris directement contact avec le président Nazarbaïev ! Dans une situation telle que la mienne, un soutien international est plus que précieux : c'est une question de survie. L'espoir qui m'envahit me fait croire à un avenir meilleur. Pour la première fois, je m'autorise un aplomb insolent :

– La Chine est puissante, mais les pays libres le sont peut-être davantage encore...

Chaque question qui m'est posée est pour moi l'occasion de témoigner, de raconter en détail la vie dans les camps d'internement. Cette fois-ci, l'enjeu est de taille : les journalistes sont là pour diffuser mon message au-delà des frontières.

Jusqu'à ce jour, Pékin continue de nier l'existence des camps et inonde la planète de photos montrant des étudiants tout sourire, ravis de bénéficier de « repas et de cours de langue gratuits ».

Dans l'après-midi, les documents relatifs à mon dossier et toutes les preuves dont nous disposons sont enfin produits. Je reçois des papiers d'identité provisoires sur lesquels figure mon statut de demandeuse d'asile. La procureure, dont le rôle était de m'accabler, choisit la peine la plus légère et ne requiert, à l'issue de son plaidoyer, qu'une amende minimale à mon encontre.

Le 1er août 2018, lorsque la juge annonce son verdict, un cri de joie éclate dans la salle :

– Sayragul est libre !

Je vais quitter la prison et être assignée à résidence. L'assemblée se lève d'un bond, on me tombe dans les bras, on m'enlace, on me félicite chaleureusement. Les micros se tendent vers moi.

– Je suis libre !

Je parviens à peine à y croire.

Pour la première fois depuis de nombreuses années, renaît en moi un sentiment de fierté.

Une liesse brutalement suspendue

C'est la cohue dans le tribunal, il est impossible de mettre un pied devant l'autre, je me laisse porter par le mouvement de la foule, me hissant sur la pointe des pieds pour repérer mon mari et mes enfants. Mais je ne vois que des bras levés, des chapeaux qui volent, des signes de victoire. Au bas d'une volée de marches m'attendent des femmes, fleurs à la main, des enfants et des personnes âgées venus avec des cadeaux. Je vois des gens pleurer. Certains ont apporté des instruments traditionnels kazakhs et jouent de tout leur cœur. Des poètes et des écrivains célèbres me tendent une main fébrile. J'essuie inlassablement mes yeux embués. Des commerçants ont réservé des restaurants entiers pour ceux de leurs compatriotes ayant fait un long voyage, d'autres ont sacrifié des agneaux et ouvert leur table à tous. Que dire? L'air, la lumière, les rires... Tout cela d'un coup et en même temps! Quel triomphe! Mon bonheur est indescriptible.

Devant le tribunal, je m'adresse à la foule:

– Lorsque je suis arrivée au Kazakhstan, je me sentais terriblement seule. Je sais maintenant que c'est faux. J'ai retrouvé les miens, ma nation, mon pays!

Le jugement prévoit que je passe les six prochains mois sous surveillance, assignée à résidence. Si je veux me déplacer, je dois obtenir une autorisation de l'administration juridique. J'ai été habituée à bien pire, ce n'est qu'une toute petite formalité pour moi.

Les voix s'élèvent autour de moi:

– Vive le Kazakhstan!

Un soleil intense vient dissiper mes angoisses contenues depuis si longtemps, le monde est baigné de lumière au moment où je fais mes premiers pas de femme libre. J'entre dans la voiture de police sous les chants et les cris de joie. Ils me reconduisent à la maison d'arrêt afin que j'y récupère mes affaires.

Je ne retrouve mon mari que plus tard dans l'après-midi, dans un restaurant qui, comme d'autres, fête ma libération. Les enfants sont fous de joie. Ulagat m'offre son plus beau sourire:

– Maman, tu sais, tout ce temps, j'ai prié pour que tu sois libérée et que tu rentres à la maison!

Ukilay me saute au cou:

– Tu vois, Dieu a exaucé notre souhait!

Et elle me couvre de bisous. Uali passe son bras autour de mes épaules et je sens, avec une gratitude infinie, la chaleur de son corps envahir le mien.

Plus tard, nous partons tous les quatre pour Almaty, à trois heures de route de Zharkent. À mesure que nous roulons vers l'ouest, la longue file de nos bienfaiteurs enfle, formant un long convoi derrière nous. Uali est ébahi :

– On dirait que tout le Kazakhstan a suivi ton procès !

J'acquiesce en silence. Mon émotion est si forte que je suis incapable de prononcer la moindre parole. Une foule amassée sur le bas-côté salue et applaudit à notre passage, nous devons même parfois nous arrêter tant elle est dense.

Ils sont des centaines à attendre que je sorte de voiture pour venir à leur rencontre, échanger quelques mots avec eux. L'hymne national est entonné, des visages radieux se tournent vers moi, des mains se tendent, chargées de plats et de cadeaux. Tous veulent une photo avec moi. Même sur l'autoroute, on nous fait de grands signes amicaux. Tout cela n'est-il qu'un rêve ? Je me tourne vers mes enfants, peinant à croire que je les ai enfin retrouvés. Mais ils sont bien là. Tout près de moi.

À Almaty, un généreux restaurateur nous offre le couvert, à Uali, les enfants et moi, mais aussi à deux cents autres personnes, dont quelques personnalités locales. Tous ces inconnus me prennent dans leurs bras, me témoignant ainsi sans retenue leur profonde gratitude. Sur les écrans, le drapeau kazakh flotte au vent, de la musique traditionnelle accompagne notre arrivée. Le calme, relatif, ne reviendra autour de nous que le lendemain matin, à l'heure où s'éveillent les oiseaux. Nous pouvons enfin nous mettre au lit, chez l'hôte qui nous accueille.

Les jours qui suivent, les conditions de vie dans les camps sont relatées dans le *New York Times*, le *Washington Post*, à la BBC et dans d'autres grands médias internationaux. Nous sommes debout après quelques heures seulement de sommeil. Le téléphone ne cesse de sonner : je donne de courtes interviews à tous les journalistes qui me sollicitent.

– J'ai vécu dans mon pays la privation et la maltraitance et je peux vous l'affirmer : la liberté est une joie sans pareille !

Épuisés mais heureux, nous voulons rejoindre le village natal de Uali. Notre hôte m'appelle :

– Une dernière interview, c'est pour un reporter canadien, il est en ligne.

Un interprète est à mes côtés durant l'échange. Je remarque bientôt le changement d'attitude autour de moi. Je ne fais plus attention à ce que je dis au journaliste : nous venons d'apprendre une nouvelle qui me fait défaillir.

Assignée à résidence : d'une maison à l'autre

– Ta sœur cadette a été arrêtée aujourd'hui, m'apprend notre hôte, tête baissée.

Il fait chaud dehors, mais je tremble. Après s'être éclairci la gorge, mon interlocuteur poursuit :

– Juste après le verdict hier, ils ont aussi emmené ta mère.

En Chine, lorsqu'un fugitif ose parler, les représailles ne tardent pas. Mon corps est parcouru de spasmes, comme pris d'une fièvre soudaine.

Mes forces me quittent et je m'effondre dans le canapé. J'ai l'impression qu'on vient de me porter un coup fatal. Je revois immédiatement les hommes masqués de noir et les jeunes filles en pleurs : « Sauve-moi ! » Leurs visages sont bientôt remplacés par ceux de mes proches. Ma mère, soixante-dix ans, malade, ma sœur et ses vingt-six ans. Comme moi, elle est enseignante, elle va bientôt se marier. Elle était si heureuse d'avoir enfin rencontré l'homme de sa vie.

Aujourd'hui encore, je suis incapable de dire si ma mère ou ma sœur ont réellement été envoyées dans un camp. Certains disent qu'elles sont restées un mois en prison, d'autres parlent de deux mois. Ce qu'elles y ont subi, je ne peux que le supposer. L'euphorie de la liberté est donc pour moi de courte durée.

Et puis, dans un pays comme le Kazakhstan, sur lequel l'emprise chinoise ne fait que grandir, la corruption, le mensonge et la cupidité se répandent insidieusement. À la manière d'un cancer, ils tuent les cellules encore saines et gangrènent toute la société.

Trois jours après les célébrations à Almaty, nous voici rentrés à la maison, à Baidebek. Nous sommes éreintés. Un nouveau choc nous y attend : notre maison a été visitée ! Tous les tiroirs ont été ouverts et vidés, le sol est jonché de papiers et de vêtements. Même la chambre des enfants a été mise à sac. Ukilay et Ulagat se mettent à pleurer, plantés là au beau milieu du chaos. Or, rien n'a été volé.

Uali soupçonne tout de suite les services secrets chinois. Pris d'angoisse, nous comprenons que nous ne sommes plus en sécurité, même dans cette maison loin de tout. Ukilay et Ulagat s'agrippent à mon bras.

– Maman, maman, il faut qu'on parte ! Les Chinois veulent t'emmener !

Uali a déjà vendu notre maison pour me retrouver, régler mon séjour en clinique, les honoraires de mon avocat et les frais annexes. Il ne nous reste plus rien de l'argent de cette vente. Les acquéreurs nous ont généreusement proposé d'attendre que nous trouvions un logement plus abordable. Mais il est désormais clair que nous n'allons pas rester une minute de plus. Nous avons l'impression de sentir encore la présence de ceux qui se sont introduits chez nous, une sensation de dégoût s'empare de nous. Qu'ont-ils bien pu toucher ?

Nous rassemblons en hâte nos papiers et laissons tout le reste derrière nous, vêtements et nourriture compris. Nous avons vu et subi tellement de choses impensables que nous croyons les services secrets capables d'y avoir mis du poison. Dans la foulée, nous louons un petit appartement en périphérie d'Almaty, grâce au généreux soutien financier de quelques associations, Atajurt en tête. Avec elles à nos côtés, nous allons pouvoir tout recommencer.

Mais la peur, fidèle compagne elle aussi, nous accompagne désormais en permanence.

En fuite dans notre propre pays

Le jugement rendu par le tribunal doit prend effet sous quatorze jours. Nous sommes contraints de déménager à Jessik, une petite ville où nous sommes désormais enregistrés et où je dois pointer. Je bénéficie pendant six mois d'un droit d'asile, qu'il me faudra ensuite faire renouveler tous les trois mois, en attendant mon titre de séjour.

Ce renouvellement, on peut à tout moment me le refuser : retour en Chine, arrêt de mort.

Notre famille est harcelée par des Kazakhs, eux-mêmes payés par Pékin et les services secrets. Qui d'autre aurait intérêt à nous nuire ? Nous habitons depuis peu dans une maison de plain-pied. Une nuit, quelqu'un tente de forcer nos fenêtres. Nous sommes pris de panique. Craignant une agression, nous dormons à quatre dans la même chambre, les enfants au milieu.

Ces persécuteurs à la solde du gouvernement chinois se présentent un jour à l'école des enfants et cherchent à se renseigner sur nous auprès des autres parents.

– Gardez un œil sur eux et interrogez vos enfants. Quelles sont leurs habitudes ? Où vont-ils et quand ? À qui vont-ils rendre visite ?

Ces types n'ont peur de rien et s'approchent même de nos propres enfants :

– Dites-nous, est-ce que d'autres journalistes doivent venir chez vous ? Avec qui êtes-vous en contact ?

Uali et moi sommes constamment sur nos gardes, nous surveillons absolument tout. Avons-nous bien verrouillé les portes et fermé les fenêtres ? Nous pouvons une fois de plus compter sur des soutiens extérieurs. L'écrivain Habbas Habsh, qui a quatre-vingts ans passés, m'a promis : « Sayragul, dès que tu es libérée, j'organise une grande fête pour toi ! » Il doit annuler son projet pour raison de santé, mais fait sacrifier un agneau pour nous dans les montagnes, près des sources chaudes d'Almaly.

De nombreux intellectuels, artistes et personnalités y convergent afin de me féliciter pour ma liberté retrouvée et m'assurer leur soutien pour ma demande d'asile. Au moment de se dire au revoir, Habbas Habsh nous offre, à Uali et moi, l'un de ses livres qu'il a pris soin de dédicacer. Nous avons rapporté ce précieux cadeau chez nous, en prenant toutes les précautions du monde pour ne pas l'abîmer.

Le 3 octobre 2018, ma première demande d'asile est rejetée par le tribunal de Taldyqorgan. Je suis la seule à être admise en salle d'audience, Uali et les enfants doivent attendre dehors. Mon avocat, Abzal Husman, demeure introuvable.

Mes soutiens se sont réunis en une petite commission afin de peser de tout leur poids dans la balance.

– La prochaine fois que la question sera posée au tribunal, nous aurons peut-être une bonne nouvelle à t'annoncer, m'explique Serikzhan Bilashuly, de l'association Atajurt.

C'est un homme costaud, de mon âge environ, très cultivé, avec une belle éloquence. Il maîtrise les sujets politiques sur le bout des doigts. Sa fiabilité et ses compétences ont fait de lui l'interlocuteur privilégié de nombreuses organisations internationales, mais aussi des journalistes. Serikzhan Bilashuly est également celui qui me livre des données chiffrées plus précises au sujet des camps d'internement au Turkestan oriental : c'est encore pire que ce que j'imaginais. C'est un goulag du XXIe siècle, d'une ampleur sans égale. Tous les observateurs s'accordent à dire que rien ne changera sans une intervention étrangère.

Peu après cette rencontre avec mes si précieux soutiens, deux Kazakhs m'abordent dans la rue :

– Si tu ne la boucles pas tout de suite et que tu continues à raconter aux journalistes tout ce que tu as vu en Chine, passé tes six mois de répit, tu disparaîtras pour toujours.

Je ne demande pas mieux que de trouver définitivement asile au Kazakhstan et de mener la vie tranquille et heureuse d'une mère de famille. Mais est-ce seulement possible ? Je n'en sais plus rien. Je suis en proie à un terrible conflit intérieur : d'un côté, je souhaite bénéficier, au Kazakhstan, d'un statut qui me protégera ; de l'autre, la certitude que les médias et le monde entier doivent tout savoir des crimes perpétrés dans mon pays. Je me sentais jusqu'ici protégée, mais je ne peux pas poursuivre si cela signifie mettre en péril ma sécurité et celle de ma famille.

Condamnée à l'exil

Mon avocat, Abzal Husman, tient le même discours que les agents des services secrets et m'exhorte à me retirer de la vie publique. Autour de moi, personne ne comprend sa position : « Il veut faire plaisir aux Chinois, c'est ça ? » Il est hautement probable que le Kazakhstan me reconduise tranquillement à la frontière une fois toute cette agitation retombée, le peuple retourné à son quotidien.

Chaque jour, je réponds aux questions des journalistes que je rencontre secrètement, la plupart du temps dans des voitures. Ils veulent en savoir plus sur notre vie d'après. Le soir, je m'installe à la table de notre cuisine et remplis des demandes d'aide à l'attention de différentes organisations internationales.

Je plaide le cas de ma mère et de ma sœur, toujours enfermées, auprès des Nations unies et d'instances politiques de premier plan à travers le monde. « S'il vous plaît, venez-leur en aide ! Elles sont toutes deux innocentes et ne sont en rien responsables de mes actes ! Elles ne savaient pas pour mon internement dans le camp, pas plus que pour ma fuite au Kazakhstan. »

La pression politique internationale finit par faire effet, et les voici bientôt libérées. Aujourd'hui, je n'ai aucun moyen de savoir comment elles vont. Il est difficile d'obtenir des informations fiables. La maison de mes parents est truffée de caméras, à l'extérieur comme à l'intérieur. Les autorités épient le moindre mouvement de mes proches, que ce soit dans la cuisine, la salle de bains ou la cour. Plus personne ne veut leur rendre visite : leurs amis, leurs connaissances et même le fiancé de ma sœur leur ont tourné le dos, par peur évidente de terminer dans un camp.

Je ne cesserai jamais de me le reprocher. À cause de moi, ma sœur n'a pas de mari et ne pourra jamais fonder une famille. À cause de moi, ma mère âgée a passé un mois derrière les barreaux. À cause de moi, mes proches, mes amis, tous ceux que je connais sont en danger de mort.

S'il m'arrive d'avoir, par de nombreuses voies détournées, des nouvelles en provenance du Turkestan oriental, je ne peux pas échanger avec ceux qui me sont chers : leurs maisons et appartements sont surveillés vingt-quatre heures sur vingt-quatre.

On me suit

La menace s'intensifie autour de nous. Dès que nous quittons la maison, des inconnus nous prennent en filature. Les mêmes voitures sont en permanence garées près de chez nous, mais presque jamais avec le même conducteur.

Ma deuxième demande d'asile est rejetée par le tribunal d'Astana le 26 décembre 2018. Mais je n'ai pas été prévenue, malgré mon insistance. On ne me le signifie qu'en date du 6 janvier 2019. Mon avocat ne s'est de nouveau pas présenté au tribunal et ne m'a donné aucune nouvelle. Uali et moi ne nous laissons pas abattre. Pendant ce temps, nous avons reçu le précieux soutien de nombreuses personnes. Toute cette mobilisation nous donne du courage. Dans des vidéos postées sur Internet, des enfants et leur grand-mère, des familles entières et des commerçants, des intellectuels et des ouvriers interpellent le gouvernement : « Sayragul Sauytbay a été envoyée dans un camp d'internement en Chine alors qu'elle était innocente ! Elle est des nôtres. Accordez-lui son droit d'asile et garantissez sa protection au Kazakhstan. »

Ce que ma famille et moi avons subi m'a montré qu'il ne faut jamais perdre espoir, aussi infimes soient-elles,

les chances de s'en sortir existent. Cela nous donne du courage, une force incroyable pour aller au bout de notre démarche. L'espoir nous donne des ailes, nous repoussons nos propres limites. Mon mari et moi cherchons comment reprendre le cours de nos vies. Des vies normales. Nous décidons d'ouvrir un magasin.

– Nous pourrions aussi élever des bêtes et rembourser, au moins un peu, tous nos soutiens.

Nous avons déjà acheté une vache. Nous consommons une partie de son lait et revendons le reste sur le marché. À peine mettons-nous un pied dehors pour nous y rendre que des inconnus nous emboîtent le pas. Je me retourne plusieurs fois brusquement. La colère me monte au nez et je les invective :

– Pourquoi vous nous suivez ?

Pas de réponse et un regard dédaigneux pour toute explication.

Il nous arrive, à Uali et moi, de nous mettre à courir juste après avoir tourné dans une rue et de prendre des détours. C'est peine perdue, ils sont collés à nos semelles comme des chewing-gums. Parfois, nous constatons avec soulagement que nous sommes parvenus à les semer... avant de les voir réapparaître à nos trousses.

Pendant ce temps, Pékin se démène pour mener une propagande d'envergure contre ma famille et moi afin que le Kazakhstan et le reste du monde nous refusent toute aide. Une stratégie tout à fait classique pour le PCC, qui réduit ainsi ses opposants au silence. Ils nous dénoncent sur Internet, salissent notre réputation sur les réseaux sociaux, font de nous des menteurs, des criminels, des traîtres. Ils contraignent ma sœur, mon frère et d'autres proches à témoigner contre nous dans une vidéo.

En janvier 2019, je suis alitée depuis plusieurs jours, en proie à une forte fièvre. Uali se fait un sang d'encre et m'emmène dans une clinique privée à Jessik. Après m'avoir examinée, le médecin m'administre une injection. Nous rentrons chez nous en fin d'après-midi et y trouvons nos enfants en état de choc, tremblants, incapables de prononcer la moindre parole, incapables même de verser la moindre larme. Leurs appels à l'aide sont restés bloqués dans leur gorge.

Paniqués, nous insistons :
– Que se passe-t-il ?

Encore fiévreuse, je me penche vers Ulagat, qui respire à grand-peine et tient entre ses mains son cou visiblement endolori.

– Il y avait un grand monsieur dans l'appartement !

Ukilay éclate en sanglots :
– Je n'ai pas eu le temps de tout fermer, il nous a suivis et nous a bousculés. Il voulait savoir où vous étiez et ce que vous faisiez.

Uali cherche à calmer les enfants, mais il ne peut contenir l'urgence dans sa voix :
– Et ensuite ?

D'une petite voix, notre fille poursuit :
– Il n'a pas arrêté de poser des questions. Il nous a demandé qui venait à la maison...

Elle est pâle comme un linge, de la sueur froide brille sur son front.

– Ulagat a voulu appeler la police...

Nous avions punaisé au mur une feuille avec le numéro du commissariat. L'homme lui a arraché son portable des mains avant de lui hurler dessus :
– Tu fais quoi, là ? Qui appelles-tu ?

De ses mains, il a serré le cou de notre fils et l'a soulevé. Il l'a maintenu ainsi en l'air tout en hurlant sur sa sœur :
– Les Chinois vont t'embarquer et te tuer, tu entends ?

Il a menacé nos enfants, il les a terrorisés.

Mon assignation à résidence nous empêche de quitter la ville. Après cet épisode, mon mari et moi décidons de monter la garde à tour de rôle. Jour et nuit. Nous ne possédons aucune arme, hormis un bâton en bois. Nous n'avons rien d'autre pour nous défendre.

Nous ne quittons plus les enfants des yeux. Nous les emmenons à l'école et allons les chercher. Ukilay et Ulagat ont tout le temps peur. Le soir, l'angoisse s'abat sur eux comme une vague scélérate, les empêche de dormir et noie leurs nuits dans les larmes et les plaintes. Nous demeurons tous les quatre éveillés, à attendre le lever du soleil.

Sur ce plan, rien n'a changé pour moi. Quand sonne minuit, je me lève et veille toute la nuit, en proie aux pires angoisses.

Uali et moi avions prévu de recommencer à gagner notre vie, mais cela s'avère impossible. Mon mari passe une main sur son front soucieux :

– Que se passera-t-il si je m'en vais et qu'ils s'introduisent chez nous ? Et s'il vous arrive quelque chose, à toi ou aux enfants ?

Nos nerfs sont mis à très rude épreuve, nous sommes à bout. Après avoir essuyé un troisième refus pour ma demande d'asile, je fais appel du jugement, mais personne ne me précise que la procédure doit être validée par le tribunal de Taldyqorgan au plus tard le 11 février 2019. Mon avocat, à savoir celui qui me représente, est injoignable. Après tous ces événements, je décide de ne pas rester les bras croisés, mais au contraire d'alerter la presse sur ce que nous subissons. Seuls, nous ne pouvons plus rien.

Des camps souterrains

J'ai toutefois peur que témoigner en détail soit une épreuve pour moi. Chaque entretien avec les journalistes me replonge dans cet univers carcéral tout droit sorti de l'enfer. Le passé reprend vie et forme, comme si j'y étais de nouveau. Je revis l'insoutenable. Mon cœur s'emballe, je sue à grosses gouttes. Les images tourbillonnent dans ma tête jusqu'à me vider de toute mon énergie.

Quand un reporter m'interroge sur ces mois passés dans le camp, je suis habituellement disposée à répondre, très motivée, même. Mais la seconde d'après, je ne tiens plus.

– S'il vous plaît, partez...

Épuisée, je me traîne jusqu'à mon lit et y reste parfois deux jours d'affilée. Je n'en sors qu'avec difficulté. Lorsque j'entends parler du sort des autres détenus, je sens les griffes de l'angoisse se resserrer autour de mes poumons, seuls les battements de mon cœur me rappellent que je ne suis pas morte...

Il y a par exemple l'histoire de ce policier dans un camp à Hulija, qui tenait le Coran dans sa main et en a arraché les pages une à une pour s'essuyer après avoir déféqué, avant de le jeter au sol, de le piétiner et d'uriner dessus. Il a ensuite exigé des prisonniers qu'ils fassent de même en scandant : « Voici notre Dieu ! Voici Allah ! Voici notre texte sacré ! »

Ou les nombreux témoignages de survivants, à qui l'on a délibérément inoculé les virus de la tuberculose et de l'hépatite ; ces femmes enceintes ayant subi des avortements forcés. Les associations de défense des droits de l'homme consignent tous ces récits d'atrocités commises dans les camps.

Et puis, il y a les camps souterrains. D'après les déclarations de témoins et les images satellites, les observateurs estiment entre 1,2 et 1,8 million le nombre de personnes détenues au Turkestan oriental.

En réalité, il existe de nombreux camps cachés et construits sous terre, dont les satellites n'ont pas encore pu prouver l'existence. Il y en a ainsi quelques-uns gérés par les *Bingtuan*, les corps de production et de construction du Xinjiang.

Un ami qui a rendu visite à ses parents l'année dernière à Guliden m'a parlé de deux camps souterrains là-bas. Il a quitté le Turkestan oriental il y a quelques années et déménagé au Kazakhstan, où il a obtenu la nationalité kazakhe.

Quand il s'est rendu à Tugiz Tarau, dans la province autonome d'Ili, sa famille et des habitants lui ont parlé de ces camps. On pense que quatorze mille personnes sont internées là-bas. Mon ami s'est rendu à Sumen dans la circonscription de Qapqal, afin de savoir, par l'entremise d'un policier qu'il connaît, où certains de ses proches sont enfermés. Ce dernier lui a appris qu'ils étaient détenus dans un camp souterrain et lui a livré de plus amples détails – des informations glaçantes. Les gardiens les enchaînent au plafond, bras levés au-dessus de la tête. L'eau leur arrive au niveau de la bouche. Quand ils ne peuvent plus tenir et essaient de soulager leurs jambes fatiguées, ils risquent la noyade. Ils flottent ainsi à longueur de journée dans leur urine et leurs excréments. Ils ne sont autorisés à sortir de l'eau que trois fois par jour, afin d'avaler une maigre pitance. Je ne sais pas combien de temps une personne peut ainsi tenir, pas plus que je ne sais s'il existe beaucoup de survivants. Je sais juste que ces méthodes sont bel et bien réelles.

Mon ami me raconte tout cela à son retour au Kazakhstan. J'ai transmis toutes les informations en ma possession aux organisations internationales qui se battent pour les droits de l'homme.

Nous avons estimé à trois millions le nombre de personnes ainsi retenues prisonnières au Turkestan oriental. Lorsque j'entends toutes ces histoires, je me sens moi-même appartenir à ces prisonniers. Malade de douleur, de rage et de chagrin.

Menaces : « Tu ne changeras pas d'avocat ! »

En février 2019, j'annonce dans une vidéo publiée sur Internet que je vais changer d'avocat. Cette déclaration publique est nécessaire pour prouver que cet homme ne me représente plus et n'est plus habilité à s'exprimer en mon nom.

Peu après, quatre policiers enfoncent notre porte et déboulent dans notre appartement. Les enfants hurlent et courent se cacher dans une autre pièce. Les intrus nous beuglent dessus :

– Asseyez-vous !

Uali et moi prenons place sur des tabourets. Nos corps sont d'un coup paralysés. Les policiers prennent leurs aises sur notre canapé :

– Tu ne vas pas changer d'avocat !

Je secoue la tête et réponds à voix basse :

– C'est mon droit de le faire.

Ils se moquent de moi :

– Parce que tu crois que quelqu'un comme toi a des droits ?

Que m'étais-je effectivement imaginé ?

Mon mari et moi nous sentons mal, la peur nous mord les tripes.

– Tu vas tout de suite sortir ton portable et faire une nouvelle vidéo, dans laquelle tu reviens sur tes propos en expliquant que, tout bien réfléchi, tu reprends ton avocat.

Je m'y refuse : cela reviendrait à signer mon arrêt de mort. Ils ne bougent pas et, des heures durant, nous harcèlent et cherchent à nous intimider.

Nous ne sommes pas autorisés à boire ni à nous lever, encore moins à aller voir comment vont nos enfants.

– Si tu ne le fais pas, écoute-nous bien, tu réserves à ta famille le pire des sorts. Il ne te restera qu'à espérer que ton dieu ait pitié de vous !

Vers minuit, je finis par flancher. Je me fais tellement de souci pour Ukilay et Ulagat que je cède. Je ne vois aucune autre issue.

Le lendemain matin, plusieurs policiers m'escortent. En garde à vue, je suis surprise de me retrouver face à mon avocat, Abzal Husman, et un haut fonctionnaire qui a fait le déplacement depuis la capitale. Il ne me donne ni son nom ni sa fonction exacte. Son message est court, ses menaces les mêmes que toutes celles proférées par les sbires qui nous martyrisent et nous font vivre ce calvaire :

– Tu vas bien fermer ta bouche et continuer à travailler avec cet avocat. Sinon ta famille encourt un grave danger...

Quelle échappatoire reste-t-il à quelqu'un à qui l'on met le couteau sous la gorge, le pistolet sur la tempe et celle de ses êtres chers ? J'obtempère.

Mon mari et moi trépignons de rage.

Plus tard, dans l'après-midi, je suis assise dans notre salon, le regard dans le vide. Uali m'appelle :

– Sayragul, il faut qu'on parle.

Mais je ne réagis pas. Je dors. Les yeux grands ouverts. Trois jours plus tard, je dois confirmer mon appel auprès du juge à Taldyqorgan. La nuit qui précède, nous faisons les cent pas dans le salon et finissons par décider, malgré toutes les menaces qui pèsent sur nous, de prendre une nouvelle avocate. Peu après, Aiman Umarova reçoit mon message vidéo. Je suis désespérée. « Je vous en supplie, acceptez de me représenter, sinon je suis perdue. Pékin réclame mon extradition... »

Nous comptons nous éclipser, disparaître dans la minute, mais des policiers montent la garde dans leur voiture juste devant chez nous.

Victime d'un système politique à la botte de Pékin

Que faire ? Nous contactons un ami au beau milieu de la nuit :
– S'il te plaît, viens vite nous chercher ! Nous ne pouvons pas rester ici une minute de plus !
Lorsqu'il arrive chez nous peu après, les policiers le chassent :
– Que viens-tu faire ici ? Repars tout de suite !
Il invente une excuse :
– Je suis juste venu acheter du charbon, j'en ai besoin.
Il se gare ensuite dans une contre-allée et nous prévient par SMS. Nous attendons que les policiers s'assoupissent pour escalader le mur de notre maison et courir avec les enfants jusqu'à la voiture. Une fois en sécurité dans son village, je contacte ma nouvelle avocate qui publie alors la vidéo que j'ai enregistrée un peu plus tôt : « Je veux changer d'avocat ! »

Le lendemain matin, le 11 février 2019, je croise mon ancien avocat, Abzal Husman, devant le tribunal de Taldyqorgan. Fous de rage, mon mari et moi mettons les choses au clair :
– Nous ne voulons plus travailler avec vous.
Il s'attendait à tout sauf à ça.

Je suis subjuguée par l'immense courage de ma nouvelle avocate, Aiman Umarova. Elle reprend mon dossier, un dossier brûlant qui gêne le gouvernement kazakh. Elle va bientôt être à son tour menacée et suivie dans chacun de ses mouvements. Un jour, alors que nous attendons un journaliste de CNN dans un café, nous remarquons

qu'un homme nous piste, mais décidons de l'ignorer. À peine le reporter pose-t-il sa première question que cet homme se poste devant nous et sort son téléphone pour nous filmer. L'Américain s'interpose :
– Arrêtez, s'il vous plaît. Vous nous dérangez, partez maintenant !
Mais l'homme fait la sourde oreille.
Après quelques recherches, nous apprenons qu'il s'agissait d'un agent de la police locale, habillé en civil. En guise de représailles et d'intimidation, ils tuent le chien de mon avocate dans son jardin et déposent son corps inanimé sur le pas de sa porte. Il a la gueule remplie de terre. Son chat subit le même sort.
Le tribunal confirme sa décision : le droit d'asile ne m'est pas accordé. Serikzhan Bilashuly, le président d'Atajurt, a été incarcéré à la mi-mars pour avoir « attisé la haine au sein des ethnies ». Il croupit en prison. On lui avait interdit de continuer à militer pour les droits de l'homme. Mon incroyable avocate, qui suit également son cas, est accusée d'être une « ennemie de la nation ».
Elle se présente malgré tout devant les journalistes, évoque un « procès politique » et dénonce l'influence exercée par la Chine sur le Kazakhstan.
– Le gouvernement ne souhaite pas que soit mentionné le traitement réservé aux prisonniers dans les camps d'internement chinois. Je l'affirme clairement, la peur au ventre car j'encours moi-même un grand risque.
Malgré l'interdiction formelle, l'insubmersible Serikzhan Bilashuly, libéré de prison, continue à publier les témoignages qu'il recueille au sujet des camps dans le Turkestan oriental.
Le gouvernement ne peut plus procéder en toute discrétion à mon extradition vers la Chine : le monde en sait trop sur moi. C'est la raison pour laquelle

ils me laissent partir en Occident. Cela fera une charge en moins pour le Kazakhstan, ses relations avec la Chine ne seront plus mises en péril à cause d'un témoin clé.

Je me console en me disant que j'ai peut-être ouvert la voie pour d'autres fugitifs passés illégalement de l'autre côté de la frontière. En juin 2019, la passation de pouvoir se fait en faveur de Kassim-Schomart Toqajev, un fidèle de Nazarbaïev. La Chine est apparue sous un jour peu flatteur aux yeux du monde entier. Cela pousse le gouvernement kazakh à assouplir ses règles en faveur des demandeurs d'asile venus du Turkestan oriental.

Notre famille a été victime de la politique nationale d'un pays en difficulté dans son rapport de force avec la Chine. Le Kazakhstan, endetté à hauteur de douze milliards de dollars auprès de son titanesque voisin dans le cadre des nouvelles routes de la soie, se trouve dans une impasse politique.

Quinze mois seulement nous auront été accordés sur le sol kazakh, sur le territoire de nos ancêtres et de notre langue natale, du 5 avril 2018 au 3 juin 2019.

CHAPITRE 9

LE VIRUS DE LA PENSÉE : ALERTER LE MONDE ENTIER

3 juin 2019 : départ pour un nouveau monde

Nous découvrons notre destination trois jours avant notre départ. C'est Uali qui nous l'annonce :
– La Suède nous accueille !
Mon mari s'approche de moi et pose ses mains sur mes épaules :
– Dieu t'offre une troisième vie.
Je l'interroge du regard, sentant paradoxalement en moi la douleur du nécessaire adieu au Kazakhstan et la joie d'un avenir enfin possible, dans un pays étranger. Uali me sourit et compte sur ses doigts :
– D'abord, tu as survécu à la torture et à l'emprisonnement au Kazakhstan, ensuite tu as réussi à fuir. Et pour finir, le peuple s'est soulevé en ton nom quelques heures à peine avant ton aller simple pour la Chine et une mort certaine.
Curieuse, notre fille nous interroge :
– C'est où, la Suède ?

J'allume l'ordinateur pour découvrir, avec son frère et elle, comment les gens vivent en Scandinavie. Nous avions déjà épluché avec un grand plaisir la liste des pays d'accueil occidentaux possibles, parmi lesquels le Canada, les États-Unis et l'Allemagne.

Ukilay lit à voix haute : « La Suède place les droits de l'homme au premier plan. C'est d'ailleurs dans ce pays qu'est remis le prix Nobel de la paix. » Nous sommes ravis de l'apprendre. Ulagat pointe l'image du doigt :

– Regardez ! Il y a plein d'îles et de lacs, avec des grandes forêts de pins et des montagnes enneigées. Les plus grandes villes sont toutes sur la côte...

Ma fille est aux anges :

– On va enfin pouvoir mener une vie tranquille, ne plus avoir peur !

Si nous sommes extrêmement heureux de pouvoir bientôt souffler et profiter de notre vie, nous sommes emplis d'une colère bien vivante, elle aussi.

– Mais pourquoi on n'a pas le droit de rester chez nous ? se plaint mon fils.

Les enfants se sont habitués à leur école, nous avons ici de la famille, des amis.

Le Kazakhstan est certes un État autocratique, mais comparé à ce que nous avons connu en Chine, nous jouissons ici d'une vie relativement libre – exception faite des filatures et de la terreur psychologique exercée sur nous. Nous pouvons nous déplacer à notre guise, échanger avec qui bon nous semble et surfer sur Internet quand nous en avons besoin ou juste envie. Le Kazakhstan nous a fait vivre nos pires heures d'angoisse, mais aussi nos plus jolis moments.

Nous voyant désolés pour eux, nos enfants tentent de ravaler leur tristesse et font de leur mieux pour rester forts.

– Ce qui compte, c'est qu'on soit loin de la Chine, résume Ukilay en se mordillant la lèvre.
– Oui, en Suède on sera mieux protégés, renchérit Ulagat, avant de me prendre dans ses bras et de me serrer contre lui.
Uali se tient à côté de nous, épaules voûtées, tête baissée, nous écoutant d'une oreille.
– Si nous restions ici, les choses ne feraient qu'empirer, annonce-t-il, perdu dans ses pensées.
Il relève la tête, plante son regard dans le mien :
– Ils te tueraient.
Je frotte mes mains l'une contre l'autre, me redresse et leur souris :
– Très bien, nous allons commencer une nouvelle vie ! Une troisième vie.
Nous préparons nos affaires, nous n'emporterons que ce qui compte vraiment. Cela ne représente pas grand-chose. Les très bons bulletins scolaires des enfants, nos papiers, des photos prises au Turkestan oriental et lors de fêtes au Kazakhstan. Ce sont les livres dédicacés offerts par des écrivains kazakhs qui prennent le plus de place. Pour finir, nous emportons quelques drapeaux du Kazakhstan, un grand et plusieurs petits, que nous rangeons, enroulés, entre nos vêtements. Par mesure de sécurité, nous n'informons de notre départ que nos parents et amis les plus proches. C'est un cercle restreint qui nous accompagne à l'aéroport pour nous dire adieu. Mes amis me demandent de faire une courte vidéo pour le peuple kazakh ; ils la publieront plus tard. Mais je ne peux retenir mes larmes et ne parviens pas à articuler une phrase entière. Je me suis accrochée jusqu'à la dernière seconde à l'espoir secret d'obtenir enfin l'asile au Kazakhstan. Ils sont si nombreux à m'avoir soutenue. Mais mon vœu n'est pas exaucé.
Il fait nuit lorsque notre avion décolle de l'aéroport d'Almaty en direction d'Astana. J'observe la ville depuis

le hublot. Il n'y a plus personne dans les rues, tout le monde dort. Je suis très émue. « Tous ces gens qui se sont mobilisés pour nous, qui nous ont tant apporté. Ils ne savent pas que je m'en vais pour toujours. »

Je revois toutes les vidéos qu'ils ont individuellement fait parvenir au gouvernement, le priant « d'accorder le droit d'asile à Sayragul Sauytbay et à sa famille dans sa patrie, le Kazakhstan. » Je tourne la tête pour que personne ne me voie pleurer, j'essaie de me consoler toute seule. « Que nous soyons là tous les quatre au-dessus des nuages est un cadeau de Dieu... »

Arrivée à Francfort, j'envoie un message à mes amis en leur demandant de ne pas publier ma vidéo. « S'ils la voient, les gens seront tristes de me voir ainsi affectée. » Je leur enverrai mes remerciements depuis la Suède, sans larmes. À Stockholm, des gens nous attendent, nos noms sont écrits sur de petites pancartes. On nous conduit en voiture jusqu'à Trelleborg, via Malmö. À voix basse, nous échangeons quelques interrogations :

– Où est-ce qu'ils nous envoient ?

Nous ne nous sommes pas encore imaginé la suite, notre vie en Suède. Nous n'avons pas d'attente, pas d'exigence. Uali et moi pensons être logés dans une petite chambre d'hôtel ou dans un centre de demandeurs d'asile auprès de centaines d'autres exilés. Cette plongée dans l'inconnu nous inquiète un peu, mais le minimum qu'on nous donnera sera déjà beaucoup pour nous.

Le principal est que nous soyons en sécurité.

Chez nous

La voiture s'arrête dans une petite rue, devant une maison de ville à deux étages. Circonspect, Uali se penche vers le chauffeur pour se renseigner :

– Où se trouve notre lieu d'hébergement ?
L'homme lui désigne la maison :
– C'est ici, nous sommes arrivés.
Nous ouvrons tous les quatre de grands yeux :
– Mais ce n'est pas un hôtel ?
Le chauffeur nous sourit :
– Non, c'est votre appartement. Il est à vous désormais.
Nous sommes en communication avec un interprète qui, par téléphone interposé, traduit tout pour nous.

Perplexes, nous suivons les deux travailleurs sociaux suédois venus nous accueillir et poussons la porte de l'appartement. Nous restons bouche bée. Tout respire le propre ! Deux chambres d'enfant, un salon, une chambre parentale. Le mobilier semble tout neuf, les placards et les réfrigérateurs contiennent de quoi préparer des repas pendant plusieurs jours. Tout a été prévu pour notre arrivée. Quelques minutes plus tard, l'un de nos deux accompagnateurs remet les clés de l'appartement à mon mari. Puis ils s'en vont, non sans nous avoir souhaité une bonne nuit.

Par réflexe de sécurité, Uali verrouille la porte, les enfants tirent les rideaux. Après cela, tout excités, nous refaisons ensemble plusieurs fois le tour de l'appartement.
– Ce pays est encore plus beau que ce qu'on pensait, s'exclame mon fils tandis que nous faisons glisser nos mains d'un meuble à l'autre, avec la plus grande délicatesse, comme s'il s'agissait de bulles de savon pouvant éclater à tout moment.

Ukilay est tout sourire, ses yeux brillent :
– Comment un pays peut-il être aussi gentil avec des étrangers ?

Dès les premières secondes, la Suède nous a tendu la main. Cet accueil si chaleureux nous a procuré une joie immense. Il nous faudra surmonter quelques difficultés, mais nous ne le savons pas encore.

Nous passons notre première nuit sur le sol suédois, collés les uns aux autres dans le grand lit. Dans notre nouveau chez-nous.

Bonheur...

Le lendemain matin, à 8h30, deux autres travailleurs sociaux viennent nous rendre visite. Ils nous aident à remplir plusieurs documents administratifs avant de nous faire découvrir le centre-ville, situé à un kilomètre de notre appartement. Main dans la main, nous passons avec les enfants du bureau de poste à la banque, des petits supermarchés aux services municipaux.

Nous rentrons tous les quatre chez nous dans l'après-midi. Alors que nous approchons de notre immeuble, Uali s'arrête net et prend une grande inspiration.

– La mer n'est pas loin !

Je fronce les sourcils :

– Comment tu sais ça ?

– Je la sens.

Mon mari est né dans les environs d'Urumqi : aucune ville au monde n'est plus éloignée de la mer ! Comment peut-il donc la sentir ?

Dans le doute, nous continuons tout droit. Et très vite, la voici, elle est juste derrière notre appartement ! La Baltique. Un peu plus loin, nous apercevons l'embarcadère et ses ferrys, la gare ferroviaire.

Nous sommes au mois de juin, l'été vient d'éclore, c'est la plus belle des saisons. Nous marchons vers la plage, comme aimantés par elle. Des familles sont installées sur le sable, des enfants barbotent. Ukilay et Ulagat entrent dans l'eau en pantalon et tee-shirt, s'essaient spontanément à la nage, pour la première fois de leur vie.

– Revenez ! N'allez pas trop loin, c'est dangereux !
J'ai peur, mais les enfants n'ont aucune envie de m'écouter. Ulagat me fait de grands signes :
– Regarde, maman, les enfants font comme ça et puis comme ça pour nager !
Il bat l'air de ses bras fins. Sa sœur et lui peinent à garder la tête hors de l'eau, mais ils insistent, boivent un peu la tasse, toussotent et repartent. Mes enfants apprennent déjà à nager.
Tous les jours, quelqu'un passe nous voir, nous aide à prendre nos marques. Au Kazakhstan, nous avons dû sans cesse changer d'adresse pour échapper à nos poursuivants ou pour des raisons d'argent. Il fait bon pouvoir enfin nous installer durablement quelque part !
Les habitants de cette petite ville ne nous regardent pas de haut, comme des êtres humains de second rang : ils se montrent amicaux, nous considèrent comme leurs égaux. Quel merveilleux sentiment que d'être, tout simplement, normal ! La joie pétille dans les yeux de notre fille. D'un geste de la main, elle fait passer sa tresse par-dessus son épaule :
– Plus besoin de se demander ce qu'on va faire la semaine prochaine !
Son père hoche la tête :
– C'est le paradis ici !
Nos voisins ne nous connaissent pas, mais cela ne les empêche pas de venir à notre rencontre dans la rue et de nous saluer très amicalement :
– Quand êtes-vous arrivés ? Vous venez de Syrie ou d'Ouzbékistan ?
La région accueille visiblement beaucoup de réfugiés venus de ces pays.
– Nous venons du Kazakhstan.
Notre réponse les surprend un peu.

Quelques jours plus tard, Ulagat repère un grand supermarché aux abords de la ville.

– Maman, viens, on y va tous les deux !

Et me voici bientôt à l'accompagner. Nous nous promenons dans les rayons quand un homme d'une soixantaine d'années m'accoste :

– Soyez la bienvenue, Sayragul Sauytbay !

À vrai dire, je ne comprends pas ce qu'il me dit – je ne reconnais que mon nom –, mais mon fils parle russe et a quelques rudiments d'anglais. Ce monsieur, un Suédois, a passé un an en Asie centrale et a suivi l'actualité sur Internet. Au Kazakhstan, tout le monde ou presque connaît mon nom et mon visage, et cet homme a eu vent de mon histoire. Il me félicite à plusieurs reprises et se réjouit de savoir que nous avons trouvé refuge ici, en Suède.

– Soyez la bienvenue dans votre nouveau chez-vous !

Cet instant me fait tellement chaud au cœur… C'est merveilleux. Mais notre euphorie des débuts s'estompe brutalement pour laisser place à la morosité.

… et mal du pays

Ce sont les vacances d'été en Suède. Sans amis, sans école, sans travail, le quotidien devient soudain pesant. Nos enfants sont de très bons élèves et, au Kazakhstan, ils étaient proches de leurs professeurs. Je les vois penchés sur leur téléphone à longueur de temps, occupés à regarder les photos postées sur les groupes WhatsApp de leurs anciens camarades d'école. Un midi, nous sommes à table, je vois les larmes leur monter aux yeux, ils se sentent terriblement seuls.

La ville et ses environs ne comptent aucun Kazakh, Ouïgour ou musulman du Turkestan oriental. Je vois mon mari, pourtant d'une nature joyeuse, active, ouverte et extrêmement sociable, se replier sur lui-même. Il a toujours eu grand plaisir à recevoir du monde, à dresser la table pour ses invités. C'est calme ici, trop calme pour lui. Seuls les pleurs des enfants rompent le silence.

Nous ne sommes plus les mêmes. Nous sommes perpétuellement au bord des larmes. Uali est particulièrement affecté. Habituellement, j'étais plutôt celle de nous deux qui se renfermait, se mettait en retrait. Mon mari était tout l'opposé, du moins jusqu'à aujourd'hui.

Voilà quelques jours qu'il emporte partout avec lui le livre dédicacé par Habbas Habsh lors de cette grande fête dans les montagnes. À cette époque, le vieil écrivain était le seul auprès de qui Uali s'était senti compris. Mon mari lit et relit ce même livre, ces mêmes récits kazakhs, à l'image de celui intitulé *La lune est introuvable, même les étoiles ont disparu*. Lui qui était si démonstratif, avenant et convivial ne veut plus parler à personne.

Un matin, il s'enferme dans notre chambre. Au bout de quelques heures, les enfants et moi, d'abord l'un après l'autre, puis tous ensemble, essayons de le faire sortir, jouant avec la poignée de la porte.

– Fichez-moi la paix !

Nous commençons à nous inquiéter. Ukilay est chamboulée :

– Qu'est-ce qu'il a, papa ?

Quand arrive la nuit, Uali n'a toujours pas bougé. C'est la première fois que je le vois se comporter ainsi.

Une fois les enfants couchés, je m'adresse à lui derrière la porte close :

– Comment allons-nous faire si tu continues comme ça ? Sors, s'il te plaît.

Au Turkestan oriental, j'ai vu la tristesse accabler des personnes aussi sûrement qu'une maladie. Beaucoup

se sont tournées vers l'alcool pour anesthésier leur esprit. Je m'approche encore un peu, tête posée contre le cadre de la porte :
– Si tu t'engages sur cette voie, tu ne pourras plus jamais en sortir !
Pour toute réponse, Uali ne m'offre que le silence. Je hausse un peu le ton :
– D'accord, tu n'as pas d'amis ici pour le moment. Mais dis-moi au moins ce que tu as sur le cœur ! Ça te soulagera.
Il fait nuit noire quand il m'ouvre enfin.
Pendant ces deux semaines, du 3 au 17 juin 2019, avant que nos cours de langue ne commencent, nous sommes passés de la joie au découragement. Matériellement, tout va bien pour nous, mais la solitude nous pèse et nous avons le mal du pays. Les enfants parlent à longueur de temps du Kazakhstan, de leurs amis restés là-bas. Leur absence est dure à vivre pour eux.
– C'est chouette ici, mais on ne nous comprend pas. Comment on va faire ?
Sans pouvoir échanger avec les autres, sans lien social. Je lis la détresse dans le regard de mes enfants.
Je les envoie jouer dans une chambre afin de pouvoir parler tranquillement avec Uali dans le salon.
– Nous avons déjà traversé des périodes bien pires que celle-ci. Nous devons tenir bon, ça passera.
Mon mari, fatigué, enfonce son visage entre ses mains. Je tends une main vers lui :
– Ne ravale pas tes sentiments comme ça, ne te laisse pas sombrer.
Puis je l'attire doucement à moi :
– Nous devons rester soudés, sinon nous n'avancerons pas.
Nous n'avons pas encore de connexion Internet, téléphoner au Kazakhstan coûte très cher, mais je veille

à appeler chaque jour un ami, un membre de la famille, une connaissance pour illuminer la journée de Uali. Je m'évertue aussi à piquer sa curiosité, je le persuade de venir avec nous découvrir les environs, marcher sur la plage ou régler quelques questions administratives en ville.

Un jour, on frappe à notre porte à l'heure du déjeuner. Devant moi, se tient un jeune garçon blond, certainement un enfant du voisinage. J'appelle ma fille :

– Viens m'aider à comprendre ce qu'il veut. Tu parles un peu anglais, ça va peut-être aider.

En s'appliquant à bien articuler, le jeune garçon nous explique :

– J'ai vu que vous aviez un garçon. Il devrait venir dehors jouer avec nous.

J'éclate de rire. J'avais craint une mauvaise nouvelle !

Je fais signe à Ulagat d'approcher :

– Va avec lui, même si vous n'arrivez pas à vous comprendre. Vous allez jouer ensemble. Peut-être que tu vas te faire des copains !

Mais notre fils est bientôt de retour, en pleurs. Il enfonce son visage humide contre mon ventre :

– Je voulais leur parler, mais personne ne me comprend. Je ne sais pas quoi faire !

Quelques jours passent et les enfants commencent à prendre leurs marques. Je leur achète des maillots de bain pour qu'ils puissent aller à la plage et s'entraîner à nager.

Fiers de notre drapeau

Des cours de langue sont organisés pour les nouveaux arrivants, deux mois avant la rentrée scolaire. C'est une sensation étrange de déposer mes enfants à l'école.

Va-t-on leur coller sur le front une étiquette de musulmans venus de loin, les prendre de haut ? Ce sont mes craintes, mais je vois les enseignantes accueillir chaleureusement Ukilay et Ulagat, ne faire aucune différence avec leurs élèves habituels. Sur les bancs de l'école, ils fréquentent des enfants de réfugiés venus du Soudan, d'Irak, de Syrie, d'Afghanistan et d'autres régions en crise. Des dessins de drapeaux ornent les murs de la classe. Les enseignantes demandent aux nouveaux venus de dessiner chez eux, le soir même, le drapeau de leur pays, pour l'accrocher dès lendemain à côté des autres.

– Nous sommes dans un pays étranger, mais notre professeure s'intéresse à celui d'où nous venons, s'étonnent mes enfants.

Je lève un sourcil méfiant. Cet intérêt, cette ouverture sont-ils aussi sincères que nous l'espérons ? Sans sous-entendus, sans reproches voilés ? Ulagat hoche énergiquement la tête.

– La professeure nous a même dit de garder notre pays dans notre tête et dans notre cœur, parce que c'est là que sont nos racines.

Ukilay intervient :

– Ces dames, c'est un peu comme des tantes pour nous, me dit-elle en posant une main sur son cœur.

Après le repas, les enfants sortent feuilles de papier et feutres pour dessiner leur drapeau. Je les entends renifler, pris d'émotion à l'évocation de leurs souvenirs au Kazakhstan. Quelques larmes jaillissent, les couleurs se mélangent. Le turquoise éclatant, qui représente le vaste ciel azur au-dessus des steppes du Kazakhstan, se mêle au soleil d'or porté par les ailes déployées de l'aigle des steppes. Les couleurs et symboles de notre drapeau évoquent la paix et l'unité, l'espoir et la pensée libre. Les enfants dessinent et pleurent ainsi jusqu'à minuit. Une fois qu'ils sont couchés, je m'installe dans le canapé et laisse venir les larmes.

Le lendemain matin, les enseignantes hissent haut les drapeaux sur les murs de la salle de classe, afin que chaque enfant puisse être fier de son pays.

À partir de ce jour, tout va mieux pour nous. Les enfants apprennent la langue plus vite encore qu'espéré et se font bientôt des amis. Le soir, nous passons tous ensemble en revue le vocabulaire appris dans la journée, nous faisons nos devoirs respectifs, le premier qui a fini a gagné! Je m'assois aux côtés de leur père et lui donne un gentil coup de coude:

– Tu verras, au bout du compte, tout ira encore mieux qu'avant!

Uali relève la tête et m'observe de ses yeux tristes, mais dans lesquels brille à présent une lueur d'espoir:

– Tu crois? Avec de nouveaux amis? Tu penses que nous pourrons un jour gagner notre propre argent?

Je hoche la tête:

– J'en suis certaine. Peut-être même trouverons-nous chacun un poste dans l'enseignement!

Son visage s'éclaire, il me prend dans ses bras:

– Tu as raison, pourquoi devrions-nous être tristes? Il n'y a que des raisons de se réjouir!

C'est pour nous le début d'une grande aventure. Uali et moi faisons la connaissance de personnes passionnantes venues des quatre coins de la planète, nous leur parlons aussi de notre culture et de notre mode de vie. Pour notre plus grande joie, nous avons l'honneur d'accueillir notre premier invité! Un Kazakh, qui vit depuis plusieurs dizaines d'années au Danemark. Pendant l'été, nous recevons également un Suédois qui vit aux États-Unis et a fait le déplacement juste pour nous. Il tient à nous faire découvrir son beau pays. Juste avant son départ, il nous offre un téléviseur à écran plat.

– En tant que Suédois, je suis très fier de savoir que mon pays vous a accueillis.

Quelle expérience ! Je garde précieusement en moi le souvenir de cet homme extraordinaire.

En août, nous sommes invités à Stockholm par le ministère des Affaires étrangères. J'y prends la parole pour évoquer les conditions de vie dans les camps chinois. C'est un moment un peu difficile, mais qui nous fait du bien à tous. Mon avocate kazakhe vient nous rendre visite à deux reprises ! Ainsi parvenons-nous, jour après jour, à nous acclimater, à prendre en main notre nouvelle vie.

Le système scolaire est bien meilleur ici qu'au Kazakhstan. Les enfants feront leur propre chemin, de nombreuses possibilités s'offriront à eux.

Nous recevons aussi des invitations de la part de nombreux journalistes et organisations politiques à l'étranger. En mars 2020, je reçois des mains du secrétaire d'État américain, Mike Pompeo, le Prix international des femmes de courage, parce que j'en ai fait la preuve, et aussi pour avoir pris des « risques incroyables » au nom des droits de l'homme. J'estime cependant n'avoir rien fait d'autre que rendre compte de ce que j'ai vécu.

Je ne cesserai jamais de dire haut et fort la vérité

Lors d'une balade dans les rues allemandes, au cours d'une pause entre deux entretiens pour la rédaction de ce livre, je découvre, non sans une certaine surprise, des magasins à « prix cassés » débordant d'articles fabriqués en Chine. Ces objets aux couleurs vives sont tout ce qu'il y a de plus inoffensif. Reste toutefois à connaître la politique, les actes et les intentions qui se cachent derrière leur apparence anodine.

La Chine s'immisce ainsi discrètement dans le quotidien de nombreux habitants de la planète, qu'ils inondent de produits à bas prix ou séduisent à grand renfort d'investissements financiers. Pékin nourrit une ambition à long terme, celle de s'assurer des monopoles et d'établir un nouvel ordre mondial. Quand il y sera parvenu, le Parti communiste chinois n'hésitera pas à dicter ses propres règles. Le règne de cette tyrannie nous menace tous.

Le gouvernement et le Parti étendent leurs tentacules jusque dans les systèmes universitaires du monde entier, influencent les élites, les leaders d'opinion économique et politique, tentent de diviser les Européens, arrosent de milliards des pays de l'Est comme la Pologne ou la Hongrie, traquent les opposants, même à l'étranger, exercent une pression sur les médias et les facultés, président à l'installation des réseaux mobiles pour mieux pouvoir les contrôler et étendent leur censure partout où ils le peuvent.

Dans les pays libres, l'emprise chinoise conduit par exemple à la mise au ban d'un joueur de football international comme Mesut Özil, pour avoir osé critiquer les camps d'internement chinois et défendu les musulmans du Xinjiang. Le groupe Daimler s'est, quant à lui, excusé auprès de Pékin d'avoir cité le Dalaï-Lama dans l'une de ses publicités Mercedes-Benz – qu'il s'est empressé de supprimer. Air France, la Lufthansa ou encore la maison Dior ont dû s'excuser pour des raisons équivalentes.

Si les grandes entreprises et les citoyens de ce monde continuent à faire passer les intérêts économiques avant les droits humains, si nous continuons à vendre notre âme au diable, la Chine a de beaux jours devant elle.

La France et vingt-deux autres nations ont dénoncé les violations des droits de l'homme dans les camps d'internement chinois.

Aucun pays musulman n'a en revanche apporté son soutien à ses compagnons de foi, et la Chine a obtenu celui de trente-sept autres États, parmi lesquels la Russie, la Syrie et la Birmanie, dont les dirigeants bafouent eux aussi la liberté des citoyens, faisant passer leurs intérêts personnels avant tout le reste. La Chine a acheté leur loyauté à grands coups d'investissements et d'accords commerciaux. Une dépendance qui n'a pas pour contrepartie l'essor économique tant promis par Pékin. Non, ces « partenaires » croulent sous les dettes, bradent lentement mais sûrement leurs rues, leurs ports, oléoducs, centrales électriques et terres arables à la Chine.

Que reste-t-il aux peuples une fois que leurs dirigeants ont vendu leur pays à d'autres ?

Face à ces choix politiques irresponsables, la position des vingt-trois pays occidentaux me donne du courage. Si les intérêts économiques ont pour eux aussi une importance capitale, ils ont la clairvoyance de reconnaître la valeur des droits humains.

La Chine est le premier partenaire commercial de l'Allemagne. De quoi redonner espoir à ceux qui, dans le monde, l'ont perdu, à ceux qui se battent pour la liberté, la justice, contre la tyrannie ? Peut-être pourrons-nous un jour crier victoire ? Ce serait la promesse d'une vie meilleure pour tous sur cette planète.

Pékin pourra bien user de violences et de campagnes de désinformation contre moi, me faire passer pour une menteuse, une traîtresse, exercer des pressions sur mes proches, tout tenter pour me faire taire, je continuerai de témoigner comme je n'ai cessé de le faire.

J'éprouve une vraie reconnaissance à l'égard des vingt-trois pays ayant pris position en faveur des droits de l'homme : grâce à eux, je peux aujourd'hui mener une vie plus sereine avec ma famille, en Suède. Ils m'ont offert la liberté de parole, celle d'exposer la pure vérité.

Lors de mon dernier jour de procès au Kazakhstan, deux représentants du consulat chinois ont demandé à me parler en tête à tête. Ils n'espéraient rien d'autre que de m'intimider et me faire taire à jamais. J'ai publiquement annoncé, au beau milieu de la salle d'audience, que deux Chinois cherchaient à me réduire au silence, mais que je ne renoncerais en aucun cas à exposer les faits.

J'ai derrière moi quarante-trois années perdues. Je subis l'emprise du Parti communiste depuis ma plus tendre enfance. Nous avons fait tout ce qui a été exigé de nous. J'aurais dû venir en Europe vingt ans plus tôt. J'y aurais appris plusieurs langues et métiers, découvert des pays, rencontré une foule de personnes. Mais il n'est pas trop tard. Je veux profiter du temps qui m'est offert aujourd'hui pour rattraper celui que j'ai perdu, pour me battre pacifiquement au nom de la liberté, qui n'est jamais un acquis.

Le système répressif instauré au Turkestan oriental est la preuve que Pékin n'a aucun scrupule à écraser sous sa botte ceux qui «entravent» sa route. Et après la publication de ce livre, plus personne ne pourra dire : «Je ne savais pas!»

Le virus de la pensée

Lorsque nous parvient l'annonce des cas de coronavirus dans la métropole de Wuhan, en décembre 2019, nous n'avons pas encore fini les entretiens pour la rédaction de ce livre. Le gouverneur de la province concernée, celle de Hubei, n'étant pas autorisé à décider lui-même des mesures à prendre, il s'en réfère immédiatement à Pékin et au Centre national de lutte contre les épidémies.

Rien n'est entrepris pour contenir la propagation du virus.

Pire encore, le PCC s'active frénétiquement pour faire cesser les tests et veille à détruire les échantillons des laboratoires. Les lanceurs d'alerte, journalistes et personnels médicaux en tête, sont arrêtés. Le gouverneur de la province de Hubei est lui-même démis de ses fonctions. Tout cela dure vingt jours : vingt jours pendant lesquels le virus continue de se propager dans cette ville de onze millions d'habitants.

Les épidémiologistes estiment que sa toute première transmission date du mois d'octobre 2019. Le 23 janvier 2020, Wuhan est sous la menace d'un confinement : ses habitants sont près de cinq millions à plier bagage. Ceux qui possèdent un passeport et suffisamment d'argent achètent leur billet d'avion, destination le monde entier ; d'autres prennent la direction du Xinjiang ou partent dans une autre province de Chine continentale.

Le PCC a balayé d'un revers de main ce qui s'est avéré une tragédie. Des millions d'innocents pleurent leurs morts et subissent cette crise sanitaire de plein fouet. Un lourd tribut à payer : la conséquence d'une politique opaque. Si Pékin avait lancé des tests à grande échelle dès le début de l'épidémie et prévenu les organisations sanitaires mondiales à temps, l'humanité n'en serait pas là, aujourd'hui. Les dossiers médicaux trafiqués, la dissimulation des chiffres et des statistiques ont rendu impossible toute traçabilité du virus, mais aussi empêché une meilleure protection de la population chinoise.

Aujourd'hui, le gouvernement de Pékin applique une méthode éprouvée en faisant montre d'un « soft power » aux accents humanitaires, détourne adroitement les faits et se présente au monde comme un modèle de lutte contre le virus, pour, en réalité, mieux masquer son échec et détourner l'attention. Son apparente générosité, principalement sous forme d'envois de masques et d'octroi de crédits financiers, va certainement lui valoir de nouveaux soutiens à travers le monde. Au moyen notamment de campagnes de désinformation bien ficelées, la Chine, comme d'autres États autocratiques, profite de cette crise pour semer la confusion et ébranler la confiance des Européens dans les institutions qui les représentent.

C'est vite oublier le courage de ceux et celles qui ont annoncé la catastrophe à Wuhan, avant d'être réduits au silence. C'est aussi oublier que d'autres agents pathogènes tels que le coronavirus lié au SRAS (syndrome respiratoire aigu sévère) les virus influenza de type A (grippe aviaire) venaient aussi de Chine.

Les experts établissent un lien clair entre, d'un côté la vente d'animaux sauvages sur les marchés et les atteintes décomplexée à l'environnement et, de l'autre, la propagation de ces virus. Il a aussi été question, dans un article du *Washington Post* publié en 2018, d'un manque criant de mesures préventives dans un laboratoire proche de Wuhan où était étudié le coronavirus. On ne combat pas ce type de virus par de simples spéculations, mais par le biais d'une coopération internationale et d'une communication digne de ce nom. À Pékin, une nouvelle fable annonce que le virus «est sorti tout droit d'un laboratoire militaire américain». La Chine se félicite de l'avoir combattu de la sorte et d'être généreusement venue en aide au reste du monde.

Mais il y a plus effrayant encore que le coronavirus: le «virus de la pensée», testé par le gouvernement dans le laboratoire à ciel ouvert qu'est le Turkestan oriental et propagé dans diverses régions de la planète. Ceux qui l'attrapent nient le fait que la liberté, la paix et les droits de l'homme sont un peu partout menacés, que Pékin cherche par-dessus tout à affirmer la supériorité de la dictature sur la démocratie. Ce virus menace de s'abattre sur les peuples du monde entier et nous rappelle combien il est important de considérer le monde comme un tout plutôt que de le voir par le petit bout de la lorgnette.

Le coronavirus finira par battre en retraite, la situation reviendra progressivement à la normale, mais le virus de la pensée chinoise contre un monde libre sera encore présent.

J'espère que, partout sur la planète, les populations prendront conscience du danger que le PCC et le gouvernement de Pékin représentent, pour les Chinois eux-mêmes comme pour les citoyens de ce monde.

Ce « virus de la pensée » est bien plus dangereux que le coronavirus.

C'est un enfer.

POSTFACE

Nous avons vite pu constater les répercussions de notre travail : depuis la sortie de notre livre, le téléphone de Sayragul Sauytbay en Suède ne cesse de sonner. Les numéros qui s'affichent sur son écran sont, sans surprise, presque tous chinois. Les menaces qu'on lui profère sont les pires qu'une mère puisse imaginer : « Pense à ce qui pourrait arriver à tes enfants... »

Depuis, je m'inquiète pour cette militante des droits de l'homme prête à braver la mort au nom de la paix, de la justice et de la liberté des Ouïgours, des Kazakhes et des autres ethnies musulmanes de son pays.

Il y a quatorze ans, j'ai consacré mon premier livre à Rebiya Kadeer, militante connue dans le monde entier et plusieurs fois pressentie pour le prix Nobel de la paix. Elle devait me rejoindre en Allemagne pour nos premiers entretiens quand j'ai appris une terrible nouvelle : Rebiya Kadeer venait d'être victime d'un attentat – il lui avait presque coûté la vie. À l'époque, le FBI remonte la piste de cet attentat jusqu'à l'ambassade chinoise.

La chance m'a, au bout du compte, été donnée de rencontrer cette femme encore très affectée par l'événement, mais n'ayant rien perdu de sa douceur ni de sa combativité. C'était en 2006. Elle portait encore une minerve, son front était barré d'un gros hématome.

Au bout d'un certain temps, notre interprète adopta un comportement étrange, chercha à m'envoyer dans la mauvaise direction, à retenir certaines informations écrites. La maison d'édition dut le menacer de poursuites juridiques pour qu'il nous apprenne les pressions que Pékin exerçait sur lui.

Je ne voulais pas commettre deux fois la même erreur pour mes entretiens avec Sayragul Sauytbay, lanceuse d'alerte kazakhe mondialement connue. En cette année 2019, il me fallait trouver la bonne personne pour la traduction. J'ai donc décidé de ne pas me tourner vers une personne de formation académique, mais vers un membre d'une association de défense des droits de l'homme. Un choix de confiance.

Mais lui aussi change d'attitude au fil de nos rencontres, commet des erreurs délibérées, tait certaines informations capitales sur les camps d'internement, que Sayragul Sauytbay avait pourtant expressément consignées par écrit à mon attention.

Son comportement me contraint à solliciter d'autres interprètes pour reprendre le vrai fil de la discussion. Cela nous coûte non seulement une bonne dose d'énergie mais aussi du temps et de l'argent. Ce qui, pour une petite maison d'édition indépendante telle que Europa Verlag, peut être fatal.

Cet interprète a donc cherché à saboter notre travail, puis à empêcher l'impression du livre, avant de colporter sur Internet des mensonges odieux au sujet de sa compatriote kazakhe. De sa motivation exacte, nous ne savons rien. Il est toutefois connu que le PCC n'hésite pas à prendre en otage des proches de ces personnes ou à signer de gros chèques pour qu'elles retournent leur veste. Cet homme s'était pourtant rendu à Bruxelles, sur invitation de l'Union européenne, pour soutenir Sayragul Sauytbay, saluer son courage et son action en faveur des droits de l'homme.

Mais ces épreuves en valaient bien la peine, je suis heureuse d'avoir pu écrire l'histoire de cette femme. Lors de nos entretiens avec la presse, j'ai pu toucher du doigt la force et la puissance de Sayragul Sauytbay, alors même qu'elle doit, le reste du temps, se battre contre les démons de son passé dans le camp. Elle est empoisonnée par un stress post-traumatique qui se manifeste, entre autres, par de la tachycardie et des nausées permanentes, causées par un estomac désormais défaillant.

Je l'ai vue, dans le taxi, croulant sous le poids de la fatigue, les yeux fermés, accablée par les images qui lui revenaient en mémoire :

– Que faites-vous à cette minute précise ? Je le sais. Vous jetez les filles violées dans leur cellule, comme de vulgaires sacs-poubelle. Même pleurer leur est interdit...

Je l'ai admirée tandis qu'elle se remettait debout, qu'elle prenait son courage à deux mains pour mieux consoler les autres, travaillant jusque tard dans la nuit pour venir en aide à la population oppressée du Turkestan oriental. Ne rien lâcher.

À chacune de ses prises de parole en public, Sayragul Sauytbay met sa vie en jeu. Et chaque entretien avec la presse réveille en elle le souvenir des pires heures, jours, semaines, mois de sa vie, déclenche leur danse macabre en elle. Mais elle prend tout sur elle, tout pour faire savoir le sort réservé aux enfants, aux femmes, aux personnes âgées et aux hommes dans sa région natale.

Pour que ces exactions cessent, pour que la douleur ne soit plus.

Le monde ne pourra plus détourner le regard.

En juin 2020, nous sommes dans le train pour Munich dans le cadre d'un voyage de presse. Je la vois fouiller le Net sur son portable, à la recherche d'informations sur la politique de Pékin. Elle me montre tout d'abord des photos publiées sur la page Facebook d'Atajurt, l'association kazakhe de défense des droits de l'homme. On y voit un temple bouddhique tibétain barré d'une énorme inscription en chinois: «Sans le Parti communiste, il n'y aurait pas de bouddha!» Sayragul relève la tête, l'air pensif.

– Au Turkestan oriental, le PCC raconte aux habitants qu'ils doivent leur vie et tout ce qu'ils possèdent au Parti. Sans Parti, pas de dieu.

Elle me montre ensuite une photo prise au Brésil. Là encore, une affiche de propagande: «*Even the Brasilians are mad of China!*» («Même les Brésiliens sont fous de la Chine!»).

Il y a enfin cette vidéo montrant deux enfants sud-africains noirs, en larmes, forcés par des cadres du Parti à apprendre le chinois et, dans leur propre pays, à chanter «Nous avons tous une famille, elle s'appelle la Chine!» à pleins poumons. Leurs visages enfantins sont défaits, mais ils poursuivent: «Et nous avons de nombreux frères et sœurs, là-bas les paysages sont si beaux...» Cette chanson, Sayragul l'a apprise au Turkestan oriental. Ses élèves kazakhs et ouïgours étaient eux aussi contraints de l'entonner en chœur.

Je vois Sayragul happée par une vidéo du dix-neuvième congrès du Parti à Pékin: les hauts cadres y ont délivré leurs discours théâtralisés à un public très nombreux.

– Qui est cet homme, au micro?

– C'est le ministre de l'Éducation, Chen Baosheng.
– Et il raconte quoi ?
– Il annonce qu'en 2049, le système éducatif chinois aura été adopté dans le monde entier et sera considéré comme incontournable.

Je suis déconcertée et veux en savoir plus.
– Que dit-il exactement ?
– Que le système éducatif sera, à l'échelle mondiale, pensé et piloté par la Chine. Pékin fera à sa manière... aux quatre coins de la planète.
– Quoi ?
– Le monde entier obéira au PCC et n'utilisera plus que les contenus fournis par le Parti.

J'ai du mal à rester calme sur mon fauteuil.
– Et quoi d'autre ?
– Les écoles du monde entier fonctionneront selon le système éducatif chinois. Les manuels scolaires et contenus pédagogiques seront fournis par Pékin. Tous les élèves devront apprendre le chinois.

Là, je perds patience.
– Et ils ne font aucun secret de ce désir de conquête ! Le discours de Chen Baosheng est une preuve à verser au dossier de ce fameux plan en trois phases !

Il nous suffit de quelques clics pour trouver une photo du ministre de l'Éducation chinois en visite à la fondation munichoise Hans-Seidl (Hanns-Seidl-Stiftung), proche de la CSU, le parti conservateur allemand.

Quelques jours plus tard, le 27 juin 2020, un journal télévisé allemand relate l'arrestation d'un espion du service des renseignements généraux. Il travaillait à la fondation Hanns-Seidl et jouait les agents doubles au profit de la Chine. Il avait notamment pour mission de « presser » – en bon jargon des services secrets – les représentant du Congrès mondial ouïgour à Munich. Je me souviens qu'il m'a moi-même, et à plusieurs reprises, sollicitée – pour mieux m'interroger. Cet exemple illustre parfaitement la stratégie des services secrets chinois. « Au-delà de leur démarche offensive sur Internet, ils œuvrent activement au recrutement de sources humaines, dans tous les secteurs d'un pays », peut-on entendre à la radio publique allemande. L'affaire est lourde de sens et de conséquences.

En juillet 2020, j'explique à Sayragul qu'une fondation politique de premier plan vient de m'appeler pour annuler un événement qui devait se tenir à Berlin. Mon interlocuteur a vaguement évoqué un report à l'année suivante. Ils craignent, au moment du vote de la loi sur la sécurité nationale à Hong Kong, que la présentation de notre livre nuise à ceux de leurs salariés basés en Chine.

Je perçois la tristesse de Sayragul.

Une semaine plus tard, je lis dans la presse que le ministère des Affaires étrangères allemand a retiré de son site le drapeau de Taïwan et laissé à sa place un emplacement vierge. Un quotidien bavarois, le *Münchner Merkur*, titre : « Le ministère des Affaires étrangères hisse le drapeau blanc et en fait disparaître un autre. » C'est une honte.

Peu après, la une du *Frankfurter Allgemeine Zeitung* retient mon attention : « Critiques sur la Chine : le gouvernement fédéral prône l'autocensure. » À l'avenir, les Allemands sont invités à davantage de vigilance lorsqu'il s'agira de critiquer l'empire du Milieu. Le conseil vient du ministère des Affaires étrangères.

La loi sur la sécurité nationale autorise le PCC à arrêter quiconque trouve à redire à la politique de Pékin, y compris les dissidents qui vivent à l'étranger et sont de passage dans le pays. En tant qu'auteure de ce livre, j'y écoperais d'une peine de prison à vie, si ce n'est d'une

Condamnée à l'exil

condamnation à mort. Chef d'accusation ? Séparatisme ou terrorisme, ce sont les plus courants.

Les journalistes me demandent souvent si j'ai peur pour ma propre vie. Je leur réponds invariablement que non ; mais à dire vrai, si, j'ai peur. Le simple fait que cette question aille de soi montre le danger que représente, même dans mon pays, l'influence exercée par la Chine.

Quand je suis chez moi, les tentatives d'intimidation n'ont pas grand effet. Appels fréquents en provenance de la Chine pendant que je travaillais sur le livre, voix robotisée qui me lance « au revoir », inconnus respirant bruyamment dans mon oreille, mais aussi des photos avec des poignards sur une table ou des Kalachnikovs accrochées aux murs, des versets du Coran promettant la mort aux mécréants comme moi... Tout doit laisser croire que ces messages sont l'œuvre de musulmans. Renseignements pris auprès de la police judiciaire, il s'avère que ces photos viennent de Pékin.

En juillet, *Die Welt* titre « Chine : comment Pékin étend son emprise. » Dans le *Spiegel*, on peut lire que « de toute évidence, la Chine accroît fortement sa présence militaire en Afrique ».

Il suffit de rassembler tous ces faits, qu'ils soient largement étayés ou isolés, à la manière de pièces de puzzle pour voir apparaître le dessein du Parti à l'échelle mondiale et constater à quel point Pékin a le bras long, y compris dans des démocraties telles que l'Allemagne.

Malgré ces preuves accablantes, nombreux sont les personnalités politiques, les journalistes et décisionnaires qui se refusent à croire, aujourd'hui encore, ce qu'ils ont pourtant sous les yeux, ce qu'ils entendent. Imperturbable, la Chine continue d'abattre ses cartes aux quatre coins de la planète. Autant de promesses de censure, propagande, corruption, mensonge, racisme, torture, camps et fascisme.

Quand je sens que les sentiments négatifs risquent de prendre trop de place en moi, je sors prendre l'air au bord du fleuve, près de chez moi. Un cygne noir avance dans ma direction. En Chine, on considère que cet animal rare symbolise l'imprévu sur un chemin déjà tout tracé.

Quand les vérités de toujours n'ont soudain plus de valeur, la catastrophe menace. Mais le cygne noir annonce l'avènement d'une ère nouvelle.

Comme l'apparition de cet animal, les conséquences en politique sont imprévisibles. Soudain, les atrocités commises par le gouvernement chinois au Turkestan oriental sont dévoilées ; soudain, voici des conflits avec Hong Kong, l'Angleterre, les États-Unis, l'Inde... Et si la vie ne se laissait pas faire, comme le croyait le PCC ? Et si le peuple se soulève pour dénoncer l'oppression, les dettes et la pauvreté galopante ? Plus de plan en trois phases pour Xi Jinping le souverain absolu. Plus de dictature.

De retour chez moi, j'envoie à Sayragul par WhatsApp une photo de biceps bandés. Ce symbole nous donne de la force et du courage quand de nouveaux obstacles entravent notre chemin. J'accompagne mon envoi d'un message : « Tant que nous serons libres, nous poursuivrons notre travail d'information. Personne ne nous arrêtera ! Personne... »

Sayragul me répond dans la seconde :
💪 💪 💪 💪 💪 💪

Alexandra Cavelius

REMERCIEMENTS

J'adresse mes chaleureux remerciements :
Aux organisations de défense des droits de l'homme, aux Nations unies,
Au gouvernement suédois, aux peuples suédois et kazakh, au gouvernement allemand, à l'association kazakhe Atajurt, aux médias internationaux qui ont suivi mon parcours et raconté mon histoire,
Aux télévisions et radios de divers pays, aux journalistes et reporters de différents médias,
À la chaîne de télévision kazakhe Free Asia Television.

Sayragul Sauytbay

TABLE DES MATIERES

CHAPITRE 1 :
Les fantômes du passé 9

CHAPITRE 2 :
Malgré l'invasion chinoise, rêver d'un avenir doré
grâce au renouveau économique 23

CHAPITRE 3 :
Un bâillon sur la bouche 101

CHAPITRE 4 :
Pire qu'à l'asile, le plus grand État policier du monde 147

CHAPITRE 5 :
Emprise totale : interrogatoires et viols 163

CHAPITRE 6 :
Survivre en enfer 189

CHAPITRE 7 :
Plutôt fuir que mourir 243

CHAPITRE 8 :
Kazakhstan : Pékin, un voisin au bras long 279

CHAPITRE 9 :
Le virus de la pensée : alerter le monde entier 307

POSTFACE 327

REMERCIEMENTS 337